区块链、智能合约及其影响

QUKUAILIAN/ZHINENG HEYUE JIQI YINGXIANG

张正怡　【意】马蒂奥·帕西里尼◎著

中国政法大学出版社

2024·北京

图书在版编目（C I P）数据

区块链、智能合约及其影响 / 张正怡，（意）马蒂奥·帕西里尼著. -- 北京 : 中国政法大学出版社，2024.7. -- ISBN 978-7-5764-1623-7

Ⅰ. D922.174

中国国家版本馆 CIP 数据核字第 20249QV664 号

出 版 者	中国政法大学出版社
地　　址	北京市海淀区西土城路 25 号
邮寄地址	北京 100088 信箱 8034 分箱　邮编 100088
网　　址	http://www.cuplpress.com (网络实名：中国政法大学出版社)
电　　话	010-58908285(总编室) 58908433（编辑部）58908334(邮购部)
承　　印	固安华明印业有限公司
开　　本	720mm×960mm　1/16
印　　张	15
字　　数	250 千字
版　　次	2024 年 7 月第 1 版
印　　次	2024 年 7 月第 1 次印刷
定　　价	69.00 元

总 序 FOREWORD

四秩芳华，似锦繁花。幸蒙改革开放的春风，上海政法学院与时代同进步，与法治同发展。如今，这所佘山北麓的高等政法学府正以稳健铿锵的步伐在新时代新征程上砥砺奋进。建校40年来，学校始终坚持"立足政法、服务上海、面向全国、放眼世界"的办学理念，秉承"刻苦求实、开拓创新"的校训精神，走"以需育特、以特促强"的创新发展之路，努力培养德法兼修、全面发展，具有宽厚基础、实践能力、创新思维和全球视野的高素质复合型应用型人才。四十载初心如磐，奋楫笃行，上海政法学院在中国特色社会主义法治建设的征程中书写了浓墨重彩的一笔。

上政之四十载，是蓬勃发展之四十载。全体上政人同心同德，上下协力，实现了办学规模、办学层次和办学水平的飞跃。步入新时代，实现新突破，上政始终以敢于争先的勇气奋力向前，学校不仅是全国为数不多获批教育部、司法部法律硕士（涉外律师）培养项目和法律硕士（国际仲裁）培养项目的高校之一；法学学科亦在"2022软科中国最好学科排名"中跻身全国前列（前9%）；监狱学、社区矫正专业更是在"2023软科中国大学专业排名"中获评A+，位居全国第一。

上政之四十载，是立德树人之四十载。四十年春风化雨、桃李芬芳。莘莘学子在上政校园勤学苦读，修身博识，尽显青春风采。走出上政校门，他们用出色的表现展示上政形象，和千千万万普通劳动者一起，绘就了社会主义现代化国家建设新征程上的绚丽风景。须臾之间，日积月累，学校的办学成效赢得了上政学子的认同。根据2023软科中国大学生满意度调查结果，在本科生关注前20的项目上，上政9次上榜，位居全国同类高校首位。

上政之四十载，是胸怀家国之四十载。学校始终坚持以服务国家和社会需要为己任，锐意进取，勇担使命。我们不会忘记，2013 年 9 月 13 日，习近平主席在上海合作组织比什凯克峰会上宣布，"中方将在上海政法学院设立中国-上海合作组织国际司法交流合作培训基地，愿意利用这一平台为其他成员国培训司法人才。"十余年间，学校依托中国-上合基地，推动上合组织国家司法、执法和人文交流，为服务国家安全和外交战略、维护地区和平稳定作出上政贡献，为推进国家治理体系和治理能力现代化提供上政智慧。

历经四十载开拓奋进，学校学科门类从单一性向多元化发展，形成了以法学为主干，多学科协调发展之学科体系，学科布局日益完善，学科交叉日趋合理。历史坚定信仰，岁月见证初心。建校四十周年系列丛书的出版，不仅是上政教师展现其学术风采、阐述其学术思想的集体亮相，更是彰显上政四十年发展历程的学术标识。

著名教育家梅贻琦先生曾言，"所谓大学者，有大师之谓也，非谓有大楼之谓也。"在过去的四十年里，一代代上政人勤学不辍、笃行不息，传递教书育人、著书立说的接力棒。讲台上，他们是传道授业解惑的师者；书桌前，他们是理论研究创新的学者。《礼记·大学》曰："古之欲明明德于天下者，先治其国"。本系列丛书充分体现了上政学人想国家之所想的高度责任心与使命感，体现了上政学人把自己植根于国家、把事业做到人民心中、把论文写在祖国大地上的学术品格。激扬文字间，不同的观点和理论如繁星、似皓月，各自独立，又相互辉映，形成了一幅波澜壮阔的学术画卷。

吾辈之源，无悠长之水；校园之草，亦仅绿数十载。然四十载青葱岁月光阴荏苒。其间，上政人品尝过成功的甘甜，也品味过挫折的苦涩。展望未来，如何把握历史机遇，实现新的跨越，将上海政法学院建成具有鲜明政法特色的一流应用型大学，为国家的法治建设和繁荣富强作出新的贡献，是所有上政人努力的目标和方向。

四十年，上政人竖起了一方里程碑。未来的事业，依然任重道远。今天，借建校四十周年之际，将著书立说作为上政一个阶段之学术结晶，是为了激励上政学人在学术追求上续写新的篇章，亦是为了激励全体上政人为学校的发展事业共创新的辉煌。

党委书记　葛卫华教授
校　　长　刘晓红教授
2024 年 1 月 16 日

前　言

　　本书中所提供的分析范围既是起点也是终点。尽管同上海政法学院长期合作开设的 SILC 项目——中意法律诊所项目（The SILC Project-Sino Italian Law Clinics）从 2020 年新冠肺炎疫情后诞生到运行仅仅数年，但却以一种超乎寻常的创新方式发展。

　　自启动以来，中意法律诊所项目基于项目创作的初衷，试图把握一个历史性时刻的丰富变化和创新，尤其是从不断发展的全球层面产生的新的经济模型的识别和理解中，把握法律的前沿以及学习必要的方法。即使在比较传统的经济部门，例如与艺术、旅游、农业粮食有关的部门以及法律部门，例如与合同和国际贸易有关的部门也正在创造新的空间，以便引进创新的模式、产品和服务。因此，我们应该研究和理解这些技术，因为它们可能适合代表全球每个市场正在发生的变革，这是新技术（数字化、人工智能和机器人、物联网、区块链和智能合同、电子商务、增强现实/虚拟现实、社交媒体影响力和关键意见领袖、社交商务、元宇宙等），作为在数字化世界中实现不同国家系统之间更大的经济、社会和文化互联的工具。

　　这项工作同时也是一个起点。本书从对中意法律诊所项目期间开展的传统法律机构的分析开始，试图收集关于实施一些最具创新性的经济举措所产生的主要法律影响的调查，这种调查从一开始就打算提供分析的线索，说明在各种地理环境下将在全球层面逐渐产生的商业机会的发展。

　　数字化的世界不可能是一个孤立的世界：创新技术是所有国家经济体系面临下一个发展周期的新范式，从社会、文化、甚至经济的角度来看，数字化的世界创造了一个日益相互联系的世界，其有可能改变全球化的进程。基于新技术、经济和法律模式，全球化将能更好地以协调可持续的和普遍的方式实现其目标和结果。

布雷西亚，上海

MatteoPiccinali

马蒂奥·帕西里尼

张正怡

目　录 CONTENTS

区块链和智能合约——概述[1]

一、简介

新的社会、政治和经济现象的出现往往会直接影响到法律界。面对这些变化，学者们总是尝试去理解和解释，试图将其置于现有法律体系下去思考。因此，学者们面临的主要挑战之一是新技术的出现：事实上行业技术的不断发展越来越多地改变了我们的生活方式，也颠覆了已知的商业和工业模式。[2]

本书的目的是研究区块链技术和智能合约的主要特点，并对酒店旅游行业可能的应用发展提供一些见解。特别是为旅游接待行业开发内部认证模型和智能合约模型，作为后疫情时代管理该行业活动的可行性工具，不以寻找现有问题的解决方案为导向，而是通过明确未来的运营模式来确定新模型。

假定所述两种模型都使用区块链技术，其作为一项合适的工具，需要确保其在该行业内典型合同关系管理中的积极效应，因此不能忽视一些与创始、监管框架以及该新技术如何运作有关的初步考虑。随后，本书将围绕第二项技术工具，即智能合约进行介绍说明，并简要回顾这些技术的应用。

---

[1] Marika Lombardi，意大利律师，布雷西亚大学研究员。译者：邹升阳，上海随申行智慧交通科技有限公司法务。

[2] Si vedano, esemplarmente, le riflessioni e rimeditazioni, di PUTTI, Diritto e nuove tecnologie：il caso del formalismo negoziale, in Contr. Impr. , 2014, 6, 1229 ss. , di RESTA, La morte digitale, in Dir. inf. , 2014, 6, 891 ss. , di ALPINI, L'impatto delle nuove tecnologie sul diritto, in Comparazione e diritto civile, in comparazionedirittocivile. it e di SALVI, Capitalismo e diritto civile. Itinerari giuridici dal Code Civil ai Trattati europei, Bologna 2015.

二、区块链技术

众所周知，区块链技术背后的构思是中本聪（Satoschi Nakamoto）在 2008 年发表的题为"比特币：一个点对点电子现金系统"的论文中首次提出的，但其根源是所谓的赛博朋克（Cypherpunk）文化。[1]其 20 世纪 80、90 年代在美国和欧洲蓬勃发展。该运动的目标在 1993 年的《埃里克—休斯宣言》中得到确认，即确保每个人自由、民主地访问网络，并通过使用和传播加密技术严格保护个人隐私。

部分专家已指出，这项技术引发广泛关注的主要原因在于：它可以"重塑……政治、经济和社会结构"，[2]在没有可信第三方介入的情况下，通过自动交易便可实现大规模去中心化，其目的是建立一种真正的"无需法律的秩序"，[3]以回应"对当前政治制度的强烈不满"。[4]

因此，区块链技术已被定义为一种"复杂的经济、技术和社会现象"。[5]

在国家监管层面上，这项技术以及更广泛的分布式账本技术（Distributed Ledger Technology，DLT）如今在意大利第 135/2018 号法令（即所谓的简化法令）的第 8 条之三第 1 款中得到了定义，[6]之后第 12/2019 号法令对其进行了修订完善。

该规范将基于分散登记的技术定义为"使用共享的、分布式的、可复制的、可同时访问的、基于密码学的架构上分散登记的技术和计算机协议，如允许登记、验证、更新和存储数据，这些数据都是明确的文本，并由每个参与者验证的密码学进一步保护，既不能被改变，也不能被修改"。[7]

---

〔1〕 Definizione contenuta, in www. treccani. it.

〔2〕 ATZORI, Tecnologia blockchain e governance decentralizzata: lo Stato è ancora necessario?, in papers. ssrn. com, last visited on Oct 8, 2024.

〔3〕 Primavera De Filippi, Aaron Wright, *Blockchain and the Law*: *The Rule of Code*, in Harvard University Press. 2018, 5.

〔4〕 ATZORI, "Tecnologia blockchain e governance decentralizzata: lo Stato è ancora necessario?", in papers. ssrn. com, last visited on Oct 8, 2024.

〔5〕 MONTEROSSI, Blockchain (Diritto pubblico), in *Dig.* , 2021.

〔6〕 Andrea Pinna, Wiebe Ruttenberg, "Distributed Ledger Technologies in Securities Post-trading", in *ECB Occasional Paper*, No. 172. , 2016, 15ss.

〔7〕 Cf. Article 8 ter, Law no. 12/2019.

换句话说，"区块链"这一术语表示一个数字的、公共的和永久的寄存器，在没有集中验证系统的情况下，可以在其中记录、验证、存储和传输按时间顺序连接在不可变链中的计算机证据。

更确切地说，区块链的结构"包括：节点、交易区块、公共账本和散列。这些元素结合在一起，形成了一个点对点的网络，其中的节点，也就是计算机或服务器，保存着一份账本，与所有交易有关的信息都被'记录'在上面，而散列是一种算法，它将这些信息转化为唯一的、不可重复的、不可逆的代码……，然后实际添加到账本上。这样一来，许多由散列制成的区块被连接起来，形成一条链条，也就是区块链"。[1]

因此，上述技术可以在应用它的人（所谓的"节点"）中对记录的计算机证据进行认证，从而使后者免于使用传统的认证和交换系统，其特点是需要一个可信的第三方，[2]通过分布式共识系统，并且以算法为基础。[3]

特别是，区块链技术的应用使得信息在节点之间的注册和交换通过加密技术不可复制，也保证了高度的可靠性和透明度，因为经注册的信息对网络的每个组成部分都是可见的，一旦插入新的链条中，就不能被取消或修改。[4]

尽管如此，区块链技术的功能之一是对插入链中的计算机证据加盖时间印记，这决定了其按照时间顺序自动存储数据。因此，每次注册仅在区块链基础设施中发生的情况——在其存在和插入的时间方面都是可验证的。[5]

从法律的角度来看，这对于证明的目的尤其重要，因为目前的制度将通过使用基于分布式登记的技术（包括区块链技术）来存储信息技术文件，其法律效力等同于根据欧盟第 910/2014 号条例法令（所谓的"eIDAS 条例"）第 41 条

---

〔1〕　ALESSANDRIA, "Le innumerevoli applicazioni della Blochchain", in https://home. startingfinance. com, April 28, 2021.

〔2〕　BELLEZZA. Blockchain, Introduzione ai profili giuridici di un mercato unico tecnologico dei servizi finanziari, in M. T. PARACAMPO（a cura di）, Torino 2017, 217 ss.

〔3〕　POTENZA, "Fintech e blockchain: la validazione temporale elettronica alla luce del Decreto Semplificazioni. In attesa delle Linee Guida AGID", in CORAPI – LENER（a cura di）, I diversi settori del Fintech. Problemi e prospettive, *Milano* 2019, 72.

〔4〕　POTENZA, "Fintech e blockchain: la validazione temporale elettronica alla luce del Decreto Semplificazioni. In attesa delle Linee Guida AGID", in CORAPI – LENER（a cura di）, I diversi settori del Fintech. Problemi e prospettive, *Milano* 2019, 73.

〔5〕　Sul punto anche GIACCAGLIA, "Considerazioni su blockchain e smart contracts（oltre le criptovalute）", in Contr. Impr. , 2019, 3, 941 ss.

规定的"电子时间戳"，并与意大利第 12/2019 号法令第 8 条之三第 3 款一致。

具体而言，eIDAS 条例第 41 条规定，不能仅仅因为其电子形式或不符合合格的临时电子验证的要求，而否定电子临时验证的法律效力和作为司法程序中证据的可接受性，[1]合格的电子时间印记享有其所指示的日期和时间的准确性以及与该日期和时间相关的数据的完整性的推定。[2]

因此很明显，意大利立法者现在已经明确承认通过使用区块链技术记录和存储的数据的存在日期和时间反对第三方的可能性。

三、智能合约

研究关注的第二个现象为智能合约。首先，其具有双重含义，一方面表示某些软件能够自动执行与行使权利和履行义务有关的行动；另一方面表示可以通过计算机语言表达谈判意愿的方法和形式。[3]

这两种含义都出现在第 12/2019 号法令生效前。本书建议将智能合约描述为"通过计算机协议确定关系的要素（通常是商品和服务的交换），并能够在满足预定义条件后独立执行程序的条款"[4]，或例如"将合同翻译和转换为不可修改的数字代码"，允许"a）自动验证是否符合最初商定的合同条件；b）总是自动发出履行合同的必要命令"。[5]

第 12/2019 号法令的实施实质上规范了通过智能合约缔结的协议的形式含义，具体条款如下：智能合约被定义为在基于分布式账本的技术上运行的计算机程序，其性能在预先定义的效果基础上自动约束两个或多个部分。[6]

换句话说，智能合约将构成可能的工具之一，可供各方用来最终确定具

〔1〕 Cfr. art. 41, co. 2, Regolamento eIDAS. Ai sensi dell'art. 42 Regolamento eIDAS viene definita "validazione temporale elettronica qualificata" quella che a) collega la data e l'ora ai dati in modo da escludere ragionevolmente la possibilità di modifiche non rilevabili dei dati；b) si basa su una fonte accurata di misurazione del tempo collegata al tempo universale coordinato；e c) è apposta mediante una firma elettronica avanzata o sigillata con un sigillo elettronico avanzato del prestatore di servizi fiduciari qualificato o mediante un metodo equivalente.

〔2〕 Cfr. art. 41, co. 2, Regolamento eIDAS.

〔3〕 SALITO, "Smart contract", in *Dig.*, 2019.

〔4〕 CUCCURO, "Blockchain ed automazione contrattuale. Riflessioni sugli smart contract", in *NGCC*, 2017, 1, 107 ss.

〔5〕 MATTIUZZO-VERONA, "Blockchain e smart contract：nuove prospettive per il rapporto di lavoro", in LG, 2019, 236 ss.

〔6〕 Cfr. art. 8-ter, co. 2, primo periodo, l. n. 12/2019.

有法律意义的协议。[1]从这个意义而言，实际上"当我们谈论智能合约时，我们并没有面临任何特定的法律新颖性，而只是面临一个新的技术工具，从中可以产生新的监管要求"。[2]

如上所述，从技术角度来看，这种工具具有一些显著特性，包括：（1）履行合同中的义务不需要人为行动；（2）有可能提供"自我保护"系统，保证合同的履行，并在一方违约的情况下使司法当局的干预成为多余。[3]

区块链技术构成了智能合约的基础，是一项特别有力的工具，可以在没有任何中心运营平台管理信息和保证其完整性的情况下缔结协议。[4]

与这项技术的使用有关，智能合约也具有持续性和不间断性的特点：区块链中输入的数据将原封不动地自动传递给智能合约，间接表明如果其中没有预见中断的影响，则不可能中断履行。

事实上，在区块链上执行合同的过程不能被停止或修改，除非通过程序中包含具体指令，旨在指定解除合同关系的假设，前提是抽象理论中的案例与实际产生的情形相一致。[5]

在复杂的形成过程中，智能合约也可以利用获得或收集的信息，并将其转化为合同要约建议（以及随之而来的承诺），或者在已经达到限制的情况下，使用智能合约来整合谈判内容。[6]

计算机程序能够通过预言机（Oracles）从"现实"世界收集信息，即来自区块链外部的输入。因此，通过这种方式，智能合约可以独立验证各方所指出的外部条件的满足情况。同样地，智能合约可以利用互联网上的相关信息。[7]因

---

〔1〕 FURNARI, "Validità e caratteristiche degli smart contract e possibili usi nel settore bancario finanziario", I diversi settori del Fintech. Problemi e prospettive, in CORAPI-LENER (a cura di), *Milano* 2019, 90.

〔2〕 FURNARI, "Validità e caratteristiche degli smart contract e possibili usi nel settore bancario finanziario", I diversi settori del Fintech. Problemi e prospettive, in CORAPI-LENER (a cura di), *Milano* 2019, 91.

〔3〕 SARZANA DI S. IPPOLITO-NICOTRA, "Diritto della blockchain, Intelligenza Artificiale e IoT", *IPSOA*, 90.

〔4〕 FURNARI, "Validità e caratteristiche degli smart contract e possibili usi nel settore bancario finanziario", I diversi settori del Fintech. Problemi e prospettive, in CORAPI-LENER (a cura di), *Milano* 2019, 93.

〔5〕 MANENTE, "L. 12/2019-Smart Contract e tecnologie basate su registri distribuiti-Prime note, Studio 1_ 2019", CNN, 2019, 1 ss.

〔6〕 CAGGIANO, "Il contratto nel mondo digitale", in *NGCC*, 2018, 7-8, 1152 ss.

〔7〕 MATTERA, "Decisione negoziale e giudiziale：quale spazio per la robotica?", in *NGCC*, 2019, 1, 198 ss.

此，从这个意义上讲，将完全自动执行的智能合同（即不需要人类合作的智能合同）与需要人类合作的智能合同区分开来是合适的，[1]因为嵌入合同关系中的交换价值与人类活动密切相关。[2]

疫情暴发后该工具如何运作，应当受到关注。根据刚才提到的逻辑，人们能够预见在满足某些条件的情况下达到自动中断的效果，例如疫情暴发或局部传播可能会导致合同的自动终止，对双方不产生任何经济后果，[3]或者如果合同中规定的义务因不利事件而无法顺利履行时，一方有权无责地退出合同或单方面修改相关条款。[4]

当然，特别是在合同的顺利履行被当事人无法控制的不利事件所阻止的情况下，人们有必要评估是否有可能触发自动保险机制，以调和当事人各自合同地位的平衡。[5]

四、区块链技术和智能合约的一些应用经验

在分析区块链技术和智能合约在旅游行业的可能应用之前，我们先通过举例的方式，对这些技术已知的应用进行案例研究。

一方面，区块链技术被广泛用于加密货币，尤其是比特币。它是在政府监管之外发行的虚拟货币之一，用于投资和商业交易，无须中介机构的参与，这可能也是该技术最为知名的应用。其作为在公共监管之外发行的虚拟货币之一，用于投资和商业交换目的，无须中介机构的干预。[6]

---

〔1〕 SARZANA DI S. IPPOLITO-NICOTRA, "Diritto della Blockchain, Intelligenza Artificiale e LoT", IPSOA, 90.

〔2〕 Si pensi, esemplarmente, al caso in cui lo smart contract abbia ad oggetto un rapporto di lavoro.

〔3〕 Eventualmente con conseguente automatica restituzione del´eventuale caparra confirmatoria odel corispettivo gia versato in sede di prenotazione e il venir meno degli obblighi contrattuali assunti dalle parti.

〔4〕 Ad esempio, nel caso del rapporto turistico alberghiero, posticipando il periodo designato per il soggiorno.

〔5〕 Ad esempio, ancora nel´ambito del rapporto turistico alberghiero, il rimborso della prenotazione in favore del consumatore, oppure lindennizzo per la perdita di chance commerciale in favore dell´operatore turistico.

〔6〕 YERMACK, Is Bitcoin a Real Currency?, in www. nber. org, 2013. In tema di criptovalute, merita di essere citata una pronuncia del ribunale di Brescia－Sezione specializ zata in materiadilmprese (Decreto n. 7556/2018 del 18 luclio 2018) che ha rigetto il ricorso proposto da unasocieta avverso il rifiuto del notaio incaricato di prowedere alliscrizione nel Recistro delle lmpresedi una delibera di aumento del capitale sociale conconferimento di criptovaluta ritenendo nonsussistenti, nel caso specifico, irequisiti di cui allart 2464, 2° co c. c. Nel prowedimento si evidenzia. in particolare, che la criptovaluta in guestione non fosse suscettibile di valutazione economica e, quindi, di essere oogetto di conterimento in natura in sede di aumento di capitale di una

　　一些专家指出，中介机构和在线支付服务提供商的基本作用是避免所谓的双重消费，防止同一虚拟资金被多次使用，像任何电子文件一样被无限制地转移和复制。如果依靠一个或多个会计管理中心，能够详细记录所进行的操作，从而更新相关用户的财务报表，这种控制活动就相对容易。然而，如果要排除这些控制中心的干预，确保传输过程的唯一性就变得相当复杂。比特币系统提供的替代方案是基于管理和监督职能的分散化，这些职能被分配给用户本身：用户监督和授权每笔交易，通过广泛的同意机制自主处理业务……在区块链中被授权和注册的虚拟货币转移享有确定性、不变性和唯一性。[1]

　　另一方面，区块链技术已被用于改善货物和服务中包括供应链和物流在内的流动管理：已有一些旨在获取与整个供应链中每个产品的状态和条件有关的信息的应用。[2]例如，在农业食品[3]和食品[4]工业部门也可以找到类似的应用，通过对整个供应链的控制，识别污染产品与污染地点，有效地解决与食品安全和食源性疾病有关的问题。[5]最近时装业[6]、制药业[7]和足球业[8]在这方面的应用也值得关注。

（接上页）s. r, a Corte di Appelo di Brescia, Sezione Prima civile, in sede di reclamo a Deereto, ha sotolineato ilcaratere <autoreferenziale…incompatibile con ii bello di difusione e pubbhieita di cui deve essere dotata una moneta virtuale che aspira a detenere una presenza effettiva sul mereatox>.

〔1〕　CUCCURO, "Blockchain ed automazione contrattuale. Riflessioni sugli smart contract", in *NGCC*, 2017, 1, 107ss.

〔2〕　Un esempio concreto in tal senso è costituito dalla IBM Blockchain. Si veda www. ibm. com/Blockchain/industries/supply −chain.

〔3〕　Miguel Pincheira Caro, et al., Blockchain−based traceability in Agri−Food supply chain management: A practical implementation, 2018 IOT Vertical and Topical Summit on Agriculture−Tuscany (IOT Tuscany), Tuscany, 2018, 1−4, https://doi. org/10. 1109/IoT−TUSCANY. 2018. 8373021.

〔4〕　SOLDAVINI, "Cioccolatini epesto: così il made in Italy entra in Blockchain", in SO−Economia, 2018.

〔5〕　COMELLI, "Blockchain food: come cambia la catena alimentare", in *Changes*, 2017.

〔6〕　Uno dei progetti più noti di settore è Aura Blockchain Consortium nata dall' alleanza tra Lvmh, Prada e Cartier, in https://auraluxuryblockchain. com.

〔7〕　Si pensi alla piattaforma PharmaLedger la cui applicazione interessa, oltre alla catena di approvvigionamento, anche le sperimentazioni cliniche e i dati sanitari, in https://pharmaledger. eu.

〔8〕　Al riguardo, si segnala il mercato di carte collezionabili Sorare basato sulla blockchain Ethereum, in https://sorare. com.

区块链技术在房地产和创意产业领域的应用正在发展。特别是在房地产领域，该技术的应用主要体现在土地登记管理所有权的转让，从中可以提取买卖双方的身份信息、转让的资产和时间印记。与上述应用经验不同，可能因为房地产业与这种技术的本质相矛盾，在该行业领域公共监管对于区块链的治理仍然享有优先权。[1]关于创意产业，智能合约的应用是为了提供一种自动认证机制，以支持艺术家从创意作品的开发中获得收益。[2]

技术专家认为，区块链技术的应用可能不同，也会影响到完全不同的行业（在某些情况下，与构成其基础的技术相比，甚至获得了自主内容）。[3]有些人甚至认为，区块链可以被编程来"认证"所有对人类有价值的东西。[4]据区块链创始人所说，区块链的特征在于确保各种设备之间交换的完整性（因此其不可更改），无须借助任何中介机构，是一种通过网络用户表示同意的机制。[5]

---

〔1〕 MONTEROSSI, "Blockchain（Diritto pubblico）", in *Dig*., 2021.

〔2〕 Un esempio concreto di tale utilizzo è costituito dalla piattaforma Choon. Sul tema, RENNIE-POTTS-POCHESNEVA, "Blockchain and the Creative Industries", in RMIT Blockchain Innovation Hub, 2019.

〔3〕 MONTEROSSI, Blockchain（Diritto pubblico）, in *Dig*., 2021.

〔4〕 D. TAPSCOTT, A. TAPSCOTT, "Blockchain Revolution：How the Technology Behind Bitcoin and Other Cryptocurrencies is Changing the World", *Portfolio*, 2018.

〔5〕 GUPTA, A brief history of Blockchain, in www. hbr. org, 2017.

区块链和智能合约在旅游酒店行业的可能应用[1]

一、区块链和智能合约在旅游酒店行业的可能应用模式

正如本书起始阶段所预期的那样，以下内容旨在对区块链技术和智能合约在旅游酒店行业的可能应用模式提供一些看法。

具体而言，我们设想开发一种可供旅游酒店行业的运营商使用的自我认证和智能合约模式，并将其作为后疫情时代新全球背景下的典型管理活动的可能工具。

简而言之，借助区块链技术的自我认证模式，部门经营者得以在一个广泛且不可更改的登记册上输入数据，从而自行产生一种认证，这种认证有助于达成最适当的保护措施、确保安全、做到健康预防，并且提供其他能够在酒店行业脱颖而出的服务。当然，就上述目的而言，第三方认证机构也可以使用相同的操作模式。同样的技术也可用于智能合约模式的开发，其能够在满足某些条件时自动产生法律效力。例如，在发生不利事件且有在不同程度上影响合同得以充分、正确履行的可能性的情况下，合同会被自动终止，且当事人不被收取任何费用，或者如果由于未实施（或验证不存在）商业要约中所声明的健康防护措施服务而导致上述自我认证被撤销，顾客可免费退出合同。

上述观点都是为了创造新的工具，为缔约方提供创新和有效的"保护形式"。

---

〔1〕 Marika Lombardi，意大利律师，布雷西亚大学研究员。译者：刘子非，上海政法学院涉外律师方向法律硕士研究生。吴琦玮，上海黄浦投资控股（集团）有限公司法务专员。

二、关于基于区块链技术的旅游酒店行业开发自我认证模式的说明

在功能层面上，例如，在当前后疫情时代的背景下，基于区块链技术开发的自我认证模式使得旅游酒店行业的运营商能够：（1）在数字的、广泛的和不可更改的登记册上记录与实施防止疫情传播的各项措施以及其他任何健康防护措施，或在商业要约中所宣传的与服务有关的数据；（2）永久保存与实施各项措施有关的数据，以便在数据存在的时效和具体时间方面能够与第三方对抗；（3）在彻底完成所有要求的措施后，获得以经过验证的数据为基础，按照时间顺序排列，且不可更改的自我认证。

这表明，建立该模式不能忽视精准确定即将采取的各项措施，以及与记录合同合规有关的数据的可能方法。

目前，抵御疫情传播的防护措施可以根据国家"安全欢迎"议定书（national"Safety Welcome"protocol）重新制定，该议定书由意大利酒店协会（Federalberghi）于 2020 年 4 月 27 日签署。

众所周知，为了确定上述措施，一个由意大利本国及外国企业家和管理人员组成的代表了不同类别和类型的旅游住宿设施的工作组，在卫生和安全顾问的协助下以及在传染病专家的监督下，分析了酒店服务生产和供应流程的不同阶段，确定了所有关键要素，并提出了后续应采取的措施。

在这方面，技术操作指示包含在专门用于特定活动领域的协议中，例如前台、房间和公共区域的清洁、食品和饮料的管理以及会议和活动的组织。此外，议定书还包括与为客人和合作者提供的信息、个人防护设备和装置以及传染病例管理相关的常规图表。

三、旅游酒店行业潜在智能合约模型的开发及酒店合同

为旅游酒店行业开发潜在智能合约模式的假设不能忽视酒店合同的初步法律框架。

众所周知，酒店合同是一种非典型合同，其定义为：酒店在顾客支付相应的价款后，承诺向顾客提供带家具的住宿单元以及所有必要或可能的服务，以允许顾客在以此目的而组织的场所内住宿的合同。

合同当事方中的一方是酒店（或酒店经营者），另一方是顾客。酒店经营

者必须被归类为商业企业家，且酒店合同必须被归类为商业合同。顾客是酒店经营者所提供的酒店服务的受益人，但其并不总是与缔约方一致，因为合同可以由与服务使用者不一致的人（自然人或法人）签订。

至于形式，酒店合同往往以自由形式执行，因为书面形式不是强制性的（尽管建议使用书面形式）。同样，取消预订不受书面形式的约束，因此也可以口头执行，但前提是酒店经营者未明确排除这种承诺形式。

酒店合同作为一类非典型合同，没有确切的立法规则，但是，对于酒店经营者和顾客之间关系的特定方面则存在一项详细的规则。例如，货物在酒店的存放与酒店经营者对顾客所带到或交付酒店的物品负有保管责任（《意大利民法典》第 1783~1786 条）、酒店经营者对客户财产的债权的优先权以及关于酒店经营者的债权的诉讼时效的规定（《意大利民法典》第 2760 条和第 2954 条）。

酒店合同由一个复杂的"给予与行为"（*dare* and *facere*）框架组成，其内容包括多项服务，其中一些被视为基本服务，如提供住宿和与之相关的服务，而另一些仅为辅助服务。

就其法律性质而言，酒店合同被视为一类混合型合同，这是因为酒店合同是由多个命名合同合并而成，例如：租赁合同（享有居住单元）、借用合同（免费使用物品）、供应合同（定期提供食品）、工作提供合同（提供非酒店服务）、运输合同（考虑酒店经营者为顾客安排的运输）以及带到酒店或交付酒店的物品的押金协议。

综上所述，为了开发旅游酒店行业智能合约模式，根据流程图模型，首先需要开发的是旅游业与酒店业关系的法律版图。

四、旅游业与酒店业关系的法律版图

在旅游业与酒店业关系的实践中，顾客以口头或书面形式亲自或通过（实体或线上）中介提出住宿设施预订请求。

从法律角度来看，顾客的预订行为具有接受酒店经营者所制定的要约的功能，因此，当酒店经营者知道顾客通过预订接受其要约时，合同即成立（《意大利民法典》第 1326 条）。由于其不是一份要式合同，因此顾客的承诺可以用口头形式表示；但是，如果酒店经营者明确要求书面形式，则口头作

出的预订行为不适用于确定合同的成立，这与承诺请求的形式不同。

在顾客到达酒店之前，其未附带支付一笔款项或出具担保的预订行为导致酒店经营者独自承担义务。通过预订，酒店经营者有义务保留顾客所预订的房间。相反，顾客从抵达时起获得了使用其所预订的住宿和服务的权利。在这种情况下，通常的做法是在预订时注明一项术语，即到达日期（和时间）的定义，直到为顾客保留住宿的期限届满为止。顾客未能遵守该期限，通常会导致合同自动终止（《意大利民法典》第 1457 条）。但是，如果在预订时未明确说明此期限，则合同默认受顾客到达这一条件的约束（《意大利民法典》第 1353 条）。

顾客的预订行为可附带支付一笔款项作为押金（《意大利民法典》第 1385 条和第 1386 条）。加强版的预订行为带来了双方的义务：除了酒店经营者的保留顾客所预订房间的义务外，顾客还有义务在固定日期到场或在约定的时限内取消预订。在这种情况下，酒店经营者取消预订的行为、顾客在规定的截止日期后取消预订的行为，以及顾客未到达的行为，均构成违约。特别是，在顾客违约的情况下，酒店经营者有权扣留消费者所支付的押金。

在合同条款中，各方当事人还可以约定一项处罚条款（《意大利民法典》第 1382 条），即酒店合同的一项辅助条款，该条款在顾客未如约出现或取消预订的情况下，提前以统一费率确定损害赔偿。无论是否有损害的证据，顾客都应支付罚金，因此酒店经营者不承担证明已发生的损失的举证责任，也不能要求顾客赔偿更多的损失，同样地，在实践中顾客也不能证明实际损失少于约定的罚金。

因此，合同在各方当事方之间具有与法律相同的法律效力（《意大利民法典》第 1372 条），除非一方当事人违约，合同当事方不能单方面解除合同。然而，双方可以合意约定解除机制（《意大利民法典》第 1373 条）：在实践中，通常会设定一个期限，在该期限内，顾客可以免费取消预订，因此酒店经营者可以退还顾客已支付的款项。

入住时，酒店经营者可以要求顾客支付预付款或出具担保，如果顾客未履行，酒店经营者可以终止履行义务，拒绝接待顾客（《意大利民法典》第 1460 条）。

一方面，在酒店合同框架内，酒店经营者承担以下义务：（1）提供住宿和必要的辅助服务以及合同中规定的其他服务；（2）保证交付的住宿设施处于良好的状态，并将其维持在约定用途的状态（《意大利民法典》第 1575 条和第 1576 条），保证不存在明显降低其约定用途适用性的缺陷（《意大利民法典》第 1578 条）；（3）保管顾客携带或交付酒店的物品的义务（《意大利民法典》第 1783 条及以下条款）；（4）如果顾客未授权，禁止对合同内容和约定方法进行更改（《意大利民法典》第 1659 条）；（5）合同公平和诚信义务（《意大利民法典》第 1175 条和第 1375 条），即确保服务场所的监管、卫生和安全。

另一方面，根据酒店合同，顾客承担以下义务：（1）在规定的期限内支付约定金额，如果没有规定期限，则依酒店经营者所要求的期限支付相应金额（《意大利民法典》第 1183 条）；（2）在规定期限内使用和返还该住处；（3）谨慎行事，避免损坏该住处（《意大利民法典》第 1587 条和第 1588 条）；（4）妥善保管交付的物品，仅将其用于预期用途（《意大利民法典》第 1804 条），并在离开时予以返还（《意大利民法典》第 1809 条）；（5）保证归还住宿时处于接收时相同的状态（《意大利民法典》第 1590 条）。

双方有义务严格履行合同所约定的服务，如果一方不能证明其不履行其义务是由于不可归责于其自身原因而造成的，则需要支付损害赔偿金（《意大利民法典》第 1218 条）。

酒店合同终止的典型原因是未履行义务（《意大利民法典》第 1453 条），然而，由于该类合同是一份双边合同，因此也适用因意外而导致的履行不能（《意大利民法典》第 1463 条和第 1464 条）和履行义务的履行费用过高（《意大利民法典》第 1467 条）而终止合同的规定。

五 、智能合约和区块链之间的交互模式

在将视角转向旅游酒店业智能合约的可能运营模式之前，似乎应该进一步阐明上述工具与区块链技术之间的交互方法，以确定交互所可能带来的优势。

回顾与区块链技术内在特征相关的已被强调的内容，以及由此产生的与其中数据相关的法律效力，根据本章所开发的假设模型，我们首先有必要确定可能会被要求在永久不变的数据登记册内运行的主体。该登记册作为智能合约的基础，实际上由区块链构成。

在本章提出的模型中，"链条"中插入的第一个主体是关于合同的第三方认证机构，一般有以下几类（结合具体情况确定）：（1）国家和/或地方政府

当局，其目的是检测是否存在妨碍合同履行的公共秩序措施（例如，限制顾客前往旅游目的地的措施，或规定住宿设施暂停/限制旅游活动的措施）；（2）国家和/或地方卫生当局，其目的是确定是否存在不利的卫生条件，并以公共秩序为由阻止履行合同关系（例如，新一轮疫情暴发）；（3）国家和/或地方气象机构，其目的是检测是否存在不利天气条件，从而否定顾客履行合同所得到的利益或住宿设施提供特定服务的可能性。因此，与履行合同存在阻碍和/或不利条件有关的数据将根据第三方认证机构提供的信息获取（例如，第三方认证机构在其网站上公布，从而从其网站上摘录）。

与区块链交互的第二个主体是酒店经营者本身，或其专门指定的合作者（或供应商）。例如，这些主体将被委托检测和输入与以下方面有关的数据：收到顾客的付款/担保（这可能也是为了订立合同本身）、正确采取措施保护顾客健康、顾客在约定的日期或时间实际到达住宿设施。这些数据可以自动检测和注册，即无须将任何额外活动委托给酒店经营者或手动收集。例如，可以使用技术工具跟踪向顾客要求的付款/担保，或使用特殊传感器检测运营商采取的健康措施；相反，可以假设对某些数据进行手动检测和输入，例如顾客在入住时视为到达住宿设施。

将数据输入区块链的第三个也是最后一个主体是顾客：出于保证数据准确性的目的，数据的检测和输入应以自动方式进行，特别是通过使用技术工具进行，例如用于预订和为此目的所需的任何付款。在参考上述主体自动检测/手动输入每项数据的结果后，这些数据将被实时记录在区块链中，并永久不变地印在区块链上，并通过时间印记系统进行日期认证。

一旦在作为智能合约基础的区块链中登记，每项数据都能够直接与合同执行流程交互。这种相互作用尤其表现为自动产生当事人预先确定的合同效力（也可能根据标准化模型）。这种交互完全自动进行，不需要网络的任何"节点"或其他第三方就合同关系进行干预，对潜在顾客和酒店运营商都具有多重优势。

总体而言，智能合约具有区别于传统合同的特点，其开放了常规谈判工具所不具备的视角，并克服了传统合同通常所具有的不确定性，即传统合同受双方意愿的约束，可能未履行或未适当履行。[1]另一方面，区块链中包含

---

〔1〕 SALITO，"Smart contract"，in *Dig.*，2019.

的协议没有影响其法律约束性质或对违约方的制裁。[1]由于协议被编程为自动执行，且其有效性由技术基础设施保证，因此，当事方没有自主违反其条款的余地。

在实践层面，最显著的优势包括：[2]在实施预期措施和履行合同中预先确定的义务方面，提高经营者的可靠性；促进旅游业的安全性；提高顾客的长期忠诚度；确保数据的安全性和稳定性；双方支付/接收有担保且可追溯的付款/押金/退款的可能性；加强消费者忠诚度计划和奖励计划的安全管理从而对国家旅游业产生良好影响；提高酒店经营者和顾客之间建立更直接关系的可能性；以数字副本取代实体合同；数据/合同存储的便利性；便于追踪质量/服务评级和审查；顾客、供应商和员工的数字标识；能够追踪客户整个行程中的交易；运营商的信息技术（IT）系统便于与公共机构和警察的互联网技术系统对接；在客观检测承包范围和风险的基础上，便于自动启动保险以及支付赔偿金（增加了保险人的交易机会，提高了消费者对该行业的信赖，减少了对运营商的经济影响）。

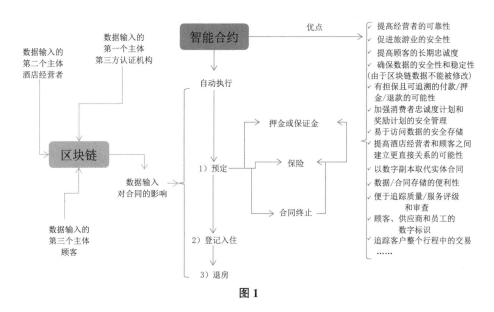

图 1

〔1〕　CUCCURO, "Blockchain ed automazione contrattuale. Riflessioni sugli smart contract", in *NGCC*, 2017, 1, 107ss.
〔2〕　参见图1。

六、创新型旅游业与酒店业关系的法律图谱

鉴于上述情形，旅游酒店业智能合约的潜在运营模式可以按照以下方面进行构建。[1]

确定协议内容是软件自动执行智能合约所约定的权利义务的先决条件。无论协议是以《意大利民法典》第 1326 条所规定的方式订立，还是以《意大利民法典》第 1327 条和第 1333 条所规定的方式订立，智能合约的执行流程均通过启动计算机程序开始，即通过读取加载的指令以及将其存储在系统中的方式开始。[2]

合同的订立作为这一创新模式的一部分，以数字形式进行，且订立合同仅需顾客输入数据（例如，在完成为预订专门设计的数字程序时）。预订还可能需要顾客通过押金或保证金的方式支付一笔款项。在这种情况下，合同的订立将取决于（自动）检测到以运营商为受益人的预订所要求的金额的认证。如果合同的执行出现障碍/终止条件，该金额将以完全自动的方式退还给顾客，且不收取任何费用。这一机制特别加强了酒店经营者和顾客的信任。

此外，在预订完成后，保险范围可自动激活，以覆盖因任何预定事件导致合同终止而产生的损害，并由此向顾客偿还已支付的金额，并向运营商赔偿已产生的费用。同样，保险还赔偿顾客因发生与健康相关的事件而支付的费用（例如，医疗费用、遣返费用、因隔离延长逗留时间而产生的费用等）、顾客因行李丢失而遭受的损失，以及因双方行为造成的不利、意外和独立条件（例如气象条件）导致某些服务无法使用/无法提供而造成的损失。

如果发生被双方视为终止条件的情形，合同将立即终止其效力，已支付的款项将退还给顾客，而顾客不被收取或支出任何费用。然而，合同的终止将自动触发保险赔偿的启动，从而立即自动向顾客或运营商支付相应的到期赔偿。例如，合同的终止条件可能进一步指：采取不符合现行法律的健康/卫生/安全措施；特定气象事件的发生；新一轮疫情暴发；存在妨碍合同履行的公共秩序措施；引发旅行者安全问题的地缘政治事件。

---

〔1〕 参见图 2。

〔2〕 MANENTE, "L. 12/2019-Smart Contract e tecnologie basate su registri distribuiti-Prime note", Studio 1_ 2019, in *CNN*, 2019, 1 ss.

按照传统模式，登记入住是合同缔结的必要条件，具有典型的效力。然而，在建议的模式中，在完成办理入住手续时会产生某些自动效果，例如，自动通过信用卡（在预订时已提供）支付押金，或自动通知有管辖权的警察顾客已到达酒店。相反，如果没有办理入住手续，合同将立即终止，由此自动产生双方预先确定的相关影响，包括经济性质的影响（例如，客户所支付的任何确认保证金由运营商最终收取）。这是可以理解的，因为客户未能在约定的日期和时间到达的行为会使终止条件得以实现，从而会产生上述影响。

此外，关于退房，作为合同到期或终止的传统时刻，也可以假设自动效果的产生：特别是，例如考虑即时和情景化信贷的可能性有利于经营者的平衡考虑，无须进行实体结账操作，同样也符合众所周知的社交距离需求。此外，在这种情况下，还可以设想顾客离开酒店时自动通知有管辖权的警察。

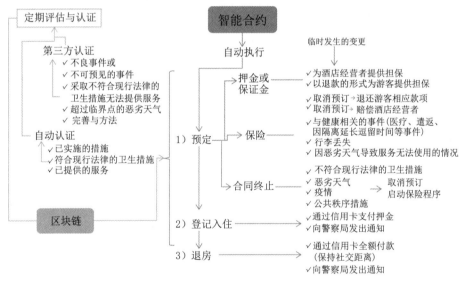

图 2

产业整合的区块链和智能合约：
消费者忠诚度计划背景下的旅游、
农业食品和艺术文化产业[1]

一、基于非同质化代币（Non-Fungible Tokens，NFTs）的区块链和消费者忠诚度计划的整合提议

本章讨论的是一项关于利用区块链技术和消费者忠诚度代币实现以一个系统来实施旅游、农业食品和艺术文化三个经济部门综合推广的可能性的建议。

区块链技术，或者更广泛来说，分布式账本技术（Distributed Ledger Technology，DLT），被定义为在加密的基础上使用共享、分布式、可复制、可同时访问、架构上去中心化的数据库的计算机技术和协议。这些技术和协议能够实现以明文形式记录、验证、更新和存储数据，并通过每个参与者可验证的加密进一步保护数据，从而达到不可更改和不可修改数据的目的。换言之，区块链技术是一个数字的、公共的且永久的数据库，其允许在没有集中验证机构的情况下，通过基于算法的分布式共识系统，记录、验证、存储和传输在一条不可变链条中按时间顺序排列的计算机证据。由于加密技术，节点之间记录和交换的信息是不可复制的，确保了其高度的可靠性和透明度，因为其对网络的每个组件都是可见的，并且不能被删除或更改。

代币是记录在区块链上的可编程数字价值单位。代币种类繁多，可以代

---

〔1〕　Andrea Polini，意大利律师，特伦托大学税法硕士。Marika Lombardi，意大利律师，布雷西亚大学研究员。译者：刘子非，上海政法学院涉外律师方向法律硕士研究生。吴琦玮，上海黄浦投资控股（集团）有限公司法务专员。

表任何东西。以太坊（Ethereum）基础设施的代币标准是最普遍的，其使用了一种特定类型的标准以部署代币，该标准规定了同质化代币（Fungible Token）的规则。使用区块链技术开发和转让的主要数字财产类型是非同质化代币，其是数字资产的认证副本，不同于同一资产的所有其他副本（包含认证的和未认证的）。资产可以是任何形式的数字资产，甚至可以包含获取实体资产。

当制造非同质化代币或使用其进行交易时，均需要最终将数据块添加到预先存在的交易链中。一旦满足这些条件，交易就会发生（例如向买家提供数字文件），且区块链会随着交易进行更新。这意味着可以在任何时候证明某一特定非同质化代币的起源，并追溯先前所有权的历史记录。此外，非同质化代币很容易从一个人转移到另一个人，且其很难被伪造。鉴于非同质化代币所有权易于认证和转让，其在各种不同商品的创造市场是很有用的。

区块链也是可编程的，因此有可能赋予非同质化代币以下功能：其能够随着时间的推移扩展其用途，甚至为其持有者提供直接的效用。换句话说，非同质化代币可以在数字空间和实体世界中产生效用，或者让其所有者利用非同质化代币以产生效用。从这个意义上说，非同质化代币可以像会员卡或门票一样发挥作用，提供活动、获取独家商品和特别折扣，还可以充当在线社交空间的数字钥匙，持有者可以在该社交空间内相互交流。其结果是，非同质化代币的所有者可能同时是投资者、俱乐部成员、品牌股东和忠诚度计划的参与者。

这一切都意味着基于非同质化代币的市场能够迅速崛起并获得吸引力，尤其是相对于其他加密产品而言。这些益处使得拥有相关的非同质化代币变得更有价值，这种所有权价值的增加有助于将所有权价值与转售的纯获利机会区别开来。

二、经济部门和非同质化代币的整合

这些技术的使用有助于旅游业、农业食品和艺术文化产业忠诚度计划的发展。创新将包括开发一个综合系统，用于在旅游、农业食品和艺术文化产业的特定地理环境（以下称"地理环境"）下运营的公司之间基于区块链技术的产品营销和消费者忠诚度计划的服务。该项目的目标是创建一个数字生态系统，使上述行业的地理环境中的公司能够共享数据、信息和数字服务，从而将相关地区转变为智能目的地。也就是说，通过人工智能算法以及根据数字生态系统的数据处理程序所提供的数据，可以根据个人游客或者消费者的具体情况提供相关地区的旅游套餐。

在所述框架中，项目的第一阶段所涉及的公司通过以下方法参与上述数字生态系统：

（1）旅游酒店区：采用智能法律合同的自动执行模式，通过顾客输入的简单数据，以数字形式签订酒店合同。通过采用这种模式，在游客住宿开始（入住）和结束（退房）时，智能合同将产生自动效力（将金额贷记为保证金，将用户数据传达给主管部门等），从而解决与合同履行阶段相关的问题，确保公司之间的数据不断交换，游客和任何第三方［数据库（oracles）］的活动自动关联到预定效力的产生［例如，针对取消预订、恶劣天气事件、医疗费用、住院和隔离、遣返等的保险范围（以用户和运营商为受益人激活）；向警方报告住宿的开始和结束；存款和余额的贷记/借记，等等］；

（2）农业食品领域：在农业食品供应链内采用基于区块链技术的认证系统，旨在确保产品的来源和可追溯性、食品安全、环境条件监测等；

（3）艺术文化领域：在这种情况下，可以假设加密货币、区块链和智能合约之间的技术融合将按如下方式运行：

捐赠（可能还包括购买门票、在礼品店购买商品或成为博物馆机构会员所支付的价格的额外部分）可以通过捐赠金额或加密货币的方式进行，以支持在官方和法律渠道上使用相同的支付方式，以及支持那些将越来越多地使用这些支付方式的人（尤其是年轻一代网民）使用；

作为对捐赠的交换，捐赠者将得到包含一系列权利的代币（例如，文化遗产支持者的认证；处理作为交换标的的代币的权利；税收抵免等），包括获得俱乐部会员福利的权利：例如，获得作为原始捐赠直接受益人的博物馆的入场券；获得国家或省、地区博物馆巡回展门票、商品和辅助服务的折扣和促销；获得并积累"忠诚度"的积分，该积分可以在国家或地方层面上有协议的设施和旅游服务（酒店、餐厅、交通工具或其他文化设施等）中提供折扣和其他益处，从而同时鼓励和完善旅游系统与发展地区经济。

对上述机制的管理将被交由（以物联网、人工智能、区块链和智能合约为代表的创新技术）处理。特别是，区块链将继续记录（并永久认证）自由度，发行包含上述权利的代币，以及记录作为经济交易主体的代币所有权的转移。

另一方面，智能合约将是一种计算机工具，可以在满足某些条件的情况下自动执行与上述行为相关的各种效果，例如：代币流通的效果，涉及被转移到文化基金的代币、与捐赠者忠诚度积分的关联以及一旦这些积分被用于与之相关的商品和服务时所累积的相同积分的赎回机制等一定经济交易价值的交换。

如前所述，该项目预计将创建一个地理区域的横向系统，涉及多个不同部门的运营商——旅游酒店、农业食品和艺术文化——以及一个忠诚度系统，为当地旅游业引入奖励机制。特别是，属于数字生态系统的每个运营商将都能够开发（或加入）忠诚度计划，该计划使得游客/消费者可以通过使用在数字生态系统中运营的公司联盟提供的商品和服务来获得奖励积分。

这些"同质"代币（从这个意义上说，它们是由活跃于不同行业的多家运营商发行的，因此在所讨论的数字生态系统中必须可交换）可以由用户通过使用开源区块链议定书（open source blockchain protocol）作为真正的加密资产进行交换，或者可以在生态系统内的任何公司不加区别地使用，以偶尔从忠诚度活动的奖励和/或折扣中受益。从所研究的模型中得出的有益影响可能涉及：

（1）行业运营商。其通过流程的自动化和标准化、法律活动的简化、数据的可访问性和确定性；追踪游客或消费者在该地区的整个行程中的交易，并制定个性化报价的可能性；忠诚度计划和奖励计划（积分或代币）的安全管理而获益；

（2）供应链和消费者。其通过对产品原产地和可追溯性的控制、食品安全控制、环境监测以及供应链运营商的推广而获益；

（3）地理区域。其通过创建集成和个性化的服务，创建数字生态系统以使新一代消费者可以访问智能目的地，开展鼓励代币交换及其所创造的价值的综合性忠诚度活动，以发展地区经济而获益。

三、该建议的法律影响

该运营模式主要影响的法律包括合同法、消费者法、数据保护法和反洗钱法。

特别是，本章希望在此探讨与智能合约和数据保护相关的一些影响。

（一）智能合约

根据《欧盟电子商务指令》（E-Commerce Directive），成员国必须确保其法律体系允许通过电子手段签订合同。然而，智能合同没有后续监管，基于区块链的智能合同的法律效力和法律可执行性仍然存在问题。

此外，在智能合同中，执行是自动完成的，一方当事人不可能违反合同，也不可能撤销已执行的智能合同，[1]因此，显然，任何争议都无法导致权利恢复至履行前的状态。

在国家监管层面上，意大利第 12/2019 号法律将第 135/2018 号法令（俗称"简化法令"）转化为法律，并于附件的修正案中增加了第 8 条之三，该条文第 1 段给出了分布式账本技术（DLT）的定义。[2]该规范将基于分布式数据库的技术定义为"在加密基础上使用共享的、分布式的、可复制的、可同时访问的、体系结构分散的数据库的技术和计算机协议，例如该技术可以使参与者以明文形式写入、验证、更新和存储数据，这些数据进一步受每个参与者可验证的加密技术保护，且不能被更改或修改"。[3]换句话说，区块链一词指的是一个数字的、公共的和永久的数据库。在没有集中验证系统的情况下，可以在其中记录、验证、存储和传输在一条不可变链中按时间顺序排列的计算机证据。

此外，意大利第 12/2019 号法律中以下条文的实施对通过智能合约签订的协议的形式价值作出了规定，"智能合约是指基于分布式账本技术运行的计算机程序，其根据预定义的效果自动使两方或多方承担责任"。[4]

然而，考虑到智能合约缺乏跨国监管，基于区块链的智能合约的可执行性以及某些特定的法律问题应该引起国际社会的关注，例如从标准形式合同的角度来看智能合约中的消费者保护问题。

---

〔1〕 WerDach K. and Cornell N, Contract Ex Machina, *Duke Law Journal*, Vol. 67, 2017, p. 371, in https://scholarship. law. duke. edu/cgi/viewcontent. cgi? arti-cle=3913&context=dlj.

〔2〕 Andrea Pinna, Wiebe Ruttenberg, "Distrituted ledger Technologies in Securities Post-trading", in *ECB Occasional Paper*, 2016, p. 15.

〔3〕 Cfr. art. 8-ter, comma 1, l. n. 12/2019.

〔4〕 Cfr. art. 8-ter, co. 2, primo periodo, l. n. 12/2019 dell'Informatica, Anno XXXIV, Fasc 3, 2019.

（二）隐私

在分析以视频流服务、视频游戏或元宇宙平台（Metaverse）为代表的数字生态系统交互产生的个人数据流时，数据保护立法也很重要。显然，区块链似乎提供了一个符合《通用数据保护条例》（GDPR）原则的技术生态系统。例如，根据 GDPR 第 25 条的规定，数据控制者必须以有效的方式实施适当的技术和组织措施，并在处理过程中纳入必要的保障措施，以满足 GDPR 法规的要求，保护数据主体的权利。例如，数据控制者可以采取匿名的方式，旨在实施数据保护原则（如数据最小化原则）。显然区块链符合上述要求，因为其没有单一的数据聚合点（如集中系统），因此更能抵御网络攻击或故障。此外，区块链可以阻止守门人以不受控制的方式、远远超出网络进行给定交易所需的范围收集用户个人数据。另一方面，在区块链中，非对称加密技术确保有选择性地访问数据，在处理目的的基础上，尊重用户的选择，符合最小化原则。

然而，区块链技术与数据隐私要求之间的一些重要冲突需要考虑，具体包括以下几方面：[1]

明确在区块链上记录个人数据当然受个人数据相关法律的约束。然而，一些区块链所记录、处理或用于管理交易的数据是否符合个人数据变更的条件〔例如，如果区块链的目的是创建所有权或其他转让权利的记录，且需要足够的识别信息，其可能明确将个人数据作为"有效载荷"（payload）；又如，区块链通过使用公钥私钥加密（publicprivate key pair encryption）兜售匿名性或至少某种程度的隐私〕。

数据控制者和数据处理者的识别：分布式点对点网络体系（distributed peer-to-peer network）结构意味着由哪一方决定数据处理的目的和方式往往并不明确。私人区块链的情况更简单，因为在这种情况下，中央运营商或财团可能有资格成为控制者或联合控制者的角色。其他专门为中央运营商运营区

---

〔1〕 Pritesh Shah, et al., Blockchain Technology: Data Privacy Issues and Potential Mitigation Strategies, in https://www. davispolk. com/sites/default/files/blockchain_technology_data_privacy_issues_and_ potential_mitigation_strategies_w-021-8235. pdf; Jorge Bernal Bernabe, et al., Privacy-Preserving Solutions for Blockchain: Review and Challenges, October 31, 2019, Institute of Electrial and Electronic Engineers IEEE, in https://ieeexplore. ieee. org/document/8888155/citations # citations; Gambino - Bomprezzi, Blockchain e Protezione dei Dati Personali, Il Diritto dell' Informazione e dell' Informatica, Anno XXXIV, Fasc. 3, 2019.

块链的参与者，如节点或矿工，可以担任处理者角色。私人区块链运营商或财团必须执行适当的数据处理协议或其他合同，以追究这些服务提供商的责任并履行监管义务。公共区块链通常缺乏中央运营商，因此很难分配传统的控制者和处理者责任。

分布式区块链网络和跨境数据传输的地域影响：根据 GDPR 第 3 条的规定，本条例适用于营业场所设立在欧盟境内的数据控制者或处理者对个人数据的处理活动，无论该数据处理行为是否在欧盟境内进行。区块链技术的分布式性质不仅对各个司法管辖区的法律适用性提出了挑战，还加剧了与限制跨境数据传输的法律之间的紧张关系。最值得注意的是，GDPR 只允许在特定情况下将个人数据传输到欧洲经济区（EEA）以外的国家，并要求接收方所在司法管辖区采取特定的保障措施，以确保相同或充分的数据保护水平。

区块链合法处理个人数据的标准：GDPR 仅允许数据控制者基于一个或多个合法目的处理个人数据，包括数据主体的同意或与数据主体签订或履行合同所需的处理；遵守控制者的法律义务；保护数据主体或其他自然人的重大利益；执行公共利益或官方任务；或者追求控制者或第三方的合法利益，除非数据主体的利益或基本权利和自由凌驾于其之上。目前尚不清楚这些情形是否涵盖永久的分布式区块链存储。如涵盖，区块链参与者可以请求其用户或数据主体的同意。这就是在某些情况下，GDPR 下的控制者可能更倾向于依赖同意以外的情形的原因，因为此类同意必须是自由的、具体的、知情的和明确的，并且可以在任何时候无理由撤回。

将区块链应用中的交易不变性和数据保存与个人权利相协调：数据更正和数据删除的权利，也称为被遗忘权，与区块链技术的交易不变性特征存在最明显的冲突。区块链，尤其是提供所有权、供应链和其他记录保存工具（包括智能合约）的实施，可能通过记录额外交易来解决数据更新问题。然而，从技术上讲，这些后续交易不会删除之前存储在区块链上的数据。

选择性数据加密和销毁方法可能有助于解决区块链上个人数据的合规问题，并通过使用散列或其他不可逆数据转换、销毁单独存储的散列或加密密钥以及撤销访问权来解决个人权利问题。

展望未来，区块链技术的隐私可能会通过验证和管理同意、为个人提供

跨分布式系统的个人数据使用的明确通知和记录，以及最大限度地减少数据
控制者及其处理者之间的数据共享而得到改善。[1]

---

[1] Pritesh Shah, et al. , Blockchain Technology：Data Privacy Issues and Potential Mitigation Strategies,
in https：//www. davispolk. com/sites/default/files/blockchain_technology_data_privacy_issues_and_potential_mit-
igation_strategies_w-021-8235. pdf, last visited on April 24, 2021.

数字营销的新领域（第一部分）：艺术展示还是植入式广告？电视剧、游戏和元宇宙中的智能植入式广告：法律含义和区块链范式[1]

一、引言：植入式广告的含义和发展

消费者倾向于选择吸引他们情感、能够形成与生活方式联系的广告，而不是生硬推销产品信息的广告。因此，当今的广告并不那么理性，更注重传达意义和情感，而且越来越喜欢使用艺术性的表达和身临其境的体验，植入式广告在很大程度上促进了营销范示的转变。广告从纯粹的促销行为转变为兼具娱乐和广告功能的混合体。

植入式广告可以被定义为"在大众媒体中插入品牌产品或服务内容，意在影响消费者态度或行为"，[2]或者作为一种营销手段，"营销人员与内容制作者协商，将品牌产品或服务纳入其节目"。[3]

根据大多数学者的研究，电影产业中的植入广告可以追溯到1945年，当时"杰克·丹尼尔斯"威士忌被植入影片《幻世浮生》（Mildred Piere）中；然而一些观点认为，植入式广告从电影摄影机诞生就已经成为一种成熟的商业行为：1896年春，卢米埃兄弟与英国肥皂品牌阳光肥皂的欧洲经销商签订

---

〔1〕　Andrea Polini，意大利律师，特伦托大学税法硕士。译者：蔡思柳，上海政法学院国际法学硕士研究生。李心怡，英国曼彻斯特大学法律硕士。

〔2〕　See S. LEE，"Product Placement in the United States：A Revolution in Need of Regulation"，*Cardozo Aro & Entertainment Law Journal*，2008.

〔3〕　See L. NEWELL，C. T. SALMON，S，CHANG，"The Hidden History of Product Placement"，*Journal of Broad-casting & Electronic Media*，2006.

了一份协议。同年，阳光肥皂出现在电影《瑞士的洗衣日》（Washing Day in Switzerland）和《第八营》（Défilé du 8e Battalion）。[1]

　　随着这种市场营销方式日益成功，规范植入式广告的模式合同也在不断演变。按照传统方式，电影制片人过去常常利用植入式广告来降低电影制作的成本。事实上，植入式广告最初采取的是以物易物的合同形式。营销方根据该合同提供特色品牌的产品作为道具，以此来交换电影中的植入（易物式植入广告）。在过去的几十年中，植入式广告已经成为电影制片人的一种特殊收入来源，在当下的一般商业实践中，植入式广告受到双务合同的制约。大众媒体内容创作者根据合同承诺在其作品中投放品牌产品或服务，该产品或服务的营销者向内容创作者支付一定款项作为报酬（付费植入广告）。

　　植入式广告最传统的形式是屏幕植入。在该形式中，一个品牌或产品以视觉形式在大众媒体中进行呈现。然而，随着时间的推移，这些形式已经失去了原有的效果，因此内容创作者想出了更加新颖而隐蔽的营销技巧，即语言植入广告，内容创作者将一个品牌或产品包装成娱乐内容的一部分。一个典型例子是在塔伦蒂诺的电影《低俗小说》（Pulp Fictoin）第一幕中的一个场景，麦当劳最著名的汉堡营销广告出自约翰·特拉沃尔塔和塞缪尔·L·杰克逊的对话，朱尔期问："'皇家奶酪'，他们管它叫巨无霸吗？"文森特回答道："巨无霸是巨无霸，但他们管它叫'麦乐堡'。"另一种类型的植入式广告是情节植入。在这种情况下，产品是一个虚构故事内的主要角色之一。例如，在迪士尼电影《疯狂甲壳虫》（The Love Bug）中，大众的甲壳虫车哈比是主要角色。

二、植入式广告的新领域：亚马逊的电视直播购物、加密游戏和元宇宙会在不久的将来开启

　　在不久的将来，植入式广告的前沿将到达新的领域。目前，我们只能通过思考电商平台亚马逊实施的主要优化方案来假设植入式广告的新发展方向。

　　最近，亚马逊开始投资电视节目制作，并与 Prime Video 和 Amazon Studios 一起推出了自己的视频点播服务，同时加入了其他重要公司的行列，

---

〔1〕　See J. NEWELL, C. T. SALMON, S. CHANG, "The Hidden History of Prooluct Placement", *Journal of Bnoad-casting & Electronic Media*, 2006.

如 Netflix、Disney+、HBO Max、Apple TV+，还推出了流媒体电影和电视剧。这些电影和电视剧在广大用户中大受欢迎，并将继续取得成功。显然丰富的电影和电视剧制作可以为亚马逊提供一个崭新的营销平台，亚马逊可以在它自己的电子商务平台上提供并销售产品。甚至可以考虑使用流媒体电视产品来展示那些放置在优美环境中的艺术品，供对艺术感兴趣的观众或收藏家购买。与此同时，亚马逊与其他的重要运营商也已进一步开启在游戏行业的运营前沿。

游戏和元宇宙平台的开发采取了植入式广告的形式，包括数字代币在内的前沿领域数字化消费产品以及服务的推广和销售。例如 NFT，服装产品配饰及艺术品的非同质化代币，以期创造一个可能的多层次互动：在现实世界里购买"真实"商品和服务提供给有限数量的用户；在数字或是虚拟世界中，由真实用户创建的虚拟形象在多元宇宙的生态系统中进行互动，消费的方式往往新奇多样且不受限制。我们每个人都可以在平行于现实世界的虚拟世界中进行活动社交并选择自己的风格和消费方式（例如购买服饰对自己在工作、聚会或某个活动中的形象进行打扮，购买艺术品和设计师作品来装饰虚拟的家，等等）。

有趣的是，在解释时尚业应该如何利用非同质化代币（NFT）淘金热时，加密货币钱包公司 Ledger 的首席体验官伊恩·罗杰斯表示："五年后，我们将拥有可以分享数字收藏品的壁橱。"[1] 从这个角度来看，一些具有创新意识的公司，比如耐克，已经开始准备全新的虚拟未来商业战略，包括知识产权投资组合。特别是"飞人乔丹""耐克""只管去做（Just do it）"等针对虚拟衣服、鞋子和其他数字服装的美国商标申请过程中，耐克为要申请的商品选择了申请涵盖类别中的第 9 类，而尼斯分类的第 9 类是指"仪器及用于记录、传输、复制或处理声音、图像或数据的仪器；记录并可下载的媒体、计算机软件、空白数据或模拟记录的存储媒体"。其目的是确保对可下载的虚拟物品（即计算机软件）进行保护，包括鞋类、服装、运动设备和其他类别的产品，

---

〔1〕 https://www.businessoffashion.com/podcasts/technology/ian-rogers-five-years-from-now-we-will-have-closets-where-we-shareour-digital-collections? utm_source=facebook&utm_medium=social&fbclid=IwAR0M5eHFQuqNTfJg1IKZzyEmljeZAqeTw-1DssT38tBFEoF7lR2Pvu_ F6Zs.

可供在网络的虚拟世界中使用。[1]

　　元宇宙实际上是一个集成数字化和沉浸式技术的虚拟世界，包括了电视游戏、视频会议、虚拟和增强现实、社交媒体、教育以及直播。而恰恰是在这样的背景下，包括植入式广告在内的传统营销策略，都会找到新的表现形式。

三、欧洲议会和欧盟理事会 2018/1808 号指令和意大利立法中对植入式广告的规定：最近的模式转变

　　由于其介于娱乐和广告之间微妙的混合性质，植入式广告一直受到严格的法规制约，尤其是在欧盟内部。

　　根据欧洲议会和欧盟理事会第 2010/13/EU 号指令第 11.2 条的规定，欧洲议会和欧洲理事会明确规定了"禁止产品软植入"的基本原则。然而，立法者规定了在下列情况下的例外：（1）为视听媒体、体育节目和轻松娱乐节目制作的电影作品和系列片；（2）不支付报酬，而只是免费提供某些商品或服务，比如用作道具和奖品，以期将其纳入节目。但这样的例外不适用于儿童节目。

　　如果该项例外适用，包含植入式产品的节目必须满足某些要求：植入式产品的内容不得影响媒体服务提供商的责任和其独立性，也不得直接鼓励购买商品或服务，亦不得过度突出植入式产品。观众也必须被明确告知植入式广告的存在。包含植入式广告的节目在开始和结束时，以及在广告时间结束后重新开始的时候，必须恰当地标出产品植入的内容，以避免造成观众的混淆（参见欧洲议会和欧盟理事会第 2010/13/EU 号指令第 11.4 条）。禁止软植入烟草、医疗产品和医疗服务等产品或服务。意大利现行法规与欧洲议会与

---

〔1〕　Nike is preparing for the Metaverse with trademarks for virtual clothes and shoes, in https：//intellectualpropertyplanet - wordpresscom. cdn. ampproject. org/c/s/intellectualpropertyplanet. wordpress. com/2021/11/10/nike-is-preparing-for-the-metaverse-withtrademarks-for-virtual-clothes-and-shoes/amp/；Nike quietly files virtual trademark. Is it entering the metaverse? Janice Tan, November 3, 2021, in https：//www. marketing-interactive. com/nike-quietly-files-virtual-trademark-is-it-entering-the-metaverse；Nike is Looking to the Metaverse with New Hires and Virtual-Focused Trademarks, The Fashion Law, November 2, 2021, in https：//www. thefashionlaw. com/nike-is-looking-to-the-metaverse-with-a-handful-of-new-virtual-focused-trademarks/.

欧盟理事会第 2010/13/EU 号指令规定的基本相同。事实上，第 31/07/2005 n°
177 号法令第 40.2 条规定了产品植入的普遍定义，包括易物式和付费式的产
品植入[1]以及与欧洲议会和欧盟理事会第 2010/13 号指令第 11 条所列举的、
具有同样条件的植入式广告。上述规则帮助意大利法院解决了何种行为可以
被称为植入式广告的问题。

根据广告自律协会（Giurì dell' autodisciplina pubblicitaria）所述，植入式
广告包括在电影作品或电视节目中插入商业产品；这是一种针对公众的信息
促销手段，因此完全属于商业传播的定义范围。[2]这一陈述表明了法院在对
植入式广告进行全面而详细定义的时候遇到的困难。

意大利最高行政法院、国务委员会采取了一种务实的态度，指出了可以
通过一系列特征性指数来证明：植入式广告，即旨在利用视听作品传播隐藏
的、间接的广告信息，是通过展示产品和品牌来表现的，而这种展示与叙述
性内容和作品的目的并无太大的关系。在这方面……协议共识……可以从与
电影中促销信息有关的客观因素中推断出来。尤其是品牌的展示与艺术智力
作品相比，是否具有任意、重复和工具性。[3]值得注意的是，植入式广告的
普遍性禁止以及基于特征性指数的司法测试不确定性的结合，极大地阻碍了
内容策划者对植入式广告的运用。

近年来，迅速变化的传媒和消费趋势促使欧盟重新考虑其针对植入式广
告的政策。特别是立法者承认，植入式广告的自由化并没有带来视听商业传
播形式的预期使用，但普遍禁止植入式广告也没有为媒体服务提供者带来法
律上的确定性。[4]基于以上考虑，立法者认为，除了例外情况，所有视听媒
体服务和视频共享平台服务都应允许植入式广告的存在。这种方式的改变可
能带来媒体内容制作者的哥白尼式革命，其可能会假定自己的行为合法，从
而在所有未采取特殊限制的领域越来越迅速地实施植入式营销策略。

根据欧洲议会和欧盟理事会第（EU）2018/1808 号指令第 15 条规定，欧

---

〔1〕 Placement can take place either for monetary consideration or for the provision of certain goods and
services free of charge such as production aids and bonuses, with a view to their placement in a program.

〔2〕 Ciuri cod, aut. Pubbria, 07. 05. 2019. n. 14.

〔3〕 Consiglio di Stato, sex VI-02. 03. 2010, n. 1193.

〔4〕 See Directive（EU）2018/1808 of the European Parliament and of the Council Par. 33 of the Pream-
ble.

洲议会和欧盟理事会第 2010/13/EU 号指令第 11 条由以下内容替代：本条仅
适用于 2009 年 12 月 19 日之后制作的节目。除新闻时事节目、消费者事务节
目、宗教节目和儿童节目外，所有视听服务媒体都应允许播放植入式广告。
据此，欧盟层面确立的新原则是广告植入自由。例外背后的理由非常简单：
有证据表明，植入式广告和嵌入式广告会影响儿童的行为，因为儿童往往无
法识别商业内容。在消费者问题节目中允许植入式广告会模糊广告和节目内
容之间的界限，因为观众期待这类节目对产品或服务进行真实的审查。欧洲
议会和欧盟理事会第（EU）2018/1808 号指令仍然规定了合法的植入式广告
必须遵守的一系列要求，这些要求与欧洲议会和理事会第 2010/13/EU 号指令
中规定的要求相同。鉴于上述情况针对植入式广告的立法方式将很快在国家
层面发生变化。预计更强的法律确定性和规则灵活性将促进判断自立，并使
欧洲的内容创作者能够与美国同行在平等条件下竞争。

四、欧盟数字服务法案一揽子计划

近年来，欧盟制定了一系列支持数字服务市场（DSM）发展的综合立法，
其中包括以下立法：

（1）《通用数据保护条例》——欧洲议会和欧盟理事会于 2016 年 4 月 27
日在关于在处理个人数据和数据自由流动方面确立了保护自然人的第 2016/
679 号条例，并废除欧洲法院 1995 年第 46 号指令；

（2）2019 年 6 月 20 日，欧洲议会和欧盟理事会关于促进在线中介服务商
业用户的公平和透明度的第（EU）2019/1150 号条例；

（3）2019 年 5 月 20 日，欧洲议会和欧盟理事会关于数字内容和数字服务
供应合同若干方面的第（EU）2019/770 号指令；

（4）2019 年 5 月 20 日，欧洲议会和欧盟理事会在关于货物销售合同方面
的第（EU）2019/771 号指令，修正了第（EU）2017/2394 号条例和欧盟理事
会 2009/22/EU 号指令，并废除了欧洲理事会 1999/44/EU 号指令；

（5）2019 年 11 月 27 日，欧洲议会和欧盟理事会第（EU）2019/2161 号
指令，修正了关于加强执行和现代化的欧盟消费者保护规则的欧共体第 1993/
13/EEC 号指令和欧盟理事会第 1998/6/EU 号指令，欧盟理事会 2005/29/
EU 号指令和欧洲议会和欧盟理事会第 2011/83/EU 号指令；

（6）2019 年 4 月 17 日，欧洲议会和欧盟理事会确立了关于数字单一市场版权和相关权利方面的第（EU）2019/790 号指令，同时修订了欧盟理事会第 1996/9/EU 号指令和第 2001/29/EU 号指令；

除上述在立法上的努力外，2020 年 12 月，欧盟委员会提议对所有数字空间进行大刀阔斧的改革——这是一套全面的新规则，适用于所有数字服务，包括社交媒体、在线市场和其他在欧盟运营的在线平台：

（1）《数字服务法案》（DSA）：欧洲议会和欧洲理事会关于数字服务单一市场的条例和修正欧盟理事会第 2000/31/EU 号指令，COM/2020/825 终稿；[1]

（2）《数字市场法案》（DMA）：欧洲议会和欧洲理事会关于数字部门的可竞争性和公平市场的条例提案，COM/2020/842 号终稿。[2]

（一）《数字服务法案》（DSA）[3]

根据《数字服务法案》，在欧盟范围内，具有约束力的义务将适用于所有将消费者与商品、服务或内容联系起来的数字服务，包括更快移除非法内容的新程序，以及对在线用户基本权利的全面保护。基于欧洲价值观的新制度将重新平衡用户、中介平台和公共当局的权利和责任，包括尊重人权、自由、民主、平等和法治。

具体而言，《数字服务法案》将在欧盟范围内引入一系列全新而统一的数字服务义务，这些义务将根据数字服务的规模和影响进行细致的分级，例如：

·删除在线的非法商品、服务或内容的规则；

·对其发布内容被平台误删的用户的保障措施；

·超大型平台为防止其系统被滥用而应采取风险行动的新义务；

·范围广泛的透明度措施，包括在线广告和用于向用户推荐内容的算法方面的透明度措施；

·监督平台工作的新规则，包括便利研究人员访问平台关键数据；

---

〔1〕 See https://eur-lex. europa. eu/legal-content/EN/TXT/PDF/? uri = CELEX：52020PC0825& from=en, last visited on December 10, 2021.

〔2〕 See https://eur-lex. europa. eu/legal-content/EN/TXT/PDF/? uri = CELEX：52020PC0842& from=en, last visited on December 10, 2021.

〔3〕 More on the topic have：https://ec. europa. eu/commission/presscorner/detail/en/ip_20_23, last visited on December 10, 2021.

·为帮助追踪非法商品或服务的销售者，设置在线市场中企业用户可追溯性的新规则；

·为确保整个单一市场的有效运行，公共机构之间创新合作进展。

（二）《数字市场法案》（DMA）[1]

《数字市场法案》解决了单一市场数字"守门人"某些行为所导致的负面后果。这些平台是企业用户接触客户的重要门户，对内部市场具有重大影响，并且享有或将可预见地享有稳固而持久的地位。该法案可以赋予他们作为私人规则制定者而享有的权利，并在企业和消费者之间的瓶颈上发挥作用。有时这样的公司可以控制整个平台的生态系统。当"守门人"从事不公正的商业行为时，其可以阻止或减缓来自其竞争对手和商业用户手中的富有价值和创新的服务到达消费者手中的速度。这些做法包括不公平地使用在这些平台上运营的企业的数据，或者将用户锁定在特定的服务中，且切换到另一个服务的选择将受到限制。

具体而言，《数字市场法案》将：

·仅适用于那些最容易出现不公平做法的核心平台服务的主要供应商，如搜索引擎、社交网络或在线中介服务。这些平台符合被指定"守门人"的客观立法标准；

·定义量化门槛，并以此为基础确定预定的"守门人"。该委员会还将有权在市场调查后指定公司担任"守门人"；

·禁止一些明显不公平的做法，例如阻止用户卸载任何预装软件或应用程序；

·要求"守门人"主动采取某些措施，例如一些有针对性的措施，允许第三方软件正常运行并与其提供的服务进行互操作；

·对违规行为实施制裁，包括为确保新规则的有效性，规定的罚款高达"守门人"全球营业额的10%。同时对于一再违规者，这些制裁还可能涉及采取结构性措施，可能延伸到剥离某些没有同样有效替代措施来确保其合法合规的企业；

·允许委员会进行有针对性的市场调查，用以评估是否需要在这些规则

---

[1] More on the topic have: https://ec.europa.eu/commission/presscorner/detail/en/ip_20_2347, last visited on December 10, 2021.

中增加新的把关行为，从而确保新的把关规则跟上数字市场的快速发展；

在日益发展的数字生态系统中保护用户/消费者不仅是欧盟，同时也或多或少是世界其他地区的一个重要目标。

在《数字市场竞争调查报告》[1]中，反垄断、商业和行政法委员会对在线平台的主导地位进行了分析，确定今后如何确保数字市场健康发展的建议和指导方针。

正如报告所指出，小组委员会调查的在线平台有：亚马逊、苹果、脸书和谷歌——作为交流通信、交换信息以及商品和服务的基础设施，它们也发挥着重要作用。截至2020年9月，这些平台的总估值超过5万亿美元——超过了标准普尔（S&P）100指数价值的三分之一。随着我们继续将工作、商业和通信转移到网上，这些公司将会更多地融入我们经济和生活的结构中。在过去的十年中，数字经济高度集中，所以容易出现垄断。小组委员会调查的几个市场——如社交网络、通用在线搜索和在线广告——仅由一两家公司主导。委员会调查的公司——亚马逊、苹果、脸书和谷歌——已经获得了对关键分销渠道的控制权，并开始发挥"守门人"的作用。仅仅十年后，世界经济总产出的30%可能会属于这些公司，其他公司将仅剩屈指可数的利益分享。

2020年7月29日，众议院司法部反垄断、商业和行政法小组委员会主席大卫·N·西西林发表声明，并提出了一个有趣的见解：[2]此次听证会的目的是审查亚马逊、苹果、脸书和谷歌的支配地位。亚马逊运营着美国最大的网络市场，占据了网络市场70%的销售额。从云计算、电影制作到运输物流和小企业贷款，其业务范围十分广泛。亚马逊的市值最近达到了1.5万亿美元，超过了沃尔玛（Walmart）、塔吉特（Target）、软件营销部队（Saleforce）、国际商业机器公司（IBM）、易贝（eBay）和埃斯蒂（Etsy）的总和。苹果是智能手机的主要供应商，仅在美国就有1亿多苹果手机用户。除了硬件设备，苹果还销售服务和应用程序，包括金融服务、媒体和游戏。脸书是全球最大

〔1〕 Subcommittee on Antitrust, 86 Commercial and Administrative Law, Investigation of competition in Digital Markets, page 10-11, in https://upload. wikimedia. org/wikipedia/commons/1/17/Investigation_of_Competition _in_Digital_Markets%2C_2020. pdf, last visited on December 11, 2021.

〔2〕 Online Platforms and Markets Power, Part 6: Examining the Dominance of Amazon, Apple, Facebook and Google Hearing Before the Subcom, on Antitrust Commercial and Administrative. Law of the H. Comm. on the Judiciary 116th Cong (2020)〔hereinaften CEO Hearing〕, Page 6-7, in https://judiciary. house. gov/calendar/eventsingle. aspx? EventID=3113, last visited on December 11, 2021.

的社交网络服务提供商，其商业模式是销售数字广告。尽管出现了一连串的隐私丑闻和破纪录的罚款，脸书仍然继续享受着暴涨的利润——仅 2019 年一年就有 180 亿美元的利润。最后，谷歌是世界上最大的在线搜索引擎，占据了超过 90% 的在线搜索。其控制着数字广告市场的关键技术，在包括浏览器、智能手机和数字地图在内的六种产品上拥有超过 10 亿用户。在疫情暴发之前，这些公司已经成为市场经济中的巨头。在疫情暴发之后，其可能会变得比以往任何时候都要更加强大。随着美国家庭将更多的工作、购物和交流转移到网上，这些巨头将从中获利。与此同时，地方企业，像街道上的家庭小店，正面临着近代史上前所未有的经济危机。尽管很难相信，但我们的经济可能会从这场危机中复苏，甚至比之前更加集中和稳健。这些公司是商业和通信的重要命脉，因为其对我们的现代生活至关重要，其商业行为和决策对于经济和政治有重大影响，来自其中一家公司的任何一个行动都可能对我们数亿人产生深远而持久的影响。尽管这四家公司在重要性和意义等方面各不相同，但我们在调查过程中观察到了其共同的模式和竞争问题。

第一，每个平台都是一个关键分销渠道的瓶颈。无论是控制信息访问还是市场获取，这些平台都拥有利用该优势的动机和能力。它们通过收取高昂的费用，强加苛刻的合同，并从依赖它们的个人和企业那里获取有价值的数据。

第二，每个平台都利用其对数字基础设施的控制来监控其他公司，监控其成长发展、商业活动以及它们是否可能构成竞争威胁。所有平台都通过购买、复制或切断任何实际或潜在竞争对手的访问数据来保障自己的优势。

第三，这些平台通过滥用对当前技术的控制来扩大自己的势力。无论是自我优待、掠夺性定价，还是要求用户购买额外的产品，占主导地位的平台都以有破坏性且有害的方式运用自己的力量实现扩张。

在此次听证会上，我们将研究这些公司是如何使用这种手段来实现和保持主导地位的，以及它们的力量是如何塑造并影响我们的日常生活的。那么，这又有什么关系呢？因为这些公司采用的许多做法都会对经济产生有害的影响。他们阻碍创业，破坏就业，提高成本，降低质量。简单来说，他们权力过大，这种力量阻碍了新形式的竞争、创造力和创新精神。虽然这些占主导地位的公司可能仍然会生产一些新产品，但它们的主导地位正在扼杀小企业、制造业等作为美国经济引擎的整体活力。

《数字市场竞争调查报告》进一步强调了近十年数字经济高度集中和平台"守门人"垄断情形。小组委员会调查的几个市场——例如社交网络，通用在线搜索和网络广告，均仅由一两个公司占据主导地位。该小组委员会调查的公司包括：亚马逊、苹果、脸书和谷歌，都已经获得了对关键分销渠道的控制权，并开始发挥"守门人"的作用。仅仅十年后，世界经济总产出的30%可能会属于这些公司，其他公司只占少数。[1]

针对这种不平衡数字市场的情况，小组委员会的工作人员确定了一套广泛的改革措施供进一步审查，并针对上述报告的调查结论制定立法对策，也作为反垄断执法强有力的补充。这些改革包括以下建议：（1）处理数字市场中的反竞争行为；（2）加强兼并和垄断的执法；（3）通过其他改革完善反垄断法的管理。

"为便于参考，供进一步审查的意见及建议如下所述。

1. 恢复数字经济中的竞争

·要求主导平台进行结构分离，禁止运营与主平台相似的业务线；

·非歧视性要求，即禁止具有支配地位的平台实施自我优待的策略，要求其平等对待市场上同等的产品和服务；

·数据互操作性与可移植性，即要求具有支配地位的平台使其服务与市场上各类网络相兼容，并使内容和信息更容易在它们之间进行移植；

·占市场支配地位的平台企业对未来并购行为的推定禁止；

·为新闻出版商提供安全庇护，以维护新闻出版的自由和多元化；以及

·禁止滥用优势议价能力，即禁止占市场支配地位的平台企业基于其市场主导地位订立合同事项，并要求对依赖于占支配地位平台的个人和企业进行适当的程序保护。

2. 加强反垄断法

·重申反垄断法的反垄断目标及其对确保健康和充满活力的民主的核心作用；

·加强《克莱顿法》（Clayton Act）第7条的规定，包括恢复推定（presumptions）和明线（bright-line）规则，恢复初始标准和保护新竞争者，并加

---

[1] Subcommittee on Antitrust, Commercial and Administrative Law, Investigation of Competition in Digital Markets, page. 11.

强关于纵向兼并的法律；

·加强《谢尔曼法》（Sherman Act）第 2 条的规定，包括禁止滥用支配地位，明确禁止垄断杠杆、掠夺性定价、拒绝基本设施、拒绝交易、搭售以及反竞争的自我优待和产品设计；以及

·采取额外措施加强整体执法，包括推翻判例法中有问题的先例。

3. 恢复反垄断的执法力度

·恢复国会对反垄断法及其执行的有力监督；

·恢复联邦反垄断机构的全部权力，对"不公平竞争方法"规则启动民事处罚和其他救济，要求美国联邦贸易委员会定期收集关于集中度的数据，提高公共透明度和机构问责制，并要求定期进行合并追溯，编纂更严格的旋转门禁令，同时增加联邦贸易委员会和反垄断司的预算；以及

·通过消除诸如强制仲裁条款、限制集体诉讼、限制构成反垄断损害的司法标准以及过高的申诉标准，以加强私人执法力度。"[1]

五、消费者新政和综合指令

消费者新政已于 2018 年 4 月 11 日在 COM/2018/0183 号终稿即欧洲委员会致欧洲议会、欧洲理事会、欧洲经社委员会的函件：消费者新政[2]中公布。消费者新政建立在现有消费者政策框架的基础上，进一步提出适合当今不断变化的市场和商业惯例的现代规则，特别是考虑到日益全球化的消费者市场和电子商务的兴起。

实际上，新消费者法旨在：

·更新现有规则，以填补当前消费者知识的空白；

·为消费者提供更好的补救机会，支持公共当局在公平和安全的单一市场中开展有效执法并加强合作；

·加强与欧盟外伙伴国家的合作；

·确保单一市场中消费者的平等待遇，并保证国家主管当局有权处理消

---

[1] Subcommittee on Antitrust, Commercial and Administrative Law, Investigation of Competition in Digital Markets, page 20.

[2] See https://eur-lex. europa. eu/legal-content/EN/TXT/? qid = 1573718927782&uri = CELEX% 3A520 18DC0183, last visited on December 11, 2021.

费品"产品双重性"的任何问题；

·加强沟通和建设能力，使消费者更好地了解自己的权利，帮助贸易商，特别是一些中小企业，更方便履行其义务；

·在经济和技术快速发展的背景下，展望消费者政策面临的未来挑战。为实现上述目标，"消费者新政"提议修改立法框架，并如本文件所述的那样辅以一系列非立法行动。

一揽子立法由以下两项文书组成：

·关于修订欧盟理事会第 93/13/EEC 号指令、第 98/6/EC 号指令、第 2005/29/EC 指令和第 2011/83 号指令的提案，使欧盟的消费者保护法能够更好地执行和实现现代化；[1]

·关于保护消费者集体利益的代表行动指令和废除第 2009/22/EC 号指令的提案。该提案旨在大规模侵害发生后，当许多消费者是同一侵权行为的受害者时，为消费者提供的补救。[2]

上述目标主要通过四项指令来转化，旨在修正或废除关于这一问题的现行立法，并通过采取新措施来实施监管框架，这些措施包括：

2019 年 5 月，通过了欧盟指令 2019/770/EU "数字内容指令"，其规定了适用于提供数字内容和服务合同的新规则；

2019 年 5 月，通过欧洲议会和欧盟理事会第 2019/771/EU 指令修订了现有的监管框架；

欧洲议会和欧盟理事会第 2019/2161/EU 号指令 "综合指令" 于 2019 年 11 月 27 日生效，旨在更好地适用消费者规则并使其现代化，并提议对以下内容进行修正：

（1）关于企业对消费者不公平商业行为的 2005/29/EC 指令；

（2）关于消费者权利的 2011/83/EU 指令；

（3）关于消费者合同中不公平条款的 93/13/EEC 号指令；以及

（4）关于保护消费者的 98/6/EC 号指令中涉及向消费者提供产品价格的指示；

——关于集体补救指令的欧洲议会和欧盟理事会第 9223/20/EU 号指令提

---

[1] COM（2018）185, 2018 年通信报告第 185 号。
[2] COM（2018）184, 2018 年通信报告第 184 号。

案。该提案废除了 2009/22/EC 指令，并更新了在"集体侵害情况"下为保护消费者集体利益而采取代表性行动的相关纪律监管。

该综合指令对现有欧盟消费者保护立法的修正集中在以下问题上，包括对侵权行为的处罚、在线市场的透明度、对"免费"使用数字服务消费者的保护、撤销权与产品的双重性。

值得一提的是，该综合指令对现有消费者保护立法进行了五项重大修改：

1. 商品和服务的定义现包括数字内容和服务（第 3 条）；

2. 统一适用于销售的规则：（1）实物商品和服务；（2）数字商品、服务或内容；以及（3）在线供应或销售的实物商品和服务；

3. 为交换客户数据而提供的服务与合同项下的付费服务待遇相同（第 31 条）；

4. 引入了旨在进一步保护消费者而针对商家和在线平台设定的全新义务；

5. 对违反规则的行为引入类似《通用数据保护条例》的处罚。综合指令规定的最低处罚是，该商家在违规行为发生地成员国年营业额的 4%，或在无法计算该数据的情况下最低处罚 200 万欧元。如果成员国认为合适，也可以在执行期内引入更高的罚款（第 24 条）。

以下这些则是这项新立法的一些主要特点：

实体商品、数字商品和服务：综合指令旨在扩大适用于实物商品和服务的现有消费者权利立法框架的范围，以便涵盖数字商品、内容和服务。

数字内容、服务和"免费"的数字服务：该指令引入了新的定义（例如"在线市场"和"排名"），并修订了现有定义（包括"产品"、"销售合同"和"数字服务"），以便创建一套保护措施。无论是购买还是使用实物或数字商品、内容或服务；也无论这些商品和服务是在线还是离线交付，消费者都可以从中受益。

商家和线上市场的透明度以及消费者审查要求：线上市场现在有义务根据商品和服务销售者提供的信息（不受任何核实义务的约束），明确销售者是"专业"的商家（也因此属于消费者保护立法的范围）还是个人商家（不包括在消费者保护立法的范围）。此外，根据这一区别，线上市场必须明确什么样的消费者保护条款将会适用于任何特定的交易，以及遵守消费者保护法的责任如何在卖方和线上市场之间分担。这些变化旨在让消费者更好地了解自己的权利，并且如果他们认为自己的权利受到侵犯，可以向哪个或哪些机构投诉。

除此之外，一些与消费者评论相关的交易活动已被列入黑名单。通过发布虚假评论、删除负面评论、将违章记录从一种产品转移到另一种产品、不披露付费搜索排名，或声称消费者评论已经过认证等方式操纵评论，现在都是被明令禁止的行为。

价格操纵：为了确保为消费者提供价格的透明度，如果商家表示可以提供折扣，则折扣所依据的基价必须在折扣公布前最短 30 天内公之于众（第 2 条）。此外，在自主决策的基础上，如果呈现的价格是个人化的，消费者应该被清楚地告知，以便他们能够考虑购买决策中的潜在风险（第 45 条）。

贸易商和消费者之间的互动：在贸易商与消费者沟通时可以使用的沟通方法上，贸易商可以选择使用任何线上沟通方法，前提是该方法能够让客户保存所有交流的书面记录，且这种方法可以实现快速有效的沟通。这与欧盟委员会的意图一致，即通过使用聊天机器人、语音助理或其他对话式人工智能等替代通信手段，实现消费者法的现代化（第 41.4.4 条）。

产品的双重性：贸易商有义务以相同的方式在不同的成员国之间销售产品，或者提示产品是相同的（例如以相同的品牌销售产品），以确保产品的制造成分或特性不会有重大的差异。如果这种差异可以用合法和客观的因素证明是正当的，这一要求就会存在一个有限的例外，但这可能是需要克服的一个重大障碍。这一义务仅适用于货物商品而非服务，且特别是针对食品市场的贸易商（第 52 条）。

具有误导性的营销和销售做法：该指令并不阻止成员国通过条款保护消费者合法权益，以免贸易商为达到推销或销售产品的目的或效果而主动造访消费者家，或在组织旅行的时候使用强迫性或误导性营销或销售做法（第 3.2 条）。

处罚：违反《不公平商业行为指令》、《消费者权利指令》或《价格指示指令》的任何规定都可能导致罚款（第 13 条）。因此在决定是否适用罚款时，成员国必须考虑一系列因素，包括：

（1）侵权行为的性质、严重性、规模和持续时间；

（2）贸易商为减轻或补偿消费者遭受的侵害而采取的任何行动；

（3）商家之前的任何侵权行为；

（4）如果有相关数据，需考虑贸易商因侵权行为而获得的经济利益或避免的损失；

（5）根据欧洲议会和欧洲理事会第（EU）2017/2394号条例，当建立的机制获得有关此类处罚信息的跨境案件时，对其他成员国的相同侵权行为对贸易商实施的处罚；

（6）有关案件情节的任何其他加重或减轻因素。

成员国应确保在根据欧洲议会和欧盟理事会第（EU）2017/2394号条例第21条实施处罚，包括通过行政程序实施罚款或启动罚款法律程序的可能性，或者两者兼有。此类罚款的最高金额至少为相关成员国贸易商年营业额的4%。对于需要处以罚款但无法获得贸易商年营业额信息的情况，成员国可以引入启动罚款法律程序的可能性，罚款的最高金额至少应为200万欧元。

不公平合同条款指令：关于欧盟理事会第1993/13/EEC号指令，成员国应制定适用于违反上述指令的惩罚规则，并应采取一切必要措施确保其实施，且规定的处罚应有效、适度并具有劝阻性。成员国可将此类处罚限制在国内法所有情况下都被明确界定为不公平的合同条款。此外，成员国应确保在酌情实施处罚时考虑到以下非详尽的指示性标准：

（1）侵权行为的性质、严重性、规模和持续时间；

（2）卖方或供应商为减轻或补偿消费者遭受的损害而采取的任何行动；

（3）销售方或供应商以前的任何侵权行为；

（4）如果有相关数据，需考虑贸易商因侵权行为而获得的经济利益或避免的损失。

六、消费者保护与第（EU）2019/770号《数字内容指令》的概述

2019年5月20日，在关于数字内容和数字服务供应合同的某些方面的第（EU）2019/770号指令（《数字内容指令》）上，处理了数字内容与合同的一致性问题，同时指出商家有义务提供符合特定一致性要求的数字内容，并在不符合的情况下提供有利于消费者的补救措施。

具体而言，正如《数字内容指令》第7条和第8条所规定的一样，商家应向消费者提供同时符合主客观一致性要求的数字内容或数字服务：

（1）符合合同要求的描述、数量和质量，并具备功能性、兼容性、互操作性和其他特征；

（2）满足消费者要求的任何特定目的，该目的是消费者在不晚于合同订立时告知商家，并且是商家已就其作出接受表示的；

（3）按照合同要求，提供所有附件、说明（包括安装说明）和客户支持；

（4）按照合同规定进行更新；

（5）适用于通常使用同一类型的数字内容或数字服务的目的。同时酌情考虑到任何现行的联盟和国家法律、技术标准，或在没有相应技术标准的情况下，考虑到适用的特定行业行为守则；

（6）在适用的情况下，将消费者可能会合理期待收到的任何附件连同说明一起提供给消费者；以及

（7）遵守商家在合同签订前提供的数字内容或数字服务的任何试用版或预览版。

值得注意的是，根据第8.1.2条的规定，数字内容必须符合数字服务通常所具有的相同数量、质量和性能特征，并且考虑到商家或者代表商家的其他人在交易链条的前几个环节，特别是在广告或标签上所作的公开声明，消费者可以合理地期待该数字内容的质量和表现与之相同。尤其是在需要设计和实施一个基于植入式广告的营销策略的时候，这种客观的一致性要求对数字内容的交易者或提供者提出了关联性很强的注意义务。

在这种情况下，商家需要证明：

（1）商家不知道也不可能有理由知道相关的公开声明；

（2）在订立合同时，公开声明已经以与其作出方式相同或相当的方式得到纠正；或

（3）获取数字内容或数字服务的决定不会受到公开声明的影响。

此外，尽管商家应确保已向消费者告知，并提供保持数字内容或数字服务符合要求所必要的、包括安全更新在内的更新，但如果消费者未能安装所述更新，则商家不应对仅因缺乏相关更新而导致的任何不符合要求的结果承担责任。

如果合同规定在一段时间内持续提供数字内容或数字服务，则数字内容或数字服务应在该段时间内始终保持一致。

根据《数字内容指令》第9条的规定，由于数字内容或数字服务不正确地融入消费者的数字环境中而导致的任何不符合性都应被视为数字内容或数

字服务的不符合性。

至于对不符规定的补救措施，《数字内容指令》第 14 条规定，消费者应有权获得符合合同要求的数字内容或数字服务，接受价格按比例降低或终止合同，除非这是不可能做到的或会给商家带来不成比例的费用承担，在考虑到的所有情况中包括：（1）如果没有不符合规定的情况，数字内容或数字服务将具有的价值；（2）不合规行为的严重性。商家应在合理的时间内免费将数字内容或数字服务整合，且不会给消费者带来任何重大不便。特别是，在提供数字内容或数字服务以换取报酬的交易情况下，消费者应有权按比例降低价格，或者在以下任何情况下终止合同：

（1）使数字内容或数字服务符合一致性要求的补救办法是不可能的或不相符的；

（2）商家没有做到让数字内容或数字服务符合一致性要求；

（3）尽管商家试图使数字内容或数字服务符合一致性要求，但仍出现不符合一致性要求的情况；

（4）不符合一致性的情形性质严重，有理由直接降价或终止合同；

（5）商家已经声明，或者可以从情况很清楚地看到，商家不会在合理的时间内或者在对消费者没有重大不便的情况下使数字内容或数字服务符合一致性要求。

降价幅度应与提供给消费者的数字内容或数字服务的价值在符合要求的情况下相匹配。如果合同规定数字内容或数字服务应在一段时间内提供以换取价格的支付，则价格的降低应适用于数字内容或数字服务不符合一致性要求的那段时间。

在提供数字内容或数字服务以换取支付价款的情况下，消费者只有在严重不符合一致性要求的情况下才有权终止合同。关于违约情形是否轻微的举证责任应由商家承担。

一般来说，关于数字内容或数字服务是否符合规定的举证责任应由商家承担（《数字内容指令》第 12 条）。

七、区块链：游戏规则的改变者

随着人工智能、虚拟现实和增强现实等新技术的引入，电视和游戏行业正在迅速转型。伴随着技术的发展，游戏产品、视频内容、虚拟现实和电子游戏比赛也将蓬勃发展。根据 Newzoo《全球游戏市场报告》，2018 年全球有 23 亿游戏玩家在游戏上花费了约 1380 亿美元。这一数字比上年度增加了 13%，即增加了 162 亿美元。该报告预计，到 2021 年，消费者在游戏上的支出将增长至 1801 亿美元，2017 年至 2021 年期间的复合年增长率为 + 10.3%。[1]

商业模式已经发生了变化：通过对店内实体游戏销售实现的货币化已经让位于游戏内购买和广告化的免费游戏，而这迟早会在电视和视频流媒体服务中实现。

尤其是区块链技术正被用来为开发者和玩家重新定义游戏体验。随着非同质化代币和智能合约等创新的出现，开发人员有了新的工具来打造游戏体验及其关联的经济。[2]

区块链技术对行业处理的影响是十分显著的：[3]区块链允许完全控制虚拟资产。目前，游戏玩家并不真正地拥有他们购买的虚拟资产（游戏中的资产），在游戏之外购买、出售或交易资产是不允许的。这是因为游戏公司通常将游戏中的资产存储在集中的服务器上，以防止资产被复制。区块链技术允许虚拟资产的完全透明和分散控制，使用户能够拥有其虚拟资产的所有权，并与其他用户交换这些资产。游戏玩家可以灵活地在不同的游戏中随时使用他们的虚拟资产。这一功能建立了可信度、透明度和问责制，且可确保不同数字生态系统之间的互操作性，这是元宇宙平台相互连接和增加用户与其他用户横向互动机会的必要因素，也是不同系统和服务中交易和使用数字产品

---

〔1〕 M. Attaran, A. Gunasekaran, Application of Blockchain Technology in Business, Springer Briefs in Operations Management, in https://doi.org/10.1007/978-3-030-27798-7_12, last visited on December 11, 2021.

〔2〕 Blockchain-Based Gaming：A primer Bronght to you by Forte, in https://www.theblockcrypto.com/post/120409/blockchain-basedgaming-a-primer-brought-to-you-by-forte, last visited on December 11, 2021.

〔3〕 M. Attaran, A. Gunasekaran, Application of Blockchain Technology in Business, Springer Briefs in Operations Management, in https://doi.org/10.1007/978-3-030-27798-7_12, last visited on December 11, 2021; Blockchain and tokens in the gaming industry, in https://gosuperscript.com/blog/blockchains-and-tokens-in-the-gaming-industry/, last visited on December 11, 2021; Igor Ershow Blockchain gaming：An analysis of the use of blockchain techuology in the video gaming industry, in https://amslaurea.unibo.it/20533/1/ershov_igor_tesi.pdf.

的必要因素，这些交易和使用是基于通过智能合同执行的共同条款和条件，并在不同的元宇宙平台之间进行协调。通过对所有者创建一个不可变的加密虚拟资产分类账，区块链技术使得复制、黑客攻击和窃取密钥成为不可能，并且它改善了支付过程（使其更快和更可靠）。

此外，区块链创建的代币可以支持用户忠诚度计划的实施，这也有利于元宇宙平台的互操作。随着区块链的应用以及电视流媒体服务、游戏和元宇宙的普及，忠诚度令牌的各种使用方式也在不断增加。[1]

---

〔1〕 Katalyie. iv. , How Blockchain is Completely Disrupting The Gaming Industry, in https://medium. com/coinmonks/how-blockchain-iscompletely-disrupting-the-gaming-industry-af226f73ee9e, last visited on December 11, 2021.

艺术与新技术[1]

一、艺术赞助：加密货币和区块链可运用于博物馆吗？

新的技术，如区块链和智能合约、人工智能、虚拟和增强现实等，正在逐步尝试并应用于艺术界，更有助于该行业的所有经营者创造新产品、新服务以及新的经济运行模式。对于艺术家来说，他们可以使用新的工具和新的艺术创作形式，例如通过使用人工智能和在分布式登记簿上交换的代币作品；对于画廊和拍卖行来说，他们可以利用旨在促进艺术品参观和流通的创新系统，例如通过虚拟房间和在线销售；对于博物馆机构来说，通过使用数字化系统和增强现实、虚拟现实、扩展现实等可视化技术，能够启动保存、归档和访问过程，甚至远程访问其收藏的内容，同时扩大向用户提供服务的类型。

对新技术在艺术领域的应用进行全面分析，既令人振奋，又超出本文的范围。同时考虑到该主题的重要性，我们相信在不久的将来能在这一问题上进行更多比较和深入研究。我们试图从本章节其他部分对法律机构的分析中抽离出来，转而致力于"探索性"的工作，寻求加强上述某些技术在支持意大利艺术和文化遗产（世界上最著名和最丰富的遗产之一）方面可能的实际应用。

正如科劳委员会（Colao Commission）在 2020 年[2]起草的研究报告中所指出，"尽管意大利在文化资产的数量上处于国际领先地位（教科文组织的遗产排名第一），但面对艺术和文化遗产所蕴含的独特的战略价值，意大利在保

---

〔1〕 Marika Lombardi，意大利律师，布雷西亚大学研究员。译者：陈智磊，上海政法学院国际法学硕士，现为北京中凯（上海）律师事务所律师，上海市浙江青联会委员。

〔2〕 Colao Plan, Initiatives for relaunch "Italy 2020 – 2022", Work Sheet 55 Reform of management models for artistic and cultural institution, page. 67.

护和发展方面的资源不足"。

特别是，意大利引以为傲的非凡的历史、艺术、考古和景观遗产，这些丰富的文化和传统的遗产，总是能在意大利找到发展和成长的条件，这是受到普遍认可的。另外，意大利并不总是能够跟上创新成果不断涌现的时代潮流，并抓住数字化现象所提供的机会，然而几十年来，数字化使得文化体验的提供方式有了转变和增长的机会。[1]

文化产品的现代化——旨在实现艺术价值化的创新形式，如今可以通过使用新技术和营销形式来实现，这些技术和营销形式相互结合，可以使博物馆机构实施（及增加）其公共成果的新形式，进而在同一时间实现其自身经济模式的更新。

2019 年博物馆数字化和创新三年计划确定了一份倡议和工具清单，以实现上述经济模式的更新，这份清单包括：

——用于实现 3D、增强、虚拟和混合现实体验的工具；

——用于创造和评估应用于文化遗产的游戏体验的工具；

——大数据收集系统、分析、商业智能；

——票务服务和服务/产品的在线营销；

——区块链。

显然，我们应思考博物馆部新运作模式下带来的法律影响。首先要考虑到旨在引入更多"工作流"的工作假设，以抵销（但也要最大限度增加）原先较低的传统收入。结合后疫情时代下新的市场动态，一方面，我们需要在新技术中找到创新的发展模式，另一方面，则需要关注新的用户群"千禧一代"，即越来越多的"数字原住民"，他们倾向于对艺术文化新形式的成果加以利用。

对意大利博物馆系统的经济支持进行前沿分析的一种方式是收集私人融资捐款。

意大利博物馆的筹资能力，以吸引私人主体（大小赞助者）捐款的能力来衡量，对于基金会和自治博物馆来说都非常有限，基金会的私人捐款平均

---

〔1〕 Three-Year Plan for the Digitization and Innovation of Museums, MiBAC, Museums General Direction, 2019 (translated from Italian into English).

占总收入的 11%，自治博物馆的私人捐款发生率更低，平均略高于 3%。[1]

意大利在文化赞助方面的经验很重要，但仍有改进的空间。

2014 年第 83 号法令引入了所谓的"艺术奖金"，[2]即实现有利于公共文化遗产和娱乐业的赞助可以获得 65% 的税收减免。到目前为止，该奖金项目已经收集到总价值超过 5.55 亿欧元的捐款。[3]

赞助者既可以是以承担企业社会责任为目的的公司和银行基金会，也可以是公民个人，从而鼓励他们积极参与国家和地方文化遗产的保护。考虑到大多数赞助者是由银行和基金会代表这一事实，似乎有必要让新的主体参与进来[4]，特别是公民个人，其中包括年轻一代，他们将更好地从保护和促进国家艺术和文化遗产的良好战略中受益，从而增加这一税收激励措施的吸引力。

在某些情况下，赞助是作为具体项目和/或目标的一部分而推广的。例如：

——TGE——欧洲跨国赞助（https://www.transnationalgiving.eu）。

TGE 是一个涉及 21 个国家的私人网络，其允许居住在成员国的欧洲赞助者，包括公司和个人，通过直接受益于居住国提供的税收优惠，为其他成员国的非营利组织提供资金支持。

同时，TGE 倡议允许居住在成员国的组织将其筹款活动扩展到国外，而不需要在国外设立新的办事处，也不需要处理有关国家的税收和其他立法之间的任何冲突。

——米兰大教堂国际赞助人（http://www.duomopatrons.org/it/）。

米兰大教堂国际赞助人是根据美国法于 2014 年由 Veneranda Fabbrica del

---

[1] Federal Culture Annual Report 2018.

[2] D. L. 31. 5. 2014, n. 83, "Urgent provisions for the protection of cultural heritage, the development of culture and the relaunch of tourism", converted with amendments into L. n. 106 del 29/07/2014, in https://artbonus. gov. it/i-mecenati. html, last visited on April 21, 2021.

[3] Federal Culture Annnal Report 2018, in https://www. beniculturali. it/comunicato/art - bonus - franceschini-cresce-mecenatismo-superato-mezzo-miliardo-donazioni, last visted on April 21, 2021.

[4] D. L. 31. 5. 2014, n. 83, "Urgent provisions for the protection of cultural heritage, the development of culture and the relannching of tourism", converted with amendments into L. n. 106 del 29/07/2014, in https://artbonus. gov. it/i-mecenati. html; in https://www. artribune. com/professioni - e - professionisti/politica - e-pubblicaamministrazione/2020/02/art - bonus - superati - i - 435 - milioni - di - donazioni - il - commento - di - stefano-monti/, last visted on April 21, 2021.

Duomo（即为修建教堂而于 1387 年建立的机构，且现在仍然承担着教堂的维修工作）设立的一个基金会。

除了倡议外，该基金会负责众筹活动"Do you Duomo?"，其目的是在美国筹集 18 万美元，以保护及修缮代表移民守护神圣弗朗西斯-卡布里尼的塔尖。

——"Adotta una Guglia"项目（https://adottaunaguglia. duomomilano. it/it/spire/）。

"Adotta una Guglia"项目由 Veneranda Fabbrica del Duomo 推动，使得所有感兴趣的人都可以为修复和保护大教堂 135 个塔尖作出贡献。"认领"一个塔尖所需的金额是 10 万欧元，也可以通过集体认购，且个人没有最低金额限制。

作为赞助的交换，每个赞助者都有权在 Veneranda Fabbrica del Duomo 的赞助者登记册上记录自己的名字，即可收到有关修复和文化活动方面的新闻，以及根据赞助的金额获得其他奖励（例如，为 50 欧元及以上的赞助提供的赞助证书）。

——"Iosostengo San Petronio"项目（https://www. succedesoloabologna. it/io-sostengo-san petronio/）。

"Iosostengo San Petronio"项目倡议从 2016 年 1 月持续到 2017 年 1 月，由"Succede solo a Bologna"协会推动，目的是为圣佩特罗尼奥大教堂（一个独立的纪念性工程，因为其不属于教区或博洛尼亚市政府）的修复工程筹集必要的资金。

特别是加入该项目的捐助者有权参加与大教堂有关的独家文化活动，包括音乐会和导览，并获得各种类型的小礼品。

因此，我们应该对筹资的举措和形式进行评估，以便通过新生代的系统促进对国家艺术和文化系统的支持，以期在所有意大利公民的参与下，创建一个真正国家支持的艺术和文化博物馆遗产的运动，同时提高每个人在参与支持遗产方面的作用（以及社会责任），这也是国家的根本经济资源。

从这个角度来看，我们需要了解一个基于加密货币、区块链和智能合约的创新技术系统是否可以提供一项有用的工具，以促进并实质鼓励新一代广泛参与文化和艺术赞助，将捐助者作为支持和加强国家艺术和文化遗产的真正投资者。

　　艾米·惠特克（Amy Whitaker）教授最近进行了一项有趣的研究,[1]她总结了以前关于该问题的一些分析,[2]认为区块链技术是支持艺术领域的一项重要工具。因此, 惠特克教授认为, 区块链在艺术创业方面最大的潜在影响领域是组织和政府的新型资金结构。正如戴安娜·拉格代尔（Diane Rags-dale）对马戈·琼斯（Margo Jones）的研究表明, 剧院组织者理论上可以被构建成股份公司。区块链允许剧院创建一个投资结构, 观众通过购买代币并拥有剧院的一部分, 而不是只购买门票或慈善赞助, 从购买门票的消费模式转变为所有权即购买股份的投资模式。普利斯（Preece）和本茨（Benz）认为该模式也可以适用于非营利性艺术组织的创业或者政府。在 2012 年《艺术管理、法律和社会》杂志的一篇论文中, 迈克尔·威尔克森（Michael Wilkerson）提出了各种"用艺术来支付艺术"的模式, 该模式中赞助和税收方法可以使用区块链来实现。在建议的"真正的赞助方法"中, 60 亿美元的赞助, 以 5% 的支出率, 将产生大约 1.5 亿美元的国家艺术局（NEA）年度预算。赞助基金并非来自政府拨款, 而是作为一种代币提供给公众成员的结构。我们也可以想象成一种混合模式, 即通过门票销售、酒店预订或其他与艺术有关的收入相关的税收收入, 在一段时间内为赞助基金提供部分资金。

　　在当前案例中, 我们可以假设, 加密货币、区块链和智能合约之间的技术融合机制运作如下:

　　1. 赞助（可能还包括与购买门票有关的额外费用, 或在礼品店购买礼品或加入博物馆机构会员的费用[3]）可以通过提供金钱或加密货币来进行, 以支持在官方且合法的渠道使用相同方式, 以及支持那些（特别是年轻一代）

---

〔1〕 Whitaker, A., Art and Blockchain: Aprimer History and Taxonomy of Blockchain Use Cases in the Arts, Artivate, Summer 2019, Vol. 8, No. 2 (Summer 2019), pp. 21-46.

〔2〕 Preece S·B. (2011). Performing arts entrepreneurship: Toward a research agenda, Journal of Arts Management, Law and Society, 41 (2); Ragsdale, D. (2017). On Entrepreneurialism and Publicness (or Whose theatre is it, really?) Artivate: A Journal of Entrepreneurship in the Arts, 6 (1); Bentz M. (2009). Entrepreneurship as a Nonprofit-Seeking Activity International Entrepreneurship and Management Journal, 5 (1); Wilkerson M. (2012), Wsing the arts to pay for the arts: A proposed new public funding model, Journal of Arts Management Law and Society, 42 (3), 103-115.

〔3〕 Drubey D. How Blockchain Can Impact Museums? September 25, 2018, in https://dianedrubay. medium. com/how-blockchain-can-impact-museums-70f23a598697, last visited on April 24, 2021.

将拥有更多元的支付手段。[1]

2. 作为赞助的交换，赞助者将获得代币，这些代币并未被赋予艺术品的部分所有权，而鉴于意大利艺术和文化遗产的不可处置性，赞助者将获得一揽子权利，其中可能包括以下内容：

——被承认为某一件作品、一套作品、一项资产或属于意大利艺术和文化遗产的普遍性资产的赞助者和支持者的权利（其中某件作品或一套作品由有限的代币代表，以确保数字稀缺性的概念与资产本身相结合，并由此产生在参考市场上交换相同资产的经济利益）。

——有权将代币作为交换、购买、出售、转让的对象，通过赞助加密货币（价格由市场动态调节）来支付对价，以便赞助者能够通过购买，实现与特定艺术作品有关的代币收藏［根据虚拟艺术收藏特性，即存在游戏化的机制以及来自社会网络的相互关系，从而建议形成一个生态系统，在该系统中，网络世代可以很容易地移动，并具有更大的刺激性，类似于其他项目的情况。例如，基于以太坊（Ethereum）的区块链技术运作的 Sorare 交易卡市场[2]］。与代币交易相关的经济价值在一定程度上再次自动转向对国家博物馆系统的金融支持。

——根据 2014 年 5 月 31 日第 83 号法令中提出的艺术奖金计划产生的税收减免机制使用权。

——获得与俱乐部成员资格有关的利益的权利：例如，获得直接受益于原始赞助的博物馆的免费门票；获得国家或省、地区博物馆巡回展的门票、商品和辅助服务的折扣和促销；获得和积累"忠诚度"积分，以保留在国家或地方层面商定的旅游设施和服务（酒店、餐馆、交通工具、其他文化设施、进入海洋/山地/湖泊服务等）的折扣和其他益处，从而以此来激励和促进旅

---

〔1〕 There are several examples of donations through the use of cryptocurrencies, which are also exploit for other purposes related to the world of art and museums among others, in https://www.coindesk.com/bitcoin-community-funds-italian-red-cross-medical-facility-to-combat-coronavirus; in https://www.greenpeace.org/usa/greenpeace-now-accepting-bitcoin-donations/; in https://www.savethechildren.org/us/ways-to-help/ways-to-give/ways-to-help/cryptocurrency-donation; in https://www.artnews.com/art-news/market/mak-vienna-becomes-first-museum-to-acquire-art-using-bitcoin-a-harm-van-den-dorpel-3995/; in https://cuseum.com/blog/how-cryptocurrency-could-transform-the-museum; in https://winstonchurchill.org/donate/cryptocurrency/, last visited on April 24, 2021.

〔2〕 In https://sorare.com, last visited on April 24, 2021.

游系统和国家领土的发展。

3. 上述机制的管理将被授权给区块链和智能合约所代表的技术：

——区块链将继续记录自由度，发行包含上述一揽子权利的代币，以及记录作为经济交易主体的这些代币的所有权转让。

——智能合约将成为计算机工具，在满足某些条件的情况下，自动执行与上述行为有关的各种效果，例如：代币流通的效果，涉及代币经济交易价值的一定比例的逆转，将其转给文化基金，将忠诚度积分与赞助者联系起来，一旦这些积分被用于相关的商品和服务，则有相同的积分兑换机制，等等。

这种"双向价值创造"（two-way value creation）的机制（对博物馆系统和赞助者来说都是如此，赞助者通过获取各种利益参与博物馆系统的支持，而这些利益又能在增加商品、服务的获取和消费方面对国家产生积极的影响），应该是能够长期自我维持的，以便优化保护国家艺术和文化遗产的工具，确保同一遗产从根本上成为支持国民经济的重要经济资源，以利于年轻一代。

正如 TEFAF 2020 关于 21 世纪艺术赞助的报告中所正确阐述的那样：区块链对艺术赞助人和慈善家最有吸引力的特点之一是，其可以实现高度可见和可追踪的交易，使赞助者能够全过程追踪所有交易，并核实他们的资金去向。追踪交易可以使赞助者在选择不同的组织和倡议以获得未来的赞助时作出更明智的决定。对于捐款的接受者来说，区块链的一个关键优势是可以减少与资金转移相关的交易成本，还可以防止欺诈性的中间人将本应给接受者的部分资金收入囊中。[1]

上述运作模式引起了一些解释问题，这些问题需要更深入的研究，并可能对实践层面产生重大影响：例如，似乎应该研究作为自由赞助的结果而"发行"的代币的性质，以及"纳入"其中的一揽子权利。

目前的工作似乎并未以详尽的方式发展与这些概况相关的司法思考的正确路径，即使它对于确定适用于所述案例的司法规则是必要的。仅仅是为了征求对这一点的分析，我们指出，在建议的模式中，鉴于国家艺术和文化遗

---

〔1〕 TEFAF 2020 Art Report on Art Patronage in the 21th Century, Page 37, in https://tefaf-amr-3. s3-eu-west1. amazonaws. com/TEFAF_Art_Market_Report_2020. pdf? mtime = 20200309175931, last visited on April 24, 2021.

产的不可获取性，赞助方购买代币不适合将艺术品的所有权（即使是部分）归于同一当事方。

因此，在这个意义上，我们必须排除"纳入"代币的权利可以被同化为财产权，因为同样的权利更多的是在信用权的范畴。从这个角度来看，法律学者提出的关于代币和信用证券之间存在相似性具有合理性，特别是在这些"工具"的起源和功能方面，有人指出，与债务证券一样，代币不是由法律先验界定的同质类别产生的，而是从具体应用中产生的，并因其作为代表在空间或时间的其他地方的履行的工具这一事实而结合在一起。[1]

在任何情况下，正如理论观点指出的那样，任何试图根据先前存在的类别来重构代币的情况，虽然肯定有助于提供一些解释参考，但不能一味地接受，否则解释者就有可能陷入现有的定义中，无法构建新的定义。[2]

二、艺术品电子商务

2020 年艺术市场最重要的发展是网上销售的增长。尽管整体销售萎缩，但艺术品和古董的在线销售部分达到了 124 亿美元的历史新高，价值比 2019 年翻了一番。网上销售所占的份额也从 2019 年销售价值的 9% 扩大到 2020 年的 25%。[3]特别是，由于 2020 年企业、活动和旅行被关闭或限制，转向在线交流、展览和销售成为许多企业生存的关键。传统的画廊和拍卖公司大大加强了数字化举措，正如其他建立在旅行、活动和个人接触基础上的行业一样，其开始以更主流的方式参与到提供保持流动性的在线技术中。[4]

2020 年网上购买艺术品最常用的渠道是通过网上拍卖、画廊网上展厅（Gallery OVRs）、艺术博览会网上展厅（Art Fair OVRs）和社交媒体。特别是，Instagram 一直是最广泛使用的社交媒体渠道，用户可以直接或通过 Instagram 上的链接购买艺术家、画廊或其他卖家的艺术品。特别是在 Instagram

〔1〕　Rulli E.，Incorporazione Senza res a demateria lizzazione senza accentratore：appunti sul token，in Revista ODC，Fascicolo I，2019（translated from Italian into English）.

〔2〕　Ibedem.

〔3〕　The Art market 2021，An Art Basel & UBS Report，in https：//www. artbasel. com/about/initiatives/the-art-market? gclid = Cj0KCQjwLOEBhDCARIsABrC0Tm80H7JeR-r83VI2tVAAnpvI26B2FFbVB be4SDjsu BRI4bcGU56P0kaAqSXEALw_ wcB；Online sales include sales carried out via a dealer's website（including dealer's social media channels，OVR or email），Via a third-party platform or a fairs online viewing rooms.

〔4〕　Ibedem.

上，也包括其他在线平台上，用户购买的偏向性有一个代际因素：虽然收藏家在使用在线拍卖方面比较一致，但"千禧一代"对网上展厅（包括展会和画廊）和社交媒体渠道的使用明显更广泛。这再次强化了年轻一代收藏家在网络上更加活跃的结论。

在这种情况下，旨在确保充分保护在网上购买商品、服务的消费者的法规，比以往任何时候都更加重要。因此，欧盟关于该主题的立法正在迅速发展，事实上，欧盟机构刚刚通过一揽子新规则，包含关于数字内容和服务供应合同的指令，以及关于所有类型的商品，也包括具有数字成分的商品的销售合同的指令。

从国家角度来看，关于电子商务合同的法律框架主要包含在第 206/2005 号法令中，即《意大利消费者法典》（ICC）。通常，ICC 旨在保护合同关系中的弱势一方（消费者）不受商品和服务销售中的专业人士的影响。

值得注意的是，ICC 的规定也适用于"远程合同"，系指专业人员与消费者之间根据供应商组织的远程销售或服务提供计划签订的任何有关商品或服务的合同。在该合同中，供应商到签订合同时为止专门使用一种或多种远程通信手段（ICC 第 50 条）。

ICC 第 51 条第 1 款规定，专业人员应在合同签订前使用一种或多种远程通信手段，且规定专业人员对消费者负有合同前的信息义务。具体而言，专业人员必须以适合所使用的远程通信手段的方式，用通俗易懂的语言，向消费者提供 ICC 第 49 条第 1 款所列的信息。只要该信息是由可靠媒介提供的，就应该是可读的。

如果将要签订的远程合同使消费者负有支付义务，供应商应以明确和突出的方式，在消费者下单之前，直接让消费者了解以下信息：（1）商品或服务的主要特点，但以适合该媒介和商品或服务为限；（2）商家的身份；（3）商品或服务的含税总价，或在商品或服务的性质使价格无法事先合理地计算的情况下，计算价格的方式，以及在适用情况下所有额外的运费、送货费或邮费和任何其他费用，或在这些费用无法事先合理地计算时，可能要支付这些额外费用。如果是不确定期限的合同或包含订阅的合同，总价应包括每个账期的总费用。如果此类合同按固定费率收费，总价也应指每月的总费用。如果总费用不能事先合理计算，应提供计算价格的方式；（4）合同期限（如适用），或者如果合同期限不确定或自动延长，终止合同的条件；（5）如适用，消费者根据合同承担义务的最低期限。

　　ICC 第 51 条第 4 款规定了消费者在合同中的最短预付款期限。此外，ICC 第 51 条第 4 款规定了供应商在任何情况下应提供的最低限度的合同前信息，即使合同是通过远程通信手段缔结的，允许显示信息的空间或时间有限。供应商还应在远程合同订立后的合理时间内，最迟在交付货物时或开始履行服务前，通过可靠媒介向消费者提供所订立合同的确认书。

　　此外，ICC 第 52 条规定，执行远程合同或电子商务合同的消费者有权在 14 天内单方面撤回合同：a）如果是服务合同，则为合同订立之日；b）如果是销售合同，则为消费者或承运人以外的第三方并由消费者指定的人获得货物实际占有之日。为了给消费者提供更充分的保护，同一条款还指出了特定情况下撤回权的起始日期，具体如下：

　　（1）如果消费者在一个订单中订购了多件货物，并分别交付，则消费者或承运人以外的第三方并由消费者指定的人取得最后一件货物的实际占有的日期。

　　（2）在交付由多批或多件货物组成的情况下，消费者或承运人以外的第三方并由消费者指明的获得最后一批或多件货物的实际占有之日。

　　（3）如果是在规定时间内定期交付货物的合同，消费者或承运人以外的第三方，并由消费者指明，获得第一件货物的实际占有之日。

　　在任何情况下，14 天的期限只适用于专业人员已经正确告知消费者存在撤回权的情况，而如果消费者没有被适当告知这种权利，他可以在合同执行后的 12 个月内撤回（ICC 第 53 条）。我们有理由期待，在不久的将来电子商务合同将继续快速增长，同时继续变得愈加复杂。因此，关注电子商务合同的监管的未来发展将是非常有趣的。

区块链与艺术品的真实性[1]

"Gli uomini in universale giudicano più agli occhi che alle mani, perché tocca a vedere a ciascuno, a sentire a pochi" (Niccolò Machiavelli, Il Principe, 1532).

"一般来说，人们更多的是通过他们的眼睛来判断，而不是通过他们的手，因为轮到每个人看时，很少有人听"（尼科洛·马基雅弗利，《王子》，1532）。

一、真实性问题

(一) 视角事项

真实性是艺术品归属的作者和艺术品的实际创造者之间对应关系的结果，其可能从不同的角度发挥关键作用，这取决于艺术市场的经营者，他们的观点时常被参考。

要验证任何要购买或出售的艺术品的真实性，几乎总是需要各方进行复杂、长期且不一定有结论的尽职调查，在这方面，合格艺术顾问的协助是最重要的。对于任何法律顾问来说，艺术品销售谈判的上述特点既是一种祝福，也是一种诅咒，因为其一方面有助于使艺术法成为一种市场实践，但另一方面又促使法律专业人士处理一系列特殊问题，而这些问题与当今基于产品和程序标准化的绝大多数商业交易是不相关的。

(二) 艺术家的视角

根据意大利法律，艺术作品的作者始终"保留要求获得作品所有权的权

---

[1]　Andrea Polini，意大利律师，特伦托大学税法硕士。译者：陈智磊，上海政法学院国际法学硕士，现为北京中凯（上海）律师事务所律师，上海市浙江青联会委员。

利，并反对任何可能损害其荣誉或名誉的变形、残缺或其他修改，以及任何损害作品本身的行为 Three-Year Plan for the Digitization and Innovation of Museums，MiBAC，Museums General Direction，2019（translated from Italian into English）."（见 L. n. 633/1941 第 20 条）

L. n. 633/1941 第 142 条规定，在有严重道德问题的情况下，作者有权将作品撤出市场，但不影响其对获得复制、传播、表演、代表或分发作品权利的人进行赔偿的义务。

在某些先例中，法院认为，根据上述第 142 条，"严重道德问题"应被理解为 L. n. 633/1941 第 20 条规定的对荣誉或名誉的潜在损害。因此，法官裁定根据 L. n. 633/1941 第 142 条，艺术家可以采取司法行动，以确定虚假或错误地归属于他的艺术品的行为缺乏真实性，只要这种归属导致对其荣誉或名誉的重大损害。[1]

在其他案件中，法院采取了不同的方法，认为只有错误的归属导致非法使用艺术家的名字，才可以根据《意大利民法典》第 7 条和第 8 条要求取消错误归属艺术家的艺术作品。[2]这一推理明显限制了 L. n. 633/1941 第 142 条的适用范围，即艺术品是真实的，但如果遭受重大改动，可能对作者的精神权利造成损害。

在实践中，选择以第 20 条和 L. n. 633/1941 第 142 条为由，还是以侵犯姓名权为由，对艺术品的非真实性提出索赔，并因此而否定其真实性，可能会因相关情况而有很大不同。如果艺术家已经死亡，第一种救济将只适用于 L. n. 633/1941 第 23 条所指的继承人，而第二种救济可由《意大利民法典》第 8 条规定的更广泛的主体来提起。

尽管在主张否认一件据称非真实的艺术品时，确定其合法所有权会产生重大影响，但判例法似乎尚未解决该问题。我们可以认为，目前的不确定性主要在于难以平衡艺术家拒绝关联非真实作品的权利与艺术品市场的整体稳定。该问题并不纯粹是理论上的，因为意大利和国际判例法中都有艺术家任意声称他们实际创作的艺术作品不真实的先例。[3]

---

〔1〕　See Tribunale di milano，18/01/2006；Tribunale di milano，17/10/2017.

〔2〕　See Corte d'Appello di Milano，11/12/2002.

〔3〕　See Corte di Cassazione sent. n. 2765/1982 on the famous De Chirico case, which constitutes a landmark in the area of Italian extra-contractual liability. For more recent examples in a comparative perspective, see "G. CALABI et Al. "Le Opere d'Arte e le Collezioni"，Milano，2020 page. 48".

(三) 卖家的视角

真实性也是艺术品经销商和艺术品交易商主要关心的内容。

为此，在普遍不受监管的市场背景下，第 42/2004 法令（《文化遗产法》）第 64 条规定了典型的情况：任何人向公众出售、为商业目的展出或作为中介出售绘画、雕塑、图形或古代物品，或具有历史或考古意义的物品，或在任何情况下习惯性地出售这些作品或物品，都有义务向购买者提供证明其真实性的文件，或至少证明这些作品的可能来源和出处；或者，如果没有这样做，则发出一份包含所有关于真实性或可能来源和出处的现有信息的声明。

值得注意的是，上述第 64 条并没有规定在艺术品交易商未能遵守关于真实性的信息要求时，买方可以采取的任何特别救济。因此，在违反第 64 条的情况下，买方可以诉诸《意大利民法典》第 1337 条和第 1338 条规定的一般救济，要求赔偿因执行合同而产生的损失，如果知道买方在谈判过程中违反诚信义务所隐瞒的情况，就不会签订合同。

需要指出的是，上述第 64 条所要求的谨慎标准与保证艺术品真实性的一般义务并不一致，而是更少：即艺术品交易商承担着更多的义务来作出合理的努力，向买方提供关于艺术品真实性的所有可用信息。这些信息可以从不同的渠道获得，但最可靠的来源是作者或作者的继承人提供的证据。事实上，艺术品可以完全由作品的精神权利所有者来鉴定（常见的例子是作者在画上的签名或描述艺术家在雕刻作品过程中的照片）。然而，艺术品的真实性并不总是能够依靠作者发出的适当的真实性声明，因此有时有必要考虑其他证据来源，如档案馆、信托机构或基金会发出的真实性证明。

最近档案馆、信托机构或基金会在艺术品的流通中发挥着越来越重要的作用。在这方面，值得注意的是，由于出具真实性证明是基于宪法规定的自由表达意见的权利的私人活动，除了提供意见的专家的声誉外，没有规定任何可靠性，所以出具（或拒绝出具）真实性证明经常成为法律纠纷的理由。

(四) 买方的视角

在处理真实性问题时，买方的视角显然是最关键的。事实上，即使艺术品的（专业的或惯常的）卖家或推广者负有提供一切关于艺术品真实性的商业合理信息的一般义务，购买非真实的艺术品的商业风险最终还是在于买方。

因此，最重要的是在调查购买合同执行后艺术品的真实性出现争议的情况下，买方有权采取救济。

在这方面，米兰上诉法院作出的第 3260/2020 号判决〔1〕特别有意义，因为其确立了一个基本先例，即以双方对艺术品真实性的真伪判断有误为由，要求废除艺术品购买合同的可能性（见《意大利民法典》第 1429 条）。本案的背景可归纳为以下几点：

——2002 年，原告根据其提供的作者女儿对画作真实性的书面声明，以 240 000 欧元购买了 G. S. 创作的名为 "Movimento di Danza" 的画作。

——2015 年，原告与克里斯蒂拍卖行签订了该画的拍卖合同，拍卖行根据全球最有影响力的 G. S. 专家的意见，对该画的真实性表示质疑，并拒绝推进该画的销售。

——2020 年，该画成为米兰检察院（Procura della Repubblica di Milano）调查艺术作品造假罪（根据第 42/2004 号法令第 178 条）的背景下发出的预防没收令的对象。

在分析本案之前，我们应当简单考虑一下购买非真品的艺术收藏家可以采取哪些救济可能会有帮助。选择适当的法律救济应基于许多基本要素，如行动的限制和卖方的主观状态。关于卖方的主观状态，必须指出的是，救济的选择可能会因卖方在销售时对艺术品的非真实性的认识而有很大的不同。事实上，为了根据《意大利民法典》第 1337~1338 条提出索赔，原告应证明卖方在谈判期间有恶意行为，即没有披露与艺术品真实性有关的信息。因此，对原告来说，根据《意大利民法典》第 1497 条行事往往更方便，该条规定，如果原告购买的货物不满足承诺的质量，买方有权以卖方违约为由终止合同［这就是所谓的严重违约（aliud pro alio）的情况，即卖方实际交付的货物与双方约定的特征完全不符］。然后，买方可以根据《意大利民法典》第 1497 条和第 1218 条要求终止合同——通过证明合同的存在（诉讼权）和艺术品的基本质量（真实性）的降低，要求退还支付给卖方的任何款项。〔2〕因此，证明艺术品真实性的责任在于卖方，无论其是否知道艺术品缺乏真实性，都将被视为负有责任。

上述案例很有意思，因为原告没有根据《意大利民法典》第 1497 条要求

〔1〕　See Corte d'Appello di millano, 11/12/2020.
〔2〕　In accordance to Article 2033 of Italian Civil Code.

终止购买合同（因为这将是最明显的选择），而是主张由于双方在画作真实性上的错误，合同必须被废除。在一审中，米兰上诉法院认为该要求不可接受，认为原告应该要求终止合同，因为卖方提供了不在场证明，而不是废止合同。根据一审法院的意见，只有在双方当事人只是假设将一幅画归属于某个作者，而不是由卖方明确保证的情况下，原告才可以提出废止合同的要求。上诉法院推翻了法庭判决，裁定买方获得非真迹画作的所有权，但因卖方曾保证该画为真品，买方有权就此提出其他诉讼，这两者并不冲突。具体而言，他可以根据《意大利民法典》第1429条的规定，以缺乏基本品质为由诉诸终止的救济，或以货物品质的错误为由诉诸撤销。

二、确定真实性：法律权利还是事实问题？

考虑到上述所有与专家意见有关的问题，关于艺术品真实性的法律确定性往往是最重要的。事实上，由于任何专家都有权对艺术品的真实性发表个人意见，而且成为艺术专家不需要特殊的专业资格，所以在大多数情况下，依赖专家的意见是一种主观行为。这就解释了为什么法院在确定艺术品的真实性方面可以发挥关键作用，以及为什么对艺术品市场经营者来说，获得法院对真实性的裁决是有益的。例如，由于关于真实性的司法裁决的需求越来越大，最近荷兰仲裁院成立了艺术仲裁院（CAFA），威尼斯仲裁院成立了专门的艺术法部门。然而，必须指出的是，关于真实性的司法裁决只能在某些条件下作出，因此不可能不区分情况地诉诸法院，以获得旨在提供艺术品真实性、确定性的判决或仲裁裁决。在这方面，必须指出的是，当代意大利判例法正在努力寻找上述法律确定性的需求与意大利民事诉讼程序的传统原则之间的平衡，根据这些原则，只有在有限的条件下才可能诉诸法官来确定艺术品的真实性。

在考虑意大利法院在裁决关于确定真实性的索赔时所坚持的不同观点之前，似乎值得我们对原告可能诉诸的不同类型的行动进行总结，然后重点关注《意大利民事诉讼法》（CPC）第100条规定的主张利益要求。

根据意大利法律，司法主张可分为三类：

（1）对司法命令的索赔，在这种情况下，原告旨在获得一项裁决，根据该裁决，被告应保持某种行为（制作或交付某种东西，支付一笔钱等）。

（2）在没有另一方合作的情况下，要求改变状态（例如，离婚、破产等）。在这些情况下，原告有兴趣和能力要求法官通过判决的方式对先前存在的法律现实进行创新：裁决事实上会产生新的法律效果，并形成、变更或消灭先前存在的法律状况。

（3）宣告性主张，即要求法官确定一项权利或利益的存在或不存在。

在任何这些情况下，根据《意大利民事诉讼法》第 100 条，原告必须证明在索赔中拥有利益。这种利益可能会因申诉人诉诸的诉讼类型而有很大不同，但始终是法官对索赔作出裁决的一个条件。事实上，如果法官认为原告在诉讼中没有利益，将驳回索赔。毫无疑问，任何一方都有权要求对艺术品的（非）真实性进行核实，如果这种核实对于确定被指控的非真实艺术品的卖家的责任或专家未能根据可靠的证据发表意见的严重过失是必不可少的。

事实上，在这些案件中，原告的利益在于获得损害赔偿。在这方面，必须指出的是：考虑到在判决对象和形成判决的审判对象之间产生的不可分割的联系，判决的有效性被扩展到那些在逻辑上和法律上不可消除的最终判决的前提问题，而对事实点的判决被排除在外，即对动机中包含的历史事实的纯粹简单的确定，并由法官专门对判决中推断的优势情况进行宣判。[1]

如果起诉的目的是确定真实性本身，就会存在《意大利民事诉讼法》第 100 条规定的内容：在这些情况下，原告获得司法裁决的权利的存在可能受到质疑，真实性是艺术品包含的一个因素，因此，真实性包括对一个单纯的事实的决定，而不是《意大利民事诉讼法》第 100 条规定的法律相关利益。

罗马法庭在 2018 年 6 月 21 日和 2019 年 6 月 20 日的两个最新判决中支持了这一观点。在第一个案件中，一家艺术画廊起诉了 Mario Schifano 档案馆，要求法官查明名为 "Acquatico" 的画作是否由 Mario Schifano 创作，并对其真实性作出裁决。在第二个案件中，Keith Haring 的继承人起诉了某些 Keith Haring 的艺术品的所有者，要求法官宣布这些艺术品不是真品。在这两个案件中，罗马法庭都认为索赔不可受理，因为 "司法鉴定只会干涉艺术界关于作品归属于某位艺术家之内部、应有的必要辩证关系，并会导致某些专家的合议判断比另一专家的判断更有说服力"，[2] 并指出以下法律原则：由于宣告性

---

〔1〕 See Corte di Cassazione, ord. n. 3669/2019.

〔2〕 See Tribunale di Roma, Sent n. 34722/2019.

主张，同任何形式的司法救济一样，只能以权利而不是事实为对象，即使是法律上相关的事实，所以用没有司法保护的权利来确定艺术作品的真实性，就像没有司法权力来确定艺术作品的真实性一样：事实上，在这种情况下，要求的确定不涉及权利的所有权，而是一个从司法角度来看是中性的事实因素，只与确定作品的商业价值有关。[1]

最近，米兰上诉法庭似乎采取了完全不同的方法。事实上，在 2018 年 2 月 15 日的判决中，米兰上诉法庭指出，如果基于无可争议的（科学和事实）因素，关于艺术作品真实性的宣告性诉讼在法庭上是可以接受的。[2]这一判决似乎与既定的判例法完全不一致。

必须指出的是，米兰上诉法庭并没有具体处理原告根据《意大利民事诉讼法》第 100 条提出的利益问题。因此，法官的推理并没有为推翻关于宣告性主张的传统原则提供坚实的论据。然而，该判例清楚地表明，法官意识到了艺术市场上法律不确定性所带来的问题，并努力通过对《意大利民事诉讼法》第 100 条规定的行为利益进行更广泛的解释来应对这一问题。与已确定的判例法相比，《意大利民事诉讼法》第 100 条规定的行为利益提供了更广泛的解释。

三、区块链的真实性和起源问题：一种新的技术范式

区块链的设计是为了支持在一个普遍不受信任的生态系统中的验证驱动的交易服务。区块链技术的设计确保了没有一个商业实体可以在没有其他网络参与者达成共识的情况下修改、删除甚至追加任何记录到账本上，从而确保存储在账本上的数据的不可更改性。区块链现在正被应用于一些行业，如区块链支持的食品安全文件的可追溯性和证明，以及贸易和物流中的跨组织工作流程管理。

艺术品市场每年有 2000 亿美元的交易，是世界上最大的不受监管的市场之一，[3]数以千万计的美元被转移，几乎没有文件证明并且缺乏透明度。由于缺乏透明度，以及买家、经销商和拍卖行对物品的审查不充分，国际古董

---

〔1〕 See Tribunale di Roma, Sent 21/06/2018.

〔2〕 Tribunale di Milano, Sent. 4754/2018.

〔3〕 M. Zellinger, "Digital art as monetised graphics: Enforcing intellectual property on the blockchain", *Philosophy & Technology*, Vol. 31, No. 1., 2018, pp. 15-41.

交易为贩卖假冒和非法物品提供了便利。[1]在 2014 年的一份报告中，日内瓦的美术专家研究所（FAEI）表示，在其审查的艺术品中，超过 50% 是伪造的，或者没有归属于真正的艺术家。[2]

目前艺术市场的挑战和问题是：（1）由于信息不对称，价格和所有权历史（出处）缺乏透明度，交易数据控制不足；（2）高价值艺术品的真实性和鉴定很难；（3）一级艺术市场缺乏艺术品的价值，二级拍卖市场（包括线上和线下）缺乏透明交易；（4）大量艺术家缺乏认可、公众的关注和关心；（5）艺术家很难从二级市场获得版税。

首先，区块链技术由于其固有的特性，在提高透明度、保存记录和减少艺术品市场的非法活动方面拥有天然的契合点。[3]艺术市场最大的挑战之一是验证艺术品的真实性和来源。在收藏艺术品时，其出处至关重要。如果一件杰作没有关于其所有权的历史记录，往往会让人怀疑它可能是偷来的或假的。"当谈到销售艺术品时，有两件事很重要"，Verisart 首席执行官 Robert Norton 说："艺术品是真的吗，我是否有权力把它卖给你"。[4]区块链通过交易的时间印记以及加密签名跟踪和验证真实性的能力可以解决这个问题。因此，分布式账本可以用来追踪一段时间内所有权的转移，并作为一个去中心化的数据库，确保出处数据和其他与艺术品相关的重要信息，这使得交易中的所有权转移迅速而无可争议。

其次，可以实现从二级市场直接向艺术家支付转售版税。一般来说，由于在目前的艺术市场上难以跟踪转售情况，艺术家往往不一定能得到版税。[5]

[1] Derek Fincham, Assessing the viability of blockchain to impact the antiquities trade, Cardozo & Entertainment, Vol 37：3, 2019, in https://www.cardozoaelj.com/wp-content/uploads/2019/03/Fincham-Assessing-the-Viability-of-Blockchain-to-Impact-the-Antiquities-Trade.pdf, last visited on April 24, 2021.

[2] Anneti Botz：Is blockchain the future of art? Four experts weigh in, in https://artbasel.com/news/blockchain-artworld-cryptocurren-cycryptokitties, last visited on April 24, 2021.

[3] Ziyuan Wang, et al., Artchain：Blockchain-enabled Platform for art marketplace, 2019 IEEE international Conference on Blockchain, in https://www.researchgate.net/publication/338368822_ArtChain_BlockchainEnabled_Platform_for_Art_Marketplace/link/5e5a847b299bf1bdb847c745/download, last visited on April 24, 2021.

[4] Anneti Botz：Is blockchain the future of art? Four experts weigh in, in https://artbasel.com/news/blockchain-artworld-cryptocurren-cycryptokitties.

[5] A. Whitaker, "Artist as owner not guarantor：The art market from the artist's point of view", *Visual Resources*, Vol. 34, No. 1-2., 2018, pp. 48-64.

最后，区块链审计跟踪有助于检测逃税和洗钱。附加的分析或人工智能服务可以根据共享的透明数据来预测艺术品的当前价值。这有助于一级市场的估值，由于缺乏市场历史，一级市场的估值比二级市场更困难，更具有投机性。

尽管如此，鉴于区块链在许多方面仍处于早期阶段，对一些作者来说，这项技术可能会带来一些问题，需要加以解决，以便成为艺术领域的一站式解决方案。[1]有些担忧是基于认证和来源，因为即使这种新技术似乎可以解决当代艺术品的认证证书问题，但对于非当代艺术品来说，该系统可能并不那么有效，因为评估一幅古代大师画作的归属并不总是一个简单的过程，而且随着研究的深入，归属可能会发生变化。这样的情况会在画作的出处上产生问题，因为如果信息已经在协议中被锁住，区块链的性质不允许后面的修正。

区块链在艺术领域的核心应用案例包括来源问题和真实性登记等。[2]

好的来源不仅是价格的基础，而且是能够出售作品的基础。我们可以考虑区块链将如何支持二战期间被盗艺术品的归还。可以说，区块链将大大改变与被掠夺艺术品有关的众所周知的归还案件中的盗窃或胁迫销售的可证明性。[3]展望未来，如果区块链数据库成为所有权的登记处——意味着法律所有权，那么作品的法律所有权与区块链的出处是不可分割的。没有区块链记录的转移，艺术品的所有权就不会转移。来源与真实性密切相关。如果来源描述所有权链条，认证了真正的作者身份。艺术品通过各种方法进行认证，

---

〔1〕 Zachary Small, "Will Blockchain Create a More Transparent Art Market or Merely Entice More Investors?", Hyperallergic, No. 14., 2018, in https://hyperallergic. com/466114/will-blockchain-create-a-more-transparent-art-market-or-merely-entice-more-investors/.

〔2〕 Amy Whitaker, Art and Blockchain: A Primer, History, and Taxonomy of Blockchain Use Cases in the Arts, Artivate, Summer 2019, Vol. 8, No. 2., 2019, pp. 21-46, University of Arkansas Press, in https://www. jstor. org/stable/10. 34053/artivate. 8. 2. 2.; McConaghy, M., et al., "Visibility and Digital Art: Blockchain as an Ownership Layer on the Internet", Strategic Change: Briefings in Entrepreneurial Finance, Vol. 26, No. 5., 2017.

〔3〕 Amy Whitaker, Art and Blockchain: A Primer, History and Taxonomy of Blockchain Use Cases in the Arts, Artivate, Summer 2019, Vol. 8, No. 2., 2019, pp. 21-46, University of Arkansas Press, in https://www. jstor. org/stable/10. 34053/artivate. 8. 2. 2, last visited on April 24, 2021; Amy Whitaker, Anne Bracegirdle, Susan de Menil, Michelle Ann Gitlitz & Lena Saltos (2020): Art, Antiquities and Blockchain: New Approaches to the Restitution of Cultural Heritage, International Journal of Cultural Policy, in https://doi. org/10. 1080/10286632. 2020. 1765163, last visited on April 24, 2021.

包括个人专业知识、科学分析和真实性证书。

区块链结合了来源和认证，提供了一个所有权的链条记录，这取决于区块链记录的起点的有效性。活跃在来源方面的区块链公司都面临着管理"区块链气隙"的挑战，即在区块链列表和实物艺术品之间，[1] 为了将区块链记录与实物艺术品联系起来，各公司已经探索了从实物标签到 DNA 分析，再到艺术品的实物表面可以以指纹的方式被识别拍照，或与二维码、射频识别（RFID）标签或其他类似的传感器物理连接或嵌入艺术品的方式。

---

[1] Schneider T. , Cryptocurrencies, Explained：How Blockchain Technology Could Solve 3 Big Problems Plaguing the Art Industry, March 22, 2018, artnet News, in https：//news. artnet. com/art-world/cryptocurrencies-explained-part-three-1248863, last visited on April 24, 2021.

数字营销新领域（第二部分）：社交媒体影响者（网红）和关键意见领袖

一、影响者与文化遗产的增强：艺术营销发展演变的社交媒体

艺术文化的传播一直以来都和其本身一样重要。[1]

在 21 世纪的公众与机构之间，消息传递平台和社交媒体通道呈现出新的交流方式。如今，艺术和文化活动出现在 Instagram、Facebook、Youtube 以及 TikTok；博物馆也创造了虚拟旅游，并且在社交媒体上展开活动。

《意大利文物与景观遗产法》（HLC）第 6.3 条对文化财产营销作出规定，国家赞同并支持个人单独或关联地参与增进文化遗产的改善。基于这条一般原则，以及艺术和文化领域运营者向新型交流方式所作的重大转变，意大利最近经历了社交媒体影响者参与支持与促进文化遗产（的宣传和保护）。

在众多活动中，[2]最能唤起公众兴趣的是发生在佛罗伦萨乌菲齐

---

〔1〕　Olga C. Patroni，Il case di Chiara Ferrani agli Uffizi come simbolo del cambiameuto della comurlicaziore dell'arte，in https://osservatorio-arte-tecnologia. weebly. com/reviews/il-caso-di-chiara-ferragni-agli-uffizi-come-simbolo-del-cambiamento-della-comunicazione-dellarte. 译者：蔡思柳，上海政法学院国际法学硕士研究生。吴光美，上海政法学院行政管理专业学生。

〔2〕　Examples of initiations involving influencers and celebrities in the sector of art，in https://www. corriere. it/cronache/20_ottobre_22/estetista-cinica-pubblicizza-cappella-sistina-scoppia-polemica-lei-un-estetistanon-puo-andare-musei-vaticani-f469554c-147c-11eb-945d-f4469a203703. shtml；in https://firenze. repubblica. it/cronaca/2020/06/12/news/gli_uffizi_da-ridere_cosi_i_capolavori_con_martina_socrate-259053110/；in https://artslife. com/2020/07/27/mahmood-bene-la-ferragni-e-lui-gira-un-video-nel-suo-museo-egizio/；in https://www. nytimes. com/2018/06/17/arts/design/louvre-jay-z-beyonce-video. html.

（Uffizi）美术馆的活动：2020 年 7 月，在为《时尚》香港版活动拍照时，知名网红基娅拉·费拉尼（她在 Instagram 拥有超过 2300 万粉丝）出现在博物馆很多知名作品的面前。这一举措对公众产生了极大的吸引力，随之而来的是在社交媒体渠道上的鉴赏反馈，更重要的是，在接下来几天，年轻人的参与度提高了 27%。[1]

乌菲齐美术馆馆长艾克·施密特（Eike Schmidt）评论这次倡议（也是对来自那些并不理解美术馆与网红合作的无数批判的回应）："我们对于该博物馆有一项愿景：我们的收藏品属于每一个人，不仅仅是属于那些自称是文化精英的人，最重要的是也属于那些更年轻的一代……如果今天的年轻人们不与文化遗产建立联系，那么未来当他们成为新的管理者的时候，就不太可能投资文化产业。这就是为什么使用他们的语言，激发他们的幽默与创造潜力是很重要的原因。"[2]

就此而言，从法律的角度来看，有必要调查促进文化遗产传播是否以及在多大程度上可以考虑在社交媒体渠道上的运用与再创作。特别是，我们必须从两个角度思考这个问题。事实上，一方面，我们必须相信网红通过其社交渠道进行的作品再创作是在与博物馆等机构达成的正式协议框架内进行的，该协议授权了再创作的方法；另一方面，借助社交网络进行文化遗产的再创作——通过赞赏以及分享的方式——由粉丝传播这些内容。

一般而言，消费者和爱好者（例如参观博物馆、艺术和文化网站的人），越来越希望用智能手机和平板电脑记录他们所看到、体验和参观的内容，以便在社交网络上分享，从而造成艺术品的复制品不受控制地传播。

在某种情况下，一些文艺爱好者变成了文艺"分享者"，也就是说，文艺专家利用他们自己的社交网络渠道传播与艺术和艺术品有关的内容、照片和帖子，尤其是针对更年轻的人进行传播。[3]

但是，如果博物馆艺术品在社交网络上的复制不是根据与机构签订的特

---

〔1〕 https://www.insidemarketing.it/galleria-degli-uffizi-di-firenze-effetto-chiara-ferragni/, last visited on December 20, 2021.

〔2〕 https://www.ilfattoquotidiano.it/2020/07/21/chiara-ferragni-agli-uffizi-per-avvicinare-i-giovani-il-rischio-e-di-perdere-la-propriaidentita/5874879/, last visited on December 20, 2021.

〔3〕 levasi, Art Sharer, gli influencer dell'artt Intenista a Giusy Vena Less is Art, https://close-upart.org/art-sharer-gli-influencerdellarte-intervista-a-giusy-vena-a-less-is-art/, last visited on December 20, 2021.

别合同授权的，那么复制这些作品有什么法律依据呢？

《意大利版权保护法》第70.1.2条规定，允许通过互联网免费发布图像和音乐，但条件是：（1）免费的；（2）低分辨率或降级的图像和音乐；（3）用于教育或者科学事业；（4）复制载有提及作品名称和作者姓名的内容；（5）使用是非营利的。文化遗产和活动部长的法令规定了上述教学或科学用途的限度，这一规定的目的是广泛适用于象征艺术。[1]

根据版权的原则，在意大利法律体系内，被视为文化财产的作品（即在博物馆或其他文化场所提供的具有文化价值70年以上的作品），可以在《文化与景观遗产法典》第107条和第108条所确定的范围内复制。

具体而言，允许复制工具性和临时性使用的文化财产（经文化部、地区和其他公共机构授权），但这种复制符合法律规定（《文化与景观遗产法典》第107条）。此外，私人为个人使用或学习目的要求复制文化产品，或公共或私人实体为提高文化产品质量目的实施复制，只要这些复制是在非营利的基础上实施，则无须支付与复制文化产品有关的特许权费（《文化与景观遗产法典》第108条）。[2]无论如何，下列活动——如果是为了学习、研究、自由表达思想或创造性表达、传播文化遗产知识的目的而在非营利基础上进行的——总是被允许的（《文化与景观遗产法典》第108条第3款）。

（1）复制文化财产（受获取限制的档案资产除外），但复制的方式必须：①符合版权法，并且②不涉及与资产进行任何物理方式接触；③不会接触光源；④不在文化机构内使用支架或三脚架。

（2）以任何方式披露合法获得的文化资产的图像，使其无法进一步复制以牟利。

《文化与景观遗产法典》第108.3.3条的规定显然代表了某种博物馆摄影拍摄的自由化，就仍然受版权保护的博物馆中的作品而言，这似乎构成了一种新的有限自由使用形式。就摄影复制而言，这种复制虽然保持了对以营利

---

〔1〕 The photohraphic reproduction of a painting cannot be regarded as being within the scope of free use provided for in article 70 of the copyright Act, which refers to, paragraph or part of a work, can only be regarded as ralid for partial reproductions (so-called specific) and not for reproductions of the whole symbolic work, nor will the key pedagogical purposes required by the above provision arisen in the category lexhibition catalogue), and the absence of competitive conditions in the economic use of the work.

〔2〕 D. L. 31 May 2014, no. 83. converted by law 29July 2014 no. 106; Law 4 August 2017, no. 124.

为目的的使用禁止，但允许在博客和社交网络上以"促进对文化遗产知识了解"为目的而开展的活动。[1]

《文化与景观遗产法典》第 108 条的变革本使复制/再创作的自由更加鼓舞人心。这些条款强调"尽管在公共领域内免费复制文化产品的一般原则已经确立，事实上，复制绝非免费，因为在任何情况下都要事先核准并支付费用"。此外，因为"实际限制是由每个公共行政的文化遗产管理者（档案室、博物馆、图书馆、监督管理部门等）独立采用的管理规则确定的。因此，这就导致文化遗产管理者不能在国家层面上援引同性质的规则，而不得不时常援引这些难以找到的二级标准"。[2]

在这方面，尽管最近采用了创新的营销形式，乌菲齐美术馆本身已经明确表示，博物馆中保存的这些作品的图片是免费使用的，这些图片是那些通过社交媒体渠道或通过在网络上开展其他类似活动，以个人、偶尔或科学用途所保存的无论如何都不是为了营利。另一方面，商业目的——也就是向博物馆付费的义务——在图像被使用的情形下可以被配置，例如由导游基于专业在网课上展示，或者在社交媒体上由运营商推广，售卖描绘这种图像的物品的情形。[3]

二、关于公共领域和意大利法律制度中视觉艺术作品的欧盟第（EU）2019/790 号指令第 14 条

关于数字单一市场版权及相关权利的第（EU）2019/790 号指令（以下简称"指令"）对第 2001/29/EC 号指令（关于信息社会协调版权及相关权利

---

〔1〕 Galli, Tutela e valorizzazione dei beni culturali pubblici e privati attraverso la proprietà intellettuale, in Il Diritto Industriale, 2/2021；De Robbio, Il nuovo decreto ArtBonus c la liberalizzazione dello scatto fotografico nei musei italiani, in http：//aibnotizie. aib. it/derobbio-artbonus/；De Robbio, Fotografie di opere d′arte：tra titolarità, pubblico dominio, diritti di riproduzione, privacy, in http：//digitalia. sbn. it/article/download/1054/684.

〔2〕 Aliprandi, Vincoli alla riproduzione dei beni culturali oltre la proprietà intellettuale, Archeologia e Calcolatori, 9/2017.

〔3〕 Artribune ali Uffizi vietano le forosui social May 7, 2021, in https：//www. artribune. com/arti-visive/2021/05/foto-influencer-uffizicanone/？ utm_ source = Newsletter%20Artribune& utm_ campaign = 784c35f4cb-&utm_ medium=email&utm_ term=0_ dc515150dd-784c35f4cb-154158697& ct=t%28%29&goal=0_ dc515150dd-784c35f4cb-154158697.

某些方面的指令）和第 1996/9/EC 号指令（关于数据库法律保护的指令）规定的版权例外与限制进行了多项更新。

在该指令的序文第 53 条中指出，作品的保护期届满意味着作品进入公众领域，以及联盟版权法规定的与该作品相关的权利届满。在视觉艺术领域，向公众忠实地传播复制的作品或作品本身有助于文化、文化遗产的促进和推广。在数字环境中，通过版权或者其他相关权利对复制品的保护，与作品本身版权保护的届满期不一致。此外，各国关于保护这类复制品的版权法存在差异，增加了法律的不确定性，并且影响了视觉艺术作品在公共领域的跨国界传播。因此，某些视觉艺术作品的复制品不应受到版权或相关权利的保护。上述所有情形不应当阻止文化遗产机构售卖明信片等复制品。

鉴于此，指令第 14 条规定，视觉艺术作品的保护期届满的，源于作品复制行为的材料不受版权或者相关权利的限制，除非这种复制本身形成一个智力创造。

上述所有情形不应当阻止文化遗产机构售卖明信片等复制品。

欧盟委员会指出，当艺术作品不再被版权保护，例如一幅古老的画，其就属于公共领域。在这种情况下，每个人都可以免费制作、使用以及分享作品的副本。如今的情况并非总是如此，因为一些成员国对那些艺术作品的副本提供保护。新的指令将确保视觉艺术领域的作品进入公共领域后，任何人都不得主张版权保护。由于这项规定，所有用户将都可以在互联网上合法地传播公共领域艺术作品的副本。例如，只要他们在互联网上找到公共领域的绘画、雕塑以及其他艺术品的照片，任何人都可以在公共领域复制、使用、分享以及重复使用它们，包括出于商业目的或者将它们上传到维基百科。[1]

近些年，几个世界级文化机构预见到了这些规则的产生，并选择了在网上公开其文化遗产的高分辨率图像，以鼓励免费再利用和宣传其各自的机构。[2]一项研究表明，与文化机构在知名度方面的收益以及用户群体在文化、社会

---

〔1〕 Questions and Answers-European Parliament's vote in favour of modernising rules fix for digital age, 26 March 2019, in https://ec. europa. eu/commission/presscorner/detail/en/MEMO_19_1849, last visited on December 20, 2021.

〔2〕 In https://www. franceinter. fr/culture/acces-libre-pour-150-000-images-de-paris-musees-ce-que-les-internautes-peuvent-en-faire, last visited on December 20, 2021.

和经济增长机会方面的收益相比，在网上销售图像的收益低于管理成本。[1]关于免费重新使用许可证的研究特别强调，[2]取消费用和授权可对文化企业和旅游企业的经济积极性构成有力的激励，通过互联网实施的再利用——同时重申文化遗产是一种普遍利益且能够实现文化民主——可能使得无数用户同时以不造成损害的方式利用同一资产，且通过再利用来增加遗产的感知价值。

不难理解这种创新方法对意大利的旅游、艺术和文化部门的重要性，意大利拥有独特的历史、艺术、考古和景观遗产，对于这些丰富的文化和传统的遗产而言，意大利总是具备世界上其他任何地方都无法比拟的发展条件。

在 2020 年 4 月至 6 月期间举行的欧盟政策第 14 届常设委员会关于在意大利移植该指令的听证会上，一些文化遗产机构和民间社会团体被要求广泛而协调地实施该指令规定的所有强制性例外，并有效实施第 14 条所述的保护公有领域的原则。

意大利国际博物馆协会特别强调，"为了改善文化资产形象的使用和分享条件，以造福于社区和满足其需求，从而使知识民主化"，意大利立法者有必要取消"对第 107 条和第 108 条……中规定的利润限制要求，以便公共文化财产形象的传播自由化，并排除版权作品和其他材料在公共领域的应用。"

意大利国际博物馆协会的提议与文化委员会 2020 年 5 月 5 日的决议是一致的，[3]"在疫情紧急事故封锁期间，博物馆、档案馆和图书馆推出多项措施，宣传文化遗产、藏品或历史资料，并以数字方式保存这些文化遗产、藏品或历史资料……文化遗产的再利用，是从文化民主角度自由传播知识的实用工具，是振兴遍布全国各地的旅游企业，从而恢复意大利文化遗产在世界上的形象，并支持创意产业、设计、出版以及总的来说受当前紧急情况的所有文

---

[1] Sharing is Caring 2014 Openness & Sharing in the cultural heritage sector, Statens Museum for Kunst Copenhagen, in https://www.smk.dk/wp-content/uploads/2018/10/94124_sharing_is_Caring_UK.pdf, last visited on December 20, 2021.

[2] Andirione informale afi TCOM Ztalia presso la XIV Commissione pormanente (Politche dell'Ilniore Europea) del Seuosto della Repubblica Italiana sul disègno di legge n. 1721 (Legge di delegazione enropea 2019), oleli & gzicgho 2020, in https://www.senato.it/application/xmanager/projects/leg18/attachments/documento_evento_procedura_commissione/files/000/144/301/ICOM.pdf; in https://sca.jiscinvolve.org/wp/files/2011/10/iDF158-SCA_Ithaka_ReportPl us_Sep11_v1-final1.pdf, last visited on December 20, 2021.

[3] In https://aic.camera.it/aic/scheda.html? numero=8-00073&ramo=C&leg=18, last visited on December 20, 2021.

化活动的有用工具"。因此，文化委员会请意大利政府评估是否有机会采取措施，鼓励根据有关版权立法，从知识共享许可清单中使用典型的开放获取内容，自由复制和传播公共文化资产的图像，包括在公共道路上随处可见的图像，旨在承认文化遗产和活动部的中央和外围机构主管以及旅游业免费重复使用知识共享许可图像的可能性。

三、指令第 14 条与意大利文化遗产和版权法

指令第 14 条的主要目的是防止欧洲文化机构干预复制品的免费再利用。

意大利法律对限制在公有领域的文化遗产图像复制作出了一系列不同性质的规定（《版权保护法》第 87 ~ 88 条[1] 和《文化与景观遗产法典》第 108条）。意大利现行关于复制公有领域作品的立法比相关欧盟法律所要求的更具限制性。

因此，指令第 14 条的实施需要对意大利立法进行改革，避免在非营利用途之外，作品的再利用仍受制于特许权制度，这无疑打击了数字传播的动力。

出于这些原因，首先立法机构有必要修订《版权保护法》第 87 条，以便将文化遗产作品的复制品排除在版权规则规定的保护之外，并使其定义适应指令第 14 条中规定的概念。从这个角度来看，"视觉艺术作品"的定义已经详细交由国家立法者处理，其不仅应与《版权保护法》第 87 条中已经提到的"具象艺术作品"相吻合，而且更广泛地说，应与所有物品一致，只要其模拟或数字形式已根据《文化与景观遗产法典》定义为"文化资产"，以便将已经描述在规范范围内的广泛作品包括在内。

其次，文化部门似乎有必要对管理公共文化资产复制品使用的《文化与景观遗产法典》第 108 条进行干预，以便允许自由再利用这些复制品，而不对其目的加以限制。此外，上述规定应予修订，以明确指出文化资产的自由复制既涉及属于文化部、各地区和其他公共机构的资产，也涉及属于任何其他机构、公共机构、非营利私人法人，包括民间认可的教会团体，以及那些

---

[1] Art. 87. 1 LPC: The images of persons, or of aspects, elements or events of natural or social life, obtained by photographic or analogous processes, including reproductions of works of figurative art and stills of cinematographic film, shall be considered photographs for the purposes of this Chapter (V); Art. 88. 1 LPC: The exclusive right of reproduction, dissemination and marketing of a photograph shall belong to the photographer [···] and without prejudice to any copyright in works of figurative art reproduced in photographs.

属于私人主体并被宣布为具有文化价值的机构。

此外，对《文化与景观遗产法典》第 38 条的干预也是适当的。该条规定，在国家全部或部分出资的情况下，文化部门有义务向公众开放文化资产的修复或保护工作，以便在遵守为保护机密性和版权而制定的规则的基础上，明确拍摄和传播正在修复或保护的文化资产图像的自由。

在审查之后，对《欧洲代表团法（草案）》第 9 条提出了若干修正案，但最终大多数被撤回，而其中只有少数被不具约束力的提议所取代。

意大利正准备实施该指令，并于 2021 年 4 月 20 日为此批准了 2019~2020《欧洲代表团法》（2021 年第 53 号法律[1]），该法将于 2021 年 5 月 8 日起生效。具体而言，《欧洲代表团法》第 9 条界定了意大利政府为实施该指令而应当执行的规则和标准。

有趣的是，《欧洲代表团法》第 9 条仅规定第 3、5、8、10、15、16~17、20~22 条指令的转换规则。因此，《欧洲代表团法》不包括指令第 14 条的转换，其结果是，那些对公有领域复制文化遗产的图像的限制规范（《版权保护法》第 87~88 条，《文化与景观遗产法典》第 108 条）预计不会以与指令第14 条一致的方式进行改革。毋庸置疑，第 14 条的简单复制和粘贴转置可能无法达到该指令在这方面范围的适用。[2]

为艺术文化创作创新、数字转型以及通过免费使用和互联网传播实现具体的知识民主，这些都是该行业经营者主要倡导的原则。指令第 14 条的实施代表一个可能的解决办法，以便在欧洲层面上实现上述目标，这将是在符合《意大利宪法》的原则下进行的，特别是第 9 条（共和国促进文化和科学技术研究发展）和第 33 条（艺术和科学是免费的，关于它们的教学是免费的）。

因此，我们期待意大利立法者的下一步举措，如果意大利能够与指令要求相协调，抓住机会利用新的交流形式，分享其艺术和文化遗产，并更加重视促进旅游系统的发展。

---

〔1〕　https：//www. gazzettaufficiale. it/eli/id/2021/04/23/21G00063/sg.

〔2〕　"De Angelis-Leva, The Italian transposition of the CDSM Directive：a missed opportunity？", April 28，2021，in https：//www. communia - association. org/2021/04/28/the - italian - transposition - of - cdsm - a - missed-chance/，last visited on December 20, 2021.

四、代言和推广合约

（一）引言[1]

如今，时尚、食品、制药、艺术和文化以及其他消费者产品和服务等多个行业的公司品牌严重依赖名人、网红和模特等社交媒体影响者的在线活动，以提高品牌本身以及与之相关的产品和服务的形象。社交媒体的兴起，包括 Instagram、Facebook、Youtube、Snapchat、Twitter 以及 WeChat、微博、TikTok、小红书，通过培养与消费者有密切联系和高度认同的网红，提高了其作为品牌建设、促销和广告的一部分的显著影响力。最近一项研究表明，2018 年 19%的美国消费者购买产品或服务是因为社交媒体影响者（网红）的推荐。[2]

因此，确定一个最能代表公司品牌的名人，同时根据详细合同的条款适当规范公司与影响者（网红）之间的关系，这一点至关重要。

为广告或促销活动选择的影响者应符合整体品牌形象，并与市场上的品牌标识保持一致。应事先对名人或模特的背景和职业进行研究，核对其过去、当前和未来参加的活动和项目，并辨别公众对影响者（网红）的看法。作为谈判策略，如果影响者（网红）不再符合代言品牌的质量和声誉标准，品牌应时刻准备好放弃与影响者（网红）签订的合同。

（二）合同条款

1. 合同范围及费用

影响者（网红）的服务范围可分为两类：

（1）影响者（网红）提供服务的性质和范围，以及

（2）除了其社交媒体渠道之外，可以复制服务的媒体的范围（广播、印刷、展示等）、广度和性质。

特别是，就影响者（网红）提供的服务的范围而言，这种服务可以囊括

---

[1] Jimenez-Kolsun, Fashion Law Bloomsbury Publishing. New York 2014；Herzeca-Hogan, Fashion Law and Business：Brands and Retailers Practising Law Institute. New York 2013.

[2] Audrezet-Charley, "Do influencers need to tell audiences they're getting paid?", *Harvard Business Review*, in https：//hbr. org/2019/08/do-influencers-need-to-tell-audiences-theyre-getting-paid.

从简单、直接的模特服务到各种其他服务。例如，作为时装设计师或者顾问提供服务，为广告项目提供表演或歌唱服务，或者提供其他服务来推广品牌。第二类媒体使用的范围、广度和性质需要根据品牌的广告和营销需求量身定制，并且应该足够灵活，以便将新兴技术和特制的广告以及营销方法结合起来，同时根据品牌方的需求市场和预算进行特别制作。例如，如果一个品牌的主要受众统计数据主要是"千禧一代"，那么互联网和社交媒体的权利必须永久得到保障，因为核心用户占据了这个重要的媒体空间。

对支持条款的承诺清楚地说明了对影响者（网红）期望开展的促销活动，包括活动期间在特定地点的一定数量的内容发布或线下见面展销。条款还应包括哪些拍摄的照片和/或电影的材料将成为促销活动的一部分，这是必不可少的，因为影响者（网红）店内的露面可以推动新闻和社交媒体报道，促使客户到指定商店购买促销产品。协议应包含一项声明，即"除非协议中有明确规定，否则品牌方对影响者（网红）的唯一义务是支付协议中规定的费用"。然后，只要协议不要求品牌方向影响者（网红）提供任何其他好处，这种语言表述就可以确保品牌方支付的费用将免除品牌方根据协议对影响者（网红）的所有进一步义务。

同样，协议还应规定，如果品牌方违反协议，影响者（网红）放弃从品牌获得强制性和其他公平的救济的一切权利，只能获得金钱赔偿。这将防止影响者（网红）干预品牌方使用任何由其提供的产品或服务，并让任何由此产生的广告宣传活动不受阻碍地运行。

2. 排他性和非竞争性

当广告活动的创意元素可能是突出或可识别时——例如模特或演员、配乐或插图风格——品牌方应考虑在与影响者（网红）的协议中列入竞业禁止或排他性条款，以确保影响者（网红）在品牌活动的持续时间以及其后合理的时间范围内，不会为品牌方的任何竞争者提供类似的工作产品或为品牌的任何竞争对手提供类似的服务。

对于品牌方来说，排他性的范围与影响者（网红）所提供的服务价格上涨相关。例如，化妆品香水或时尚品牌的全球独家许可协议将获得最高价格。经过妥善协商的排他性条款可以明确限制影响者（网红）代言相同或相关类别产品的自由。如果需要，品牌方与影响者可以协商现有或预期的代言或广告活动的例外情况。

品牌方如要求其影响者（网红）作出相当广泛的非竞争承诺，可以提出以下建议：在协议期限内和之后的一年内，影响者（网红）不得向该品牌的任何竞争对手和/或与该品牌产品和服务形成竞争的任何产品或服务提供工作产品或为其他品牌提供服务。

3. 内容的所有权

当品牌方聘请广告代理商时，品牌方应确保其与代理商的协议包含全面的雇佣工作和权利分配条款，以确保品牌方，而不是代理商，拥有其创建的工作产品和提供服务的所有权利。这也适用于机构雇佣的分包商。

品牌方与影响者（网红）的协议应明确声明品牌方拥有活动的所有权利。同样，品牌方应在该协议中加入一项条款，声明作为其广告活动的唯一所有者，品牌方拥有控制该活动的内容和使用的专有权，且影响者（网红）放弃审查或批准该活动任何方面的一切权利。

品牌方要么可以"买断"其在广告活动中使用的第三方创建的内容，这意味着品牌将拥有该内容的所有权利，包括版权，并且在使用内容时不会受到任何限制，或者只能被授权使用该内容，这意味着品牌将不拥有该内容的所有权，并且很可能在使用内容时受到限制。

品牌方在决定是否购买或被授权使用内容时，应考虑以下因素：

活动制作预算（通常买断成本明显高于许可成本）；

广告活动的持续时间和广度（收购的成本可能不会明显超过长期或久远的许可）；

广告活动的突出性（例如，拥有大量全国性媒体购买力的品牌将希望保留其广告活动的独特性；通过收购，品牌获得对其第三方内容的独占权，从而能够防止其出现在其他广告中并冲淡其广告特征）；

要买断第三方内容的权利，品牌方必须签订书面协议，其中包含作品出租和权利转让条款；特别是，协议应包括一项广泛的转让条款，向品牌方转让对内容的所有权利。

选择许可第三方内容的品牌应在许可协议中解决以下问题：

——独家性。品牌方应特别注意确保其许可内容具有足够的独家性。否则，品牌方广告活动中突出或可识别的许可内容可能会同时出现在竞争对手或其他公司的广告活动中，从而在消费者中引起混淆或稀释品牌广告活动的独特性。品牌方要求的独家性越广泛，许可的成本就越高。

——有效期/存货。打算使用许可的第三方内容创建有形营销材料的品牌应包括一项规定，说明在合同到期后，品牌可以在合理的时间内继续分销任何剩余的有形营销材料库存。

——选项术语或使用。品牌方可能会发现将许可协议构建为可自行选择的选项单更具成本效益。因此，品牌方对许可内容的预期设想或可选用途都将有单独的价格标签，并且品牌方只有在行使相关选项时才会支付此类费用。

如果品牌在其广告活动中使用第三方的图像、声音和其他材料，而未获得使用这些材料的许可，则其营销活动可能会被停止，并不得不向这些第三方支付巨额赔偿。

在广告中作为布景的一部分出现的道具可能受版权和/或商标法的保护。因此，除非上述广告用途的发布或其他许可是从适当的第三方权利所有者获得的，否则该使用可能会引起针对该品牌的版权、商标和/或其他的第三方索赔。如果品牌在广告背景中包含受保护的视觉或声音材料，则可能会收到他方的版权主张。例如，偶然出现的雕塑、绘画、地图、书籍或杂志封面可能会引发对品牌方的高昂版权索赔。

在时尚广告的背景下，一个有效的商标主张将基于品牌方在其广告中使用包含带有他人商标的道具，并且该道具的内容可能会导致公众对品牌方与商标所有者之间的商业关系产生错误认识。在时尚广告中，往往会出现珠宝、眼镜、鞋子、手机或高端汽车等道具，基于这些道具在广告中出现的背景，可能会构成显著的商标风险，因为道具产品与时尚品牌之间存在着实际的紧密联系。

要进入私人地点拍摄照片或视频，品牌方需要获得物业所有者的许可（可以通过位置发布以书面形式授予），以便分配品牌方和财产所有者在使用、保护和描述给定位置等各方面的权利和责任。

广告中含有个人的姓名、照片、肖像、声音、描述、签名、传记或其他未经许可的可识别特征，可能会导致该个人或其亲属提出公开索赔。如果广告可能导致消费者错误地认为被识别的个人认可了广告中的产品或服务，那么该广告也容易受到商标或虚假关联（宣传）诉讼的影响。

4. 领域范围

使用范围的协商对于影响者（网红）的代言至关重要。品牌广告或营销活动使用的地理范围与该条款的排他性和持续时间密不可分。名人通常不希望将自己的名字无限期地与品牌绑定在一起，特别是如果存在品牌销售不佳的风险。

另一方面，如果该影响者（网红）可以在活动或阶段性系列结束后立即转投竞争对手阵营，那么品牌方就不希望将产品或服务或广告活动与特定影响者（网红）联系起来。互联网通常不受地域限制，除非在各个地理区域都有该品牌的网站或存在的地理限制。特别是，对于社交媒体渠道的影响者（网红）来说，地理限制通常取决于与特定影响者（网红）相关的曝光范围：影响者（网红）可能具有非常本地化的相关性或国家（国际）曝光度，这取决于追随者（粉丝）的数量和位置，或取决于与影响者（网红）相关的消费者群体。

5. 保密性

品牌方应在与影响者（网红）的协议中加入保密义务，该义务不仅涵盖广告活动的内容，还包括影响者（网红）在开展活动时接触到的所有商业秘密和其他非公开信息，所有与活动的开发和创建相关的信息材料，以及与影响者（网红）在活动中的工作有关的所有事实（包括费用金额）。同样，品牌方也可限制影响者（网红）在简历、网站和其他传记或营销材料上公开的信息。

6. 保险

品牌方应该通过从影响者（网红）身上获得赔偿来寻求保护。为了确保参与的影响者（网红）购买了商业责任保险，品牌在雇佣影响者（网红）之前应仔细进行尽职调查。一般来说，知名影响者（网红）或其广告代理商可能同时承担全面的一般责任保险（包括人身伤害和财产损失）和专业责任（涵盖专业疏忽）。如果品牌方知道某个影响者（网红）拥有或有资源获得责任保险，则品牌方应在协议中要求该影响者（网红）承担每种类型保险的指定最低金额，并将该品牌方作为这些保单的附加被保险方。

7. 声明与保证

所有影响者（网红）协议应包括影响者（网红）的以下关键声明和保证：

（1）影响者（网红）拥有授予权利、承担义务和执行协议中规定的服务所需的所有权利，无须经过第三方通知或同意。影响者（网红）的工作产品和服务是其原始作品。

（2）影响者（网红）遵守本协议的任何或所有条款，以及品牌方对该作品产品和/或服务的使用，不会违反任何第三方的合同、版权、商标、隐私、宣传、道德或其他权利，或任何法律、法规或规则。

（3）影响者（网红）没有也不会作出任何将要或可能在合理预期内干扰品牌方充分享受协议授予的权利的行为。

（4）理想情况下，所有此类协议还将包括品牌代言人对因自己实际或涉嫌违反协议任何条款，从而引发第三方对其提出的所有索赔主张进行全额赔偿。

8. 合同期限

根据协议的性质，条款可以在广告宣传、市场推广或者时尚活动期间适用，也可以在特定活动期间使用，也可以在任一日历年或特定时装季（广告项目）适用。根据照片/视频拍摄的时间或广告内容的拍摄和制作，协议通常会规定代言人所推广产品的广告项目的实际使用期，即使合约的模特服务方面（照片/视频拍摄和广告内容的拍摄）发生在几个月前。如果广告项目成功并且消费者反应良好，则广告项目可能会继续或延长，品牌方可能会希望以固定价格提前获得此类服务的选择权。

这种处理方式消除了代言人与品牌产生高度关联的可能性，他或她可以运用与品牌方高度关联的优势，在期限结束的时候，基于手头更多的选择与品牌方去谈判更高的额外费用。

9. 终止

在期限届满或者选择权未行使的情况下，通过选择新的代言人，终止或空窗期也能使品牌开发并过渡到一个新广告项目中。终止或空窗期通常为短暂的三到六个月，可能需要也可能不需要额外的赔偿。

如果协议规定代言人承担排他性义务，则这种排他性通常不包括终止或决选期。因此，在终止或到期后，代言人通常可以自由地签订类似服务的新合同。根据代言人和品牌方之间的联系和认同程度，品牌方可能希望在支付额外的对价后确保排他性在终止或决选期间对它有利，这样就没有其他品牌可以推测其广告活动的成功。

雇佣知名影响者（网红）的品牌应在协议中加入"道德条款"，如果影响者（网红）的行为可能损害品牌以及/或者它的产品和服务的声誉，或者影响者（网红）的形象不再符合其所代表的品牌形象，则允许品牌终止协议。

道德条款模板

如果代言人涉及违反公共秩序规范的违法事实，只要这些事实明确危害到了品牌方的市场声誉，品牌方将有权终止本合同，且该决定将立即生效。

如果法院的裁决尚未确认代言人的参与，但已为公众所知（例如，在国家和/或国际媒体上），品牌方将有权暂停支付任何赔偿，直到最终法院判决确认代言人不对上述非法事实和/或行为负责。

对于品牌方而言，理想的道德条款允许品牌方终止与影响者（网红）之间的协议，并在某些情况下接收或"收回"支付给影响者（网红）的费用的退款，例如，如果影响者（网红）被公开指控或实际从事任何非法、有辱人格、名誉扫地、不雅、轻蔑、可能令人震惊或受到冒犯，或以其他方式可能对品牌及/或其产品和服务产生不利影响的活动［例如，如果影响者（网红）在政治上支持与品牌方政策和/或政治或社会立场不一致的理念和内容］。

相比之下，影响者（网红）将推动一个更加有限的道德条款的诞生，只有当其被判处重罪（而不仅仅是被指控）时，才会触发该条款的适用。基于定罪的道德条款对品牌方的保护几乎没有作用，因为法庭审判和定罪可能需要数年时间，而在影响者（网红）被指控或被捕后，品牌方通常立即会遭受声誉损害和经济损失，特别是现在的新闻可以通过互联网和社交媒体渠道迅速传播。

名人代言协议

亚洲有限公司，注册办事处位于（……），注册号（……），税号（……），根据许可证编号，获准在下文所定义的领土内经营。（……），日期为（……）（"亚洲公司"）与

公司，注册办事处在（……），注册号（……），税号（……），根据许可证编号，获准在下文所定义的领土内经营。（……），日期（……）（"公司"）。

亚洲公司和公司在下文中统称为"双方"，个别简称"一方"

而且

亚洲公司是一家在中国（……）领域有经营范围的公司，已获得中国指定机构的正

式许可，从事（……）领域的经营活动。

亚洲公司为了促进其在中国的活动，已联系公司，其拥有（……）先生的全部代表权，（……）先生出生于（……），居住在（……），税号（……）（"名人"），目的是核实是否可以签订名人代言协议（"协议"）的可行性。

该先生是意大利名人和（……）领域的影响者（网红），在中国被广泛认可和赞赏。

亚洲公司和公司已同意根据本协议的条款和条件以及为本协议的目的（"范围"）合作推广亚洲公司。

因此，双方现在同意并声明如下：

一、姓名权和肖像权

1.1　在下文定义的期限内，在本协议签署后，公司应授权亚洲公司，亚洲公司应接受在中华人民共和国（"领土"）内使用名人姓名和肖像的专有权利（限于领土范围、市场细分和范围），在以下细分市场：（……）（"细分市场"），明确排除（……）服务的市场部分。

1.2　为明确起见，特此声明，亚洲公司有权通过位于领土范围内的服务器以及通过中文社交媒体及数字渠道使用名人的姓名及肖像。

1.3　亚洲公司还将有权创建将名人的肖像与亚洲公司品牌相结合的口号。据了解，创建此类口号必须事先得到名人的同意，如果上述标语损害名人的肖像和/或声誉，名人可不予同意。

1.4　此外，亚洲公司将拥有通过一切手段和方法使用名人姓名和肖像的专有权，包括但不限于剧目或有针对性的照片和视频，以实现——仅用于宣传目的的——视频信息、社交媒体渠道帖子、电视广告、明信片、海报、传单、日历、广告牌等，这些将始终且仅与亚洲公司的品牌相结合（"宣传材料"）。该等宣传资料须事先获名人同意，且该过程不得无理拒绝，所有相关实现的费用由亚洲公司承担。

1.5　关于剧目的照片和视频，公司应向亚洲公司提供其拥有知识产权且已全额支付许可使用费的照片或视频。如果公司没有提供剧目的照片或视频，亚洲公司应自费获得利用相关知识产权的权利，使得公司和名人免受任何第三方索赔的损害。

二、公司的义务

2.1　本协议由公司代表名人签署。公司声明并保证其拥有代表名人的完全授权书以及签订和执行本协议的全部权力。公司应促使名人履行以下义务（以及本协议中提及的名人的任何义务）。

2.2　在本协议期间，如下文所述，名人同意：

——按照第1条所述，为亚洲公司的代言和推广有关的服务，并尽一切合理努力；

除非因不可抗力事件（包括健康、事故或其他个人障碍）而无法参加详见下文第6条的推广活动，双方应在书面通知后三个月内解决。

2.3 公司

——确认其不受任何对本协议产生不利影响的任何先前协议的约束；

——同意亚洲公司有权使用名人姓名和肖像的范围，在领土范围内仅限于市场细分部门。

2.4 本协议中的任何内容均不妨碍公司和名人在本协议期限内以任何身份参与、关注或以任何身份在任何其他业务、贸易、专业或职业中拥有任何经济利益，包括涉及名人的任何合作，以担任推荐人、品牌大使和/或与任何第三方签订其他"名人代言"协议，前提是：

——此类活动不会导致违反其在本协议项下的任何义务；以及

——公司不得从事与本协议范围中规定的与领土内细分市场相同的活动。

2.5 双方仍认为，上述所有义务均受本协议效力的约束。

2.6 如果亚洲公司在本协议项下的义务，特别是下文第3、6和9条规定的义务方面违约，公司和名人均无义务履行本协议。

三、亚洲公司的义务

3.1 签署本协议后，亚洲公司确认其拥有签订和执行本协议的充分权利，并且不受任何先前对本协议产生不利影响的协议约束。

3.2 此外，亚洲公司：

应根据下文第9条所述的条款及时和适当地向公司支付年度对价；

承诺未经公司事先书面同意，不得在任何时间向媒体（包括报纸、电视和广播）披露任何有关名人的私生活、政治和个人观点的材料，也不作任何陈述，无论真实与否；

同意不会要求名人参与任何有损名人的品格或声誉的工作；

承诺不使用任何与名人有关的任何性质的材料，以免损害名人的品格或声誉；

承诺不侵犯任何第三方的知识产权，在任何情况下使公司和名人避免收到任何第三方的索赔要求；

至少提前三个月与公司商定要求名人参加的所有会议和宣传活动的日程，这些会议和活动均在本协议规定的范围和限制内；

对亚洲公司适当和及时地履行本协议规定的所有其他义务。

四、独家性

公司声明并保证，在有效期内，名人不会代表亚洲公司在细分市场部门和范围相同的任何其他竞争对手作任何代言或出现在广告里。

五、数字媒体

双方将商定每年在互联网和社交网络（例如微信和亚洲公司的官方网站）上发布的内容和数量，这些帖子/视频信息由亚洲公司创建和管理。但是，双方同意，在本协议到期或终止后，上述所有社交媒体内容均应退还给公司。

六、宣传展示

公司授予名人：

——将出席在（……）举行的新闻发布会，以启动与亚洲公司的合作伙伴关系；

在任期内，每年将最多参加两次在中华人民共和国举办的活动/宣传旅行，这些活动由亚洲公司组织，并在每次活动前至少 3 个月由双方商定。亚洲公司组织宣传旅行，向公司提出两种不同的旅行和住宿选择，具有以下配置：公务舱机票、五星级全宿酒店、地面交通和口译员。名人和两名陪同人员（两人将由本公司自行选择）的所有旅费和住宿费用由亚洲公司负担。双方将就亚洲公司要求的额外旅行费用达成协议，但须视名人自身的档期而定。活动/宣传旅程将持续最多四天（即包括抵达当天和离开当天），可能包括在不同城市之间旅行，费用由亚洲公司承担。

七、销售

7.1　亚洲公司有权在不涉及销售和牟利的前提下自费制作广告材料（例如 T 恤、帽子、运动衫），描述名人的姓名和/或肖像以及亚洲公司的品牌（"广告材料"）。制作广告材料所需的任何名人摄影都必须在意大利进行。

7.2　我们仍然理解，所有广告材料均应事先获得公司批准，不得不合理地拒绝。除了将提交给公司进行预先批准的广告材料样品外，亚洲公司还应不时向公司提供所有必要的信息，以正确识别亚洲公司不时制造广告材料的制造商和供应商（"合作伙伴"）。在这方面，公司有权随时监督和检查合作伙伴，以确保（1）不侵犯名人姓名和肖像和/或（2）不违反本第 7 条规定的义务，在任何程度上损害公司和/或名人。为此，亚洲公司应保证公司和名人免受因合作伙伴的行为而产生的任何有害后果。

7.3　我们仍然理解，广告材料仍将归亚洲公司所有，如上所述，应由亚洲公司独家免费发行。

八、营销材料

在期限内，每年应向亚洲公司提供（……）由名人签名的营销材料，包括个性化的独特贡献。

九、对价

9.1　支付给名人的对价应等于每年（……）欧元（"年度对价"）。该等对价（1）应被视为净额，本公司及名人对因中国税法可能应承担的任何税务责任不受负担（2）包括可能应付给公司的一切代理费用及其他收费。

9.2 亚洲公司应根据以下截止日期分两次，即每次隔半年支付年度对价：

9.3 不言而喻，上述所有款项均应以清算的资金支付，不得扣除或抵销，并且除法律另有规定外，不得扣除因任何政府、财政或其他当局现在或以后征收的任何性质的任何税款、费用和预扣的款项。如果亚洲公司被迫进行任何此类扣除，它将向公司支付必要的额外金额，以确保公司收到公司在没有扣除的情况下本应收到的全部金额。

十、保密性

未经另一方事先书面同意，任何一方均不得使用或向任何第三方披露机密信息（机密信息是指在本协议及其谈判期间从另一方收到的任何一方的所有财务、商业、技术、财产、私人和其他信息或数据、商业秘密和专有技术，甚至包括本协议的条款）。本条款在本协议到期或提前终止后的五年内仍然有效。

十一、期限和终止

11.1 本协议的期限为五年，自（生效日期）／（双方签署之日起）。任何一方均有权自行决定在本协议终止前一年内向另一方发出书面通知，以终止本协议，发出通知的日期不超过每一年的六个月。如果双方希望相互终止本协议，则终止日期应由双方商定，而不考虑通知条款。

11.2 在不影响包括损害赔偿在内的任何其他补救措施的情况下，双方仍认为：根据《意大利民法典》第1456条，本协议将被视为自动终止：

如果亚洲公司确实侵犯了领土问题；

如果亚洲公司确实侵犯了细分市场部门；

如果亚洲公司确实侵犯了该范围；

如果亚洲公司不遵守上述第1.2条、第1.3条或第1.4条规定的义务；

如果亚洲公司没有完全或部分履行上述第9条规定的付款义务；

如果亚洲公司不遵守第3.2条规定的义务；

如果任何一方被刑事法院的终审判决定罪。

11.3 双方均理解，如果本协议到期或提前终止，任何宣传和广告材料均应由亚洲公司销毁，并由亚洲公司以适当的证据立即向公司确认销毁。

十二、通信

12.1 为本协议提供的所有通信必须以书面形式通过挂号信（附有确认收到信件的回执）或快递或电子邮件发送到以下地址：

亚洲公司：

地址：（……）

提请先生注意：（……）

电子邮件：（……）

公司地址：（……）

提请先生注意：（……）

电子邮件：（……）

或如上所述，任何一方可能不时联系的任何其他地址或经认证的电子邮件地址。

12.2　除非本合同另有规定，否则根据本合同送达或交付的通信或文件，如果发送或交付到上述第12.1条中提及的地址，应视为正式送达或交付，按照回单或速递收据确认的日期为签收日期。

十三、适用法律和管辖权

本协议应适用意大利法律进行管辖和解释。

米兰法院有权解决因本协议引起或与本协议有关的任何争议或索赔主张，但不影响公司向任何具有管辖权的中国法院提起诉讼的权利。

十四、其他事项

14.1　本协议以英文起草。如果本英文版本与其任何语言的任何翻译版本在解释、执行、实施或落实其任何条款、词语、表达和含义方面发生冲突，以英文为准。

14.2　本协议取代并取消双方之间就该事项达成的任何其他先前的协议、合同或约定，无论是书面协议还是口头协议。

14.3　对本协议的任何修订必须采用书面形式，并由双方签署。

14.4　双方中的任何一方未能在特定时间和以特定原因要求另一方履行本协议中包含的任何义务，不会损害双方在以后任何时刻要求履行上述义务的权利。此外，如果一方不因另一方多次违约而决定终止本协议，这并不意味着该方打算最终放弃终止权，也不代表对本协议的默许修订。

14.5　本协议的一个或多个条款的无效性并不能决定整个协议的无效性，双方将采取措施，用符合现行法律、保持合同宗旨和精神的条款取代无效条款。

14.6　除非事先获得公司的书面授权，否则亚洲公司不得全部或部分地将本协议或由本协议产生的任何权利或义务出让、转让或出售给第三方。

14.7　双方在此声明、承认并确认，上述所有条款均经过自由谈判和商定，双方在上述谈判期间均得到了执业律师的适当协助，并且双方完全理解本协议中英文措辞和条款的含义和范围。因此，不适用《意大利民法典》第1341条。

14.8　数据保护——在适用范围内，如果涉及为履行本协议目的而处理和保护相应数据，任何一方均应遵守相关欧盟立法规定的各自义务。

亚洲公司　　　　　　　　　　　　　　　　　　　　　　　　　　　　公司

五、社交媒体和虚假广告

当品牌方聘请影响者（网红）代言品牌的产品或服务时，其协议应包括影响者（网红）的陈述和保证，他或她在广告中的陈述反映了他或她的真实观点和经历。

该协议还应包括一项条款，当在传统广告以外的社交媒体渠道中发表与品牌方产品和/或服务有关的声明时，要求影响者（网红）在必要时披露其作为付费代言人的角色。当在个人博客或社交网络页面发帖时，如果是影响者（网红）与品牌是新建立关系的，或者有相当一部分关注者（粉丝）不知道或者不希望影响者（网红）从品牌方获得支付的费用或者收到一些实质性利益的，影响者（网红）应该适当披露他或她与品牌方的关系。

例如，美国广告由政府监督组织在联邦、州和地方各级进行监控和管理，这些组织独立监控广告，审查涉嫌虚假或误导性的广告宣传，并裁定竞争对手之间的虚假广告。

但广告是由什么组成呢？

广告中被视为构成"宣传"的陈述和其他表述必须在实质上是真实且不具有误导性的。有关产品或服务性能的宣传必须具有测试、研究或其他数据提供的合理支持或证实，然后才能传播。

美国法院和联邦贸易委员会遵循一个广泛的定义，考虑到品牌方向公众进行的任何宣传都是为了推广该品牌和/或其产品或服务，从而构成了广告。

这意味着公关活动、产品植入、活动赞助、批发和零售贸易促销、目录、产品展示、包装、销售点材料、样书，甚至销售人员的口头交流，所有的都可以构成广告。这些都必须符合法律要求，否则品牌方将面临竞争对手或政府监管机构审查的风险。

关于影响者（网红），联邦贸易委员会颁布了关于代言或推荐的全面指导方针。

对当今的品牌方来说，Instagram、Facebook、Twitter、Snapchat、LinkedIn、Clubhouse 和 Pinterest 等社交媒体渠道往往比传统媒体更重要。联邦贸易委员

会最近更新了其政策，强调适用于传统媒体的消费者保护法同样适用于网络和移动媒体。

品牌方［以及影响者（网红）本身］在开始以消费者视角或专家声明赞扬品牌方的产品或服务之前，应仔细了解这些指导方针。

关于版权和文化遗产的立法[1]

一、简介

意大利文化遗产主要立法，包括：[2]

（1）国际和区域法律文件，例如：1954 年《关于发生武装冲突时保护文化财产的公约》、1954 年《第一议定书》、1999 年《第二议定书》、1972 年《保护世界文化和自然遗产公约》、《欧洲文化公约》（1957 年 5 月 16 日意大利批准该公约）、《欧洲建筑遗产保护公约》（1989 年 5 月 31 日意大利批准该公约）。

（2）宪法规定：《意大利宪法》第 6、9、21、33、117 条；第 112/1972 号法令将文化权限移交各大区；地方分权法（第 59/1997 和 112/1998 号法令）。

（3）国家立法，包括：《文化与景观遗产法典》（第 42/2004 号法令）关于自然景观和历史古迹的第 778/1922 号法令，关于自然景观的第 1497/1939 号法令，关于公共建筑的第 163/2006 号法令（又称"梅洛尼法"），关于文化遗产的第 156/2006 号法令，关于文化遗产的 62/2008 号法令，关于博物馆的 112/1998 号法令，关于考古遗产的第 109/2005 号法令（原始语言），关于对受联合国教科文组织保护的，《世界遗产名录》上的意大利文化、景观和自然景点进行保护和利用的特殊措施的第 77/2006 号法令，关于批准和适用外交会议有关适用国际私法协会关于归还偷盗或非法出口的文化财产的条约的

---

〔1〕 Andrea Polini, Marika Lombardi, 意大利布雷西亚律师事务所律师。译者：张丽楠，上海政法学院国际法学院硕士研究生；林芊荷，加拿大英属哥伦比亚大学研究生。

〔2〕 https://www.eui.eu/Projects/InternationalArtHeritageLaw/Italy, last visited on April 24, 2021.

最终决议的第 213/1999 法令，关于文化商品流通的第 88/1998 号法令，关于文化商品销售的第 352/1997 号法令，关于文物出口的第 3911/1993 号条例。

二、《文化与景观遗产法典》（HLC）——第 137 号法规，2002 年7 月 6 日

HLC 第 10 条规定，文化财产包括属于国家、大区、其他地方政府机构、其他任何公共团体和机构（包括民间承认的机构和教会机构）以及私人非营利协会所有的，具有艺术、历史、考古或民族—人类学价值的不动产和动产。文化财产还包括国家、大区、其他地方政府机构及其他任何政府机构和部门的博物馆、画廊、美术馆和其他展览场所中的收藏品，档案和单份文件以及图书馆藏书。

在根据第 13 条进行了公示的情况下，文化财产还包括：具备特殊艺术、历史、考古或民族—人类学价值的动产和不动产；属个人私有的，具有特别重要的历史价值的档案和单份文件；从传承、知名度和特殊环境特征角度看，整体上具有特殊艺术或历史价值的收藏品或系列物品，不管这些物品属于谁。

在不违反第 10 条规定的情况下，下列物品应当被视为文化财产，属于本编规定的保护范围：

（a）第 50 条第 1 款所述的壁画、铭牌、涂鸦、牌匾、碑文、壁龛和其他建筑装饰物，不管其是否向公众展示；

（b）第 51 条所述的艺术家工作室；

（c）第 52 条所述的公共区域；

（d）第 64 和 65 条所述的在世作者创作的绘画、雕刻、书画艺术及其他艺术品艺术作品或生成时间不超过 70 年的任何艺术作品；

（e）第 37 条所述的具有独特艺术价值的当代建筑师的建筑作品；

（f）第 65 条所述的以任何手段生成的，生成时间超过 25 年的照片及其底片和铸模、电影摄影作品的样本、音像材料或动画系列图像，以及事件的口头或文字记录；

（g）第 65 条及 67 条第 2 款所述的超过 75 年的运输工具；

（h）第 65 条所述的具有科学技术发展史价值的超过 55 年的物品和工具；

（i）第 50 条第 2 款所述的由法律认定的第一次世界大战历史遗迹。

HLC 第 54 条规定，属于国家的下列文化财产不得转让：

（a）具备考古价值的建筑物和区域；

（b）根据现行法律规定的方法被认定为国家历史遗迹的建筑物；

（c）博物馆、美术馆、艺术画廊和图书馆收藏品；

（d）档案；

（e）过世作者创作的或生成时间超过 70 年的，属于第 10 条第 1 款所列的可移动或不可移动物品；如有必要，可以按照第 12 条规定的鉴定程序解除国家所有权；

（f）属于第 53 条所述主体的单份文件，以及除第 53 条规定外其他政府主体或机构的档案及单份文件；

任何依法全部或部分转让文化财产或转让文化财产占有的契据，均需向文化遗产部报告。(HLC 第 59 条)

文化遗产部，或第 62 条第 3 款所述情况下的大区或其他地方政府部门，有权按转让交易中确定的价格优先购买出于金钱考虑而转让的文化财产。(HLC 第 60 条)

值得注意的是，2021 年 3 月 22 日颁布的第 41 号法令（援助法案）包含了针对文化界的重要措施，这一措施在已分配的资源上又增加了 10 亿欧元来支持被疫情重创的文化行业。其中超过 2 亿欧元用来给所有娱乐行业工作者发放 2400 欧元的特殊津贴。除了至少工作 7 天、工资收入却少于 35 000 欧元的艺术家和工作人员，那些至少工作 30 天、工资收入却少于 75 000 欧元的人群也会受益。除此之外，由于这次文化产业的崩溃，这一措施将会投入 4 亿欧元以资助现有的应急资金，例如：分配 8000 万欧元以资助国家博物馆，分配 2 亿欧元至现有的流动资金账户以资助电影和娱乐产业，分配 1.2 亿欧元以资助商业文化机构。最后，在支持文化产业的一系列措施中，将 110 亿欧元分配给面向该领域经营者和个体经营者的增值税税款，并扩大各种形式的裁员，用于支持文化和娱乐领域员工的收入。[1]

关于意大利文化财产的使用和发展，博物馆、图书馆、档案馆、考古公

---

〔1〕 https://www.beniculturali.it/comunicato/dl-sostegni-franceschini-oltre-un-miliardo-per-la-cultura-indennita-di-2400-euro-per-i-lavoratori-dello-spettacolo-e-400-milioni-per-teatri-cinema-musei-e-istituzioni-culturali-prorogata-sospensione-delle-autorizzazioni-per-i-dehor#allegati, last visited on April 21, 2021.

园和考古区、纪念性建筑群被视为文化机构和文化场所（HLC 第 101 条），属于公共实体，旨在供公众享受并提供公共服务。属于私人所有并向公众开放的展览和咨询设施［第 10 条第 3 款第（a）项和第（d）项所述具有特殊价值的不可移动文化财产］；第 13 条所述已公告的收藏品提供了有社会效用的私人服务（HLC 第 104 条）。

国家、大区以及其他地方政府部门可以批准个人申请者将其保管的文化财产用于与其原有文化用途相符的目的（HLC 第 106 条）。

除此之外，文化遗产部、大区和其他地方政府部门可批准申请者复制和手段性、临时性使用他们所保管的文化财产，在不损害（1）有关版权的规定以及（2）关于禁止复制文化产品包括通过接触，从雕刻和浮雕作品的原件中制作模件的禁令。这种复制仅在特殊情形下才可以进行，并须遵守部长令所规定的程序。另一方面，有监管人的批准，申请者可以用已有的原件复制品以及通过排除与原件直接解除的技术手段制作模件（HLC 第 107 条）。

特许使用费和与文化财产复制相关的费用由承担财产保管义务的当局确定。个人为自己学习之目的申请复制，公共或个人主体为强化文化财产之目的，并在非营利性基础上实施的复制行为不收费。申请者需为给予特许权而提供补偿（HLC 第 108 条）。根据 2014 年 5 月 31 日发布的第 83 号法令，在任何情形下，以下活动是允许对文化产品进行复制的——在非营利性基础上实施，为学习之目的研究、思想的自由表达或创造性表达、宣传文化遗产知识（HLC 第 108 条第 3 款之二）：

（1）文化产品的复制（有访问权限的档案除外），应当在符合版权规定的情形下行使，并以不包含与原件物理接触、将原件暴露在光源下以及在文化机构内使用支架或三脚架的方式进行。

（2）以任何形式披露合法获得的文化财产图像，使其无法进一步复制以牟利。

三、版权

（一）受版权保护的作品

1941 年 4 月 22 日发布的第 633 号法令（《版权保护法》或 LPC）的第 1 条和第 2 条规定，文学、音乐、平面艺术、建筑、戏剧或电影范畴的智力作品，不论其表达方法或形式如何，均受本法保护。

特别的是，对作品的保护延伸至文学作品、音乐作品、舞蹈作品、雕塑作品、版画、绘画、雕刻或其他相似的平面艺术，包括风景艺术、建筑平面图和建筑作品、电影艺术作品、摄像艺术作品、计算机程序、数据库（作品集）、有创造性和艺术性价值的工业设计。

作品作者拥有以下专有权利：

出版作品以及对作品的任何方式的经济使用（LPC 第 12 条）；

复制作品，直接或间接、暂时或永久、通过各种方式或任何形式增加全部或部分作品的副本（LPC 第 13 条）；

转抄或转录作品，即将口述作品转变为书面作品或录音作品（LPC 第 14 条）；

表演或放映音乐、戏剧、电影作品（LPC 第 15 条）；

通过有线或无线方式向公众传播，包括任何在一定距离下的传播，例如电报、电话、收音机、电视广播，以及其他通过卫星或电缆转播向公众传播的方式（LPC 第 16 条）；

以任何形式及任何目的传播、发行、向公众提供作品（LPC 第 17 条）；

对作品修改、演绎或改作（LPC 第 18 条）；

作者享有以上权利的期限为作者终身及其死亡后死后 70 年（LPC 第 25 条）。

即使在转让这些权利后，作者仍有权主张作者身份，以及反对曲解、割裂、改动作品或其他有损作者尊严或声誉的损毁作品的行为。但作者不能阻止在施工中对建筑作品的必要修改（LPC 第 20 条）。作者死亡后，第 20 条规定的权利不受时间限制地由其配偶、子女继承；没有配偶或子女的，由其父母和其他直系尊亲属和卑亲属继承；没有上述尊亲属和卑亲属的，由其兄弟姐妹或兄弟姐妹的卑亲属继承（LPC 第 23 条）。

匿名或笔名作品的作者有权随时披露其身份，并且要求依法律程序确认其作者地位（LPC 第 21 条）。在这种情形下，作品的经济使用权自首次发表之日起属于作者（LPC 第 27 条）。

作者因人格上的重大理由，可以收回作品不予商业使用，但必须赔偿获权复制、传播、演出、发行该作品的人。此项权利具有人格性，不得移转（LPC 第 142 条）。

（二）转售权

艺术作品和手稿的作者有权从首次销售之后的后续销售中获得一笔报酬（在该法第 144 条中被称为"转售权"）。这一条款中，后续销售指艺术品卖家、中介或其他任何艺术市场中的专业商人进行的销售，例如拍卖行、艺术展览以及普遍意义上任何有关艺术作品的交易。转售权不适用于交易额低于 3000 欧元的交易（LPC 第 150 条），以及卖方在相关销售前三年内向作者购买作品且销售交易额不超过 10 000 欧元的情形。后续销售一般被推定发生在卖方向作者购买作品三年后，除非卖方提供相反的证据。

为 LPC 第 144 条的目的，"作品"指艺术作品的原件，例如绘画、拼贴画、素描、雕刻、版画、光刻、雕塑、织锦、陶瓷、玻璃作品和摄影作品。亦包括手稿原件，前提是它们是作者自身创造的或被认为是艺术作品的样本或原件（LPC 第 145 条）。作者自行制作的或经他授权而制作的数量有限的视觉艺术作品复制件可以被认定为作品的原件，前提是这些复制件须经作者编号、签名或正式授权。

转售权属于作者，亦属于来自非欧盟国家的作品受让人，前提是这些国家的立法为意大利作者及其受让人规定了同样的权利（LPC 第 146 条）。来自非欧盟国家且非意大利人的作者，其经常居住地在意大利，应当获得与意大利公民同样的权利。

转售权不能被转让或放弃。作者享有转售权的期限为作者终身及死后 70 年。作者死亡后，其转售权属于其根据民法规定的继承人；在六代内没有继承人的情况下，转售权将移转至为画家和雕塑家、音乐家、作家和戏剧作家提供的国家福利和援助机构（ENAP），用于机构自身目的（LPC 第 147~149 条）。

（三）街头艺术

街头艺术在意大利法律制度中具有不同的相关性，一般而言，其系指在不属于艺术家所有的私有财产上创作的艺术，无论是否得到许可，通常涉及艺术家将其作品应用于他人所有的建筑物的侧面。《意大利宪法》第 21 条确认了言论自由权，并在第 33 条确认了艺术自由原则。与此同时，《意大利宪法》第 42 条亦保护了财产权。在保护私人财产权和言论自由权的冲突下，作品所在的建筑所有人的权利优于艺术家的权利。

特别的是，根据《意大利民法典》第 936 条规定的从属原则，经过建筑所有人授权的街头艺术作品属于后者，除非双方另有约定。

关于版权，LPC 第 1 条规定，具有创造性的智力成果，无论以何种形式或样式表达，都应当受到本法保护。街头艺术作品被合法地认定为有形的创造性作品；街头艺术作品的违法性在于表达方式和具体实施的行为而非内容，不妨碍对其版权的认定。

若街头艺术作品属于雇佣合同或职务作品的标的。拥有建筑或其他支撑物的雇佣者或客户也可以是艺术作品本身的所有人。在任何情况下，上述所有人将作品用于商业目的时应当得到艺术家明确的授权。作为与作品作者和作品完整性有关的版权人身权所有者，艺术家可以反对将作品变形、毁损的行为或其他任何会损害作品或艺术家名誉或荣誉的改变。

若街头艺术的创造未经支撑物所有者的授权，根据《意大利民法典》第936 条，支撑物所有者可以决定保留作品，并向艺术家支付材料、人工的费用或墙面因作品而产生的价值增加的部分；亦可自知道艺术作品被应用在建筑物或支撑物日起六个月要求移除作品。

街头艺术家的行为可能涉及刑法，例如损害财产罪（《意大利刑法典》第635 条），或污损他人物品罪（《意大利刑法典》第 639 条）。

意大利最高法院决定，若当事人未经允许使用喷雾罐在窗户或墙上绘画，根据《意大利刑法典》第 639 条，可以被归类至污损他人物品罪。事实上，这种行为若不具备永久性的损害影响，且可以在没有特别困难的情况下恢复其原有的价值，则不能被认定为《意大利刑法典》第 635 条[1]所列出的损害财产的情形。

最近，意大利最高法院宣布被指控犯了《意大利刑法典》第 639 条罪行的艺术家无罪，其使用了不同的喷雾罐在一面处于公共街道的墙上涂抹。根据案件事实判断，这一被制裁的行为——虽然在抽象意义上构成罪行——由于特别轻微不应受到惩罚，因为本案中的墙壁已经被其他无名氏污损，所以被指控的艺术家的介入并没有造成任何损害[2]。

若街头艺术作品在具有创造性特征的同时，还具备文化价值，将受《文化与景观遗产法典》的保护。

---

[1] Criminal Cassation section Ⅱ, 11/12/2002, n. 12973, in Studium Juris 2003, 1117.

[2] Criminal Cassation section Ⅱ, 05/04/2016, n. 16371, in Diritto e Giustizia 2016, 21 April.

（四）挪用艺术

历来艺术家借鉴或复制现存的艺术表达，不会产生任何异议或冲突。[1]

名为挪用艺术的艺术活动可以证明艺术家相互借鉴是显而易见的。借用被定义为在未经允许情况下使用他人的图像（或声音）财产，并在一个与原语境不同的情形下重新使用，通常用于研究与原创性有关的问题或揭示原有文本中不存在的含义[2]。

在法律上，挪用艺术现象对版权立法具有重要意义。根据版权法，修改和改编作品的权利独属于作者并且只可以由作者授权给他人（LPC 第 18 条）。另一名艺术家在此基础上创造的创造性作品的合法性取决于原作者对其授权[3]。

当定义挪用艺术时，我们首先需要调查借用的行为是否属于侵权、抄袭或戏仿他人艺术作品的范围。

在意大利的法律实践中，伪造行为通常是对原有作品的大量复制，佐以细节上的差别。这些细节上的差别与其说是作品创造性的体现，不如说是对假冒行为本身的掩盖。特别是，只要侵权行为构成对作者经济权利的非法利用，伪造作品的行为就成立[4]。

抄袭则是通过部分或全部复制（借用）他人作品中的创造性元素来实现的，以便以寄生和奴役的方式复制他人用特殊和可识别形式来构思和表达的内容。当新作品基于同样的灵感，但在作为其表达形式特征的基本元素上有所不同时，应当排除抄袭。

与侵犯作者继承权的伪造行为不同，抄袭行为侵犯了作者的人身权（剽窃者声称自己是一件作品的作者，而该作品实际上属于另一主体）。[5]

关于抄袭的问题，意大利最高法院最近表达了以下观点：[6]

---

〔1〕　Jean Lipman & Richard Marshall, Art about Art, 6-7 (1978); Arewa, Olufunmilayo, "Freedom to Copy: Copyright, Creation and Context". *Northwestern Public Law Review*, Vol. 41, No. 2, 2007.

〔2〕　Rachel Isabelle Butt, "Appropriation Art and Fair Use", *Ohio State Journal on Dispute Resolution*, Vol. 25, 2010, p. 1055.

〔3〕　Donati, A., Quando l'artista si appropria dell'opera altrui, in Rivista di Diritto Industriale, 1, 2018, 86.

〔4〕　Cassano, G., Personaggi di fantasia e tutela autoriale: i limiti all'operatività del plagio evolutivo, in Il Diritto Incustriale 6/2019.

〔5〕　Cassano, op. cit.

〔6〕　Cassazione Civile Sezioni I, 26 gennaio 2018, n.2039, in Foro it. 2018, 3, I, 855.

在确认包括现代艺术作品在内的具象艺术作品的抄袭行为时，法官应当进行以下调查：

（a）原创作品应当具备独创性，即使是最低限度的，前提是对作品的保护并不是对思想本身的保护，而是对其表达形式的保护。智力成果通过表达形式得以呈现。

（b）判断应基于对比较作品的全面、综合、非分析性评估，侧重于对作品本身基本元素的比较性检查。通过对每一处差异的确认，对整体的结果或者效果作出单一的评估。

（c）当两件作品的创作灵感相同，但构成其表达形式的基本要素不同时，应当排除抄袭。

（d）在另一方面，通过比较作品，发现两者不存在能够创造出不同且恰当的艺术意义的语义空缺时，就构成抄袭。由于其借鉴了原创作品所谓的个性化或创造力核心，模仿其创造性元素，因为仅仅在细节上具备创造性元素，不足以与原创作品比较。（在这种情况下，最高法院确认了此案的判决。根据这些原则和技术专家的说法，确定了通过电视购物销售的一些画作构成了对埃米利奥·韦多瓦作品的抄袭。其展现了相同的技术，包括位置、色块、比例的一致，且其存在的不同并非出自创造性细化，而是出于商业需要，例如小尺寸和简化。）

由于挪用艺术呈现出一种对他人作品刻意的创造性模仿（由原创作品出发，试图更加深入，以达到更深层的目的或表达），上文分析表明挪用艺术并不构成伪造或抄袭的假设，因为在这两种情况下，尽管方式不同，但假定模仿他人作品的行为本身并不具备创造性，而是以隐瞒或欺骗的形式进行的。

有关戏仿，关于协调信息社会中版权特定方面及相关权利的欧盟第29/2001/EC号法令第5.3条k款规定，授予成员国当复制和向公众传播作品的权利被用于讽刺、戏仿或仿作艺术时，对其提出例外或限制的权利[1]。尽管如此，意大利法律体系中尚未存在有关戏仿行为的具体规定。

除此之外，挪用艺术和戏仿的元素是相关的，因为在挪用艺术和戏仿行

---

〔1〕Member States may provide for exceptions or limitation to the rights provided for in Articles 2 (Reproduction right) and 3 (Right of communication to the public of works and right of making available to the public other subject matter) in the following cases：〔…〕；k）use for the purpose of caricature, parody or pastiche.

为中，对原有的艺术性创造的参考都是特意的和明确的。在这一点上，意大利法院作出过的两个有趣的裁判：

第一项判决——由米兰法院作出[1]——申明当对原有图像的重新解释涉及完全改变挪用艺术作品的意义，不仅在特征、尺寸、材料和形状上改变了原有作品，而且最重要的是修改了原有作品的物质意义和概念意义时，挪用的艺术作品就是原创的，不应当被认为是衍生作品。在此意义上，米兰法院明确指出"因此，在物质和概念的意义上都存在转变，其结果是一个创造性的作品，被赋予其自身的自主艺术价值"，挪用艺术超越了简单的戏仿概念并着重于通过以创造新的表达方式而对原有作品产生的实际转变。[2]

第二项裁决——由威尼斯法院作出[3]——明确定义了戏仿作品的内涵特征和要求，并指出根据欧盟法院的观点及 2014 年 9 月 3 日颁布的第 201 号裁决（C-201/2013）通过诋毁、丑化和嘲弄，发出明显可感知的创造性、原创性和自主性信息的艺术作品的借用，不应被认为是伪造，而应因对戏仿的豁免而被视为合法，因为戏仿本身是一项在国内法律体系中由《意大利宪法》第 21 条和第 33 条规定的一项宪法性权利。

威尼斯法院明确规定挪用艺术家的作品不是对原有作品概念性内容的借用，而仅仅是以图像呈现，以便挪用艺术家将其作为工具、传递其本身在讽刺性批评方面独创的创造性信息。在此意义上，回顾了欧洲法院的第 C-201/2013 号裁决后，威尼斯法院根据《意大利宪法》第 21 条和第 33 条，认为挪用艺术作品是言论自由和创造自由的体现。

根据意大利法理学分析，可以在意大利的法律体系中得出以下结论：

·若作者对于原有作品或艺术家不持有批评、戏仿或讽刺立场，则应当根据版权法来解释和评估其借用行为：由于借用而产生的作品的合法性将基于以下假设，即原有作品是创造新的表达方式的简单工具或材料。

·若作者对原有作品或艺术家持有戏仿或讽刺立场，其由于借用而产生

---

〔1〕　Tribunale di Milano 13 luglio 2011, Rivista di Diritto Industriale 2011, 6 (Baldessari v. Giacometti Foundation).

〔2〕　Spedicato G., Opere dell'arte appropriative e diritti d'autore, in Giur. comm., tasc. 1, 2013, pag. 118.

〔3〕　Tribunale Sez. spec. Impresa-Venezia, 7 novembre 2015, Rivista di Diritto Industriale 2018, 1, II, 81.

的作品的合法性将基于保护言论和创造自由的宪法规定。

（五）意大利判例法

1. 真实性和来源地

（1）罗马法院，民事第十五庭，2019 年 6 月 20 日，第 34722 号判决——真实性和来源地

法院对于查明艺术作品非真实性的请求不予受理：这种请求——如仅主张确定性一样——不能仅涉及事实情况，而必须旨在确定已有的、现存的权利，而非潜在损害。

来源：Diritto di Famiglia e delle Persone（Il）2019，4，I，1688

（2）最高上诉法院，民事第一庭，2017 年 11 月 30 日，第 28821 号判决——真实性和来源地

鉴于确认权的行使，除了由法律特别规定的情形，不能单纯地以事实情况为对象，而应当旨在确认一项已有的、现存的，且非存在潜在损害的权利。若确认权的目的仅为独立确认艺术作品的所有权，那么法院不予受理，即使该项主张出于损害赔偿要求（在本案中，原作者兼原告博埃蒂大师售卖挂毯，该挂毯的原创性由法官确认）。

来源：Foro it. 2018，1，I，167

2. 合同

（1）米兰法院，民事一号庭，2017 年 3 月 20 日，第 3190 号判决——出借使用

若由博物馆出借给另一个展会组织的雕塑由于展会组织工作人员的疏忽行为受到损害，该行为则属于对借用人义务的违反，如果没有证据证明是何种贬值导致了原告艺术品的损坏，原持有人的赔偿请求应当予以驳回。

来源：Foro it. 2017，7-8，I，2510

（2）米兰法院，民事一号庭，2017 年 3 月 20 日，第 3190 号判决——出借协议

关于管辖权和法律适用的问题，在两个不同的欧洲国家通过合同约定义务的假设中——在本案中是艺术作品出借——根据欧盟条例第 22/2001 号第 5 条第 1 款，关于合同责任，提及履行义务的地点是相关的。

来源：Redazione Giuffrè2017

（3）最高上诉法院，民事二号庭，1993 年 7 月 3 日，第 7299 号判决——买卖合同

在争议解决中，若某位作者的画作被证明不是真迹，因卖家未履行义务，买家有权利要求返还价款，并就该画作如为真迹、在出售之日应具有的更大价值请求损害赔偿，只要买方对价值的差异或因素提供具体证据，在任何情况下，为衡平法上的清算所必要，即使在技术顾问的帮助下也是如此。

来源：Giur. it. 1994, I, 1, 410

3. 版权

（1）米兰法院，民事十四号庭（商事法庭“A”），2019 年 11 月 5 日——版权

作者的权利不能被解释为脱离与第三方的关系，而是在对作者本人的声誉和形象存在客观偏见的情况下受到保护，使案件脱离主观定性，以避免将保护范围扩大到任意或模仿性的不承认行为。即使对否认权作广义的解释（当然包括因艺术或哲学概念的改变而否定作品等），也不排除存在客观原因，在作品已经介入流通的情况下，保障第三方获得的权利，更广泛地说，保障法律关系的确定性，以便得到具体的承认。

来源：Il Diritto industriale 5/2020

（2）米兰法院，商事法庭，2019 年 1 月 15 日——艺术家姓名和商标

在专门为艺术家举办的展览的宣传材料中使用知名艺术家的名字及其两幅著名作品的图像（由上诉公司注册为商标）是合法的，并且符合组织和举办艺术展览领域内特有的职业公平原则，因为在此情况下，这种类型的使用具有描述性目的。

在专门为艺术家举办的展览的销售材料里使用知名艺术家的名字及其两幅著名作品的图像（由上诉公司注册为商标）是不合法的，原因是这种类型的使用只含有纯粹的商业目的，旨在销售与展览无关的通用商品。特别是，未经授权复制专为艺术家所设的展览目录中的艺术家摄影作品，如果没有证明艺术家、作品作者或其受让者将作品复制权转让给展览展出的具象作品所有人的书面证据，则根据《版权保护法》第 13 条构成对专有复制权的侵犯。

来源：Rivista di Diritto Industiale 2020, 3, II, 219

（3）最高上诉法院，民事一号庭，2018 年 1 月 26 日，第 2039 号判决——

版权

关于版权保护，假设在某些毋庸置疑的同一性要素存在的情况下，通过盗用图像和创作作品的基本要素来确定剽窃的客观存在，所有违法行为主体应承担共同责任。根据《意大利民法典》第 2055 条，除了剽窃作品的主要作者之外，还包括将剽窃作品作为其商业活动的一部分进行销售的人（本案中是通过"电话销售"的方式）。根据《意大利民法典》第 1176 条的原则，进行销售的人等有义务核实出售的作品并非剽窃，《意大利民法典》第 1176 条规定了作为艺术品市场专家的经营者负有合格的勤勉义务。

来源：GiustiziaCivile. com 5 APRILE 2018

（4）米兰法院，商事法庭，2017 年 7 月 25 日——版权

版权所承认的排他性涉及作品作为思想、情感、知识、现实的表现和表达，而非作品隐含的内容或灵感。因此，保护的范围仅限于表达的形式，而非内容或灵感，因此，艺术家在作品中表达的有趣的或者更深层的有关意义的争议性讨论和信息都是不相关的。保护必须仅根据表现形式，而非假设的内容、主观赋予的意义和潜在思想来具体核实和给予保护。

来源：GiustiziaCivile. com 5 APRILE 2018

（5）那不勒斯法院，2000 年 2 月 15 日——版权

戏仿的特征要素是从先前存在的作品中衍生出来，具有能够颠覆被戏仿作品的意义的滑稽性，歪曲被戏仿作品的概念内容，从根本上颠覆其意义，实现其实质性的对立，通过使用相同的外部元素和保留其外部形式，对表达手段进行实质性的颠覆，以达到滑稽或讽刺的目的。

来源：Dir. autore 2001，471

（6）最高上诉法院，民事一号庭，1996 年 12 月 19 日，第 11343 号判决——版权

作品专有复制权的客体是以任何方式和形式复制作品的复制件，而不仅仅是具备与原件完全相同的美学内容的复制件（在本案中，在具象艺术作品中目录中的摄影作品复制件被认为违反了作者的专有复制权）。

出售艺术作品（即所谓的"机械主体"）本身并不意味着转让作品的经济使用权，包括复制权。

来源：Giur. it. 1997，I，1，1194

（7）博洛尼亚法院，1992 年 12 月 23 日——版权

若艺术作品的修复者通过特别复杂的活动或包含创新性和创造性本质的技术、艺术和文化知识完成作品，则其应当拥有版权。此外，与修复前的状态相比，当最终结果是使原有艺术作品再次可见和可识别时，这种可识别性构成"新物"。《版权保护法》第 4 条承认对创造性阐述的保护。

来源：Dir. Autore 1993，489

（8）维罗纳法院，1989 年 10 月 13 日——版权

展示属于私人收藏的具象艺术作品的展览，即使在展览本身的标题中表明在限定的时间内创作的作品，除了在目录中，没有具体说明这些作品属于一个所有者——收藏家，也不构成损害艺术家的荣誉和声誉的行为。

来源：Foro it. 1990，I，2626.

（9）最高上诉法院，民事一号庭，1982 年 6 月 7 日，第 3439 号判决——版权

当满足先决条件时［……］，不应排除版权法。在执行提供服务的合同而创作的作品的本案下，如果不是在合同的目标和目的的范围内，并不意味着将作品的使用权转让给客户。因此，只有在对当事人的合同意愿进行解释，确定哪些不同的、独立的使用权已经转让给客户之后，才能确定作者是否已证明存在限制合同目的和目的所允许的可能用途的协议。

来源：Giust. civ. 1983，I，1820

4. 文化财产

（1）最高上诉法院，民事二号庭，2018 年 10 月 15 日，第 25690 号判决——文化财产

私有财产的资产，由于其固有的特点，具有艺术、历史和考古价值，如果它是证明特别相关的利益的行政措施的对象，那么它就被列入文化遗产，为了使其受到限制，需要被通知，并被记录，具有宣传新闻的功能，以便让有关方面知道该行政措施的存在。然而，对于财产的公有化，只需存在历史、艺术、考古方面的利益，无论其是否已经成为评估的对象（在本案中，最高法院拒绝了将一项资产作为公共财产的申请，因为它具有内在的考古学重要性，认为与占有无关的是提供限制的日期）。

来源：Giustizia Civile Massimario 2018

（2）最高上诉法院，民事庭，2016 年 10 月 5 日，第 19878 号判决——文化财产

意大利文化协会设想了一个对公有文化资产的实际保护制度，根据 2004 年第 42 号法令第 12 条第 1 款，假定这类资产具有历史和艺术方面的价值，无须预先存在的正式行政措施。鉴于资产文化利益的实际存在需要主管部门核实，其采取的积极措施仅为侦查性质，以满足法律关系，特别是税务关系确定性的需要。

来源：Giustizia Civile Massimario 2016

5. 新技术

（1）最高上诉法院，民事六号庭，2020 年 2 月 27 日，第 5309 号判决——互联网和管辖权

关于侵犯工业产权的问题，出于确认地域管辖的目的，《工业产权法典》第 120 条第 6 款规定，实施发生地的标准，即损害行为发生地而非损害发生地。因此，若损害行为通过互联网进行，被告通过远程信息处理电路输入破坏性内容的地点也是相关的，通常推定为被告主要业务所在地，即总部所在地。

来源：Rivista di Diritto Industriale 2020，4-05，Ⅱ，376.

（2）最高上诉法院，民事一号庭，2019 年 3 月 19 日，第 7709 号判决——互联网服务供应商和缓存

在信息社会的服务背景下，第 70/2003 号法令第 15 条规定了所谓的缓存责任。服务供应商在被行政或司法当局命令后，仍未立即删除非法内容的，应承担相应责任。

来源：Dinitto & Giustizia 2019，20 marzo

四、国际贸易

关于文化财产的国际流通，第 10 条第 1、2、3 款规定的共和国境内可移动文化财产的永久出口是被禁止的（HLC 第 65 条）。

下列物品也禁止出口：

（a）第 10 条第 1 款所述主体拥有的属于过世艺术家作品且生成时间在进行第 12 条所述鉴定之前已超过 70 年的动产。

（b）第 10 条第 3 款所述类型的，文化遗产部与相关咨询机构协商后作出预防性认定的，因可能会在客观特性、出处和存在环境等方面对文化遗产造成损害而在规定时间段内不准出口的物品，不管它们的所有者是谁。

除第 1 款和第 2 款所述情形之外，下列物品从意大利共和国领土永久出

口需要根据法律规定的程序获得授权：

具备文化价值，属于过世艺术家作品，且生成时间超过 70 年的物品，不管属谁所有；属个人所有的具有文化价值的档案和单份文件；第 11 条第 1 款第（f）、（g）、（h）项所述类型的物品，不管属谁所有。

更进一步说明，若想要使 HLC 第 65 条第 3 款规定的财产（例如：具备文化价值，属于过世艺术家作品，且生成时间超过 70 年的物品，不管属谁所有；属个人所有的具有文化价值的档案和单份文件；第 11 条第 1 款第（f）、（g）、（h）项所述类型的物品，不管属谁所有）离开共和国境内，则必须进行申报，并向出口主管部门提交，同时注明每件物品的市场价值，以获得自由流通证书。

对国际贸易的控制旨在保护文化遗产所有组成部分的完整性，这是根据本法典以及前述法规确定的（HLC 第 64 条之二）。

第 65 条第 1、2 款第（a）项以及第 3 款所述的物品和文化财产若用于艺术展会、博览会或具有重大文化意义的展览目的，且能够保证完整性和安全性，则可以授权其临时出口（HLC 第 66 条）。

在任何情况下，不得将下列物品带出国家领土：在运输过程中或在不利环境下容易损坏的文化财产；构成博物馆、美术馆、艺术画廊、档案馆或图书馆收藏完整性的主要藏品，或者构成艺术或书目收藏的财产。

对于被非法带出国家领土的文化财产，欧盟成员国可以根据第 75 条（HLC 第 77 条）向普通法院提起归还起诉。诉讼应向财产所在地有管辖权的法院提起。

HLC 第 78 条规定，归还诉讼必须在一年的强制性期限内提起，自请求国得知被非法移出其领土的文化财产所在地及对该财产享有无论哪种合法权利的占有人或持有人身份之日起。

在任何情形下，归还诉讼的提起都是受期限限制的，即文化财产被非法移出请求国领土之日起 30 年。

对于属于公共博物馆藏品、档案、图书馆和教会机构或其他宗教机构的保护基金的财产，归还诉讼不受期限限制。

根据部长令规定的方式，在文化遗产部内建立了一个被盗文化财产数据库（HLC 第 85 条）。

对艺术藏品的管理：财产、信托和基金[1]

如前文所述，当依据 HLC 第 13 条进行了文化价值公示的情况下，文化财产还应当包括，比如具有特别重要的艺术、历史、考古以及人类学价值的可移动和不可移动物品；属私人所有的具有特别重要的历史价值的档案与单一文件；因其具有传统、知名度与特殊环境特征而整体上具有特殊艺术和历史价值的收藏品或系列物品，无论这些物品为谁所有。

监管人可随时对文化财产保存与保管的落实情况和现状进行检查。除特别紧急情况之外，检查应至少提前 5 天通知（HLC 第 19 条）。

任何人不得破坏和损害文化财产，不得将文化财产用于与其历史或艺术特征不符的目的，对文化财产的使用不得影响其保存（HLC 第 20 条）。尤其是，根据 HLC 第 13 条所作出声明的公共和私人档案不能分散流失。

根据 HLC 第 21 条规定，下列活动须经有关部门的授权：

（a）对文化财产进行移除或拆除，即使事后经过修复的；

（b）对可移动文化财产的移动，即使是暂时的移动，但第 2 款和第 3 款另有规定的除外；

（c）对收藏品及系列文化财产的分割；

（d）对根据第 13 条的规定已作出公示的公共和私人档案的丢弃，以及对公共图书馆书目材料的丢弃。但符合第 10 条第 2 款 c 项所规定的例外情形以及符合第 13 条所规定的作出声明的私营图书馆情形的除外；

（e）向其他法人实体转让属于公共档案的成套文件以及根据第 13 条规定作出声明的私人档案。

---

[1]　Andrea Polini, Marika Lombardi, 意大利布雷西亚律师事务所律师。译者：董奕玮，上海青浦区检察院检察官助理。刘禧龙，上海政法学院法律学院学生。

由于持有人居住地或所在地的变更而导致移动文化财产应提前告知监管者。监管人在接到通知后的 30 天内提出防止文化财产在运输过程中受损的必要措施。

文化财产的私有所有者、占有者或持有者必须确保上述财产得到保护（HLC 第 30 条）。

为了实现公众可共同欣赏相关文化财产的目的，经部级主管机关事先许可，管理或存有艺术、考古、目录学和科学收藏品的档案馆和机构的负责人可以在有关主管部门的许可下通过无偿借贷的方式从私人所有者手中接收可移动文化财产，条件是接受文化财产的目的是供公众享用；接收的文化财产具有特殊重要性或系公共收藏品的重要补充；事实证明保存这些收藏品不会给公共机构带来特别沉重的负担（HLC 第 44 条）。

根据 HLC 第 48 条的规定，出借下列文化财产用于展出和陈列须经授权：

（a）第 12 条第 1 款所述可移动文化财产（系已故艺术家的作品和自创作完成超过 70 年的作品）；

（b）第 10 条第 1 款所述可移动文化财产；

（c）第 10 条第 3 款 a 项和 e 项所述文化财产（属于第 10 条第 1 款所属机构之外的主体的具有特别重要的艺术、历史、考古或人类学价值的可移动和不可移动物品；属私人所有的具有特别重要的历史价值的档案与单一文件；因其具有传统、知名度与特殊环境特征而整体上具有特殊艺术和历史价值的收藏品或系列物品，无论这些物品为谁所有）；

（d）第 10 条第 2 款 a 项所述收藏品和与之相关的个别物品；第 10 条第 2 款 c 项和第 3 款 c 项所述藏书；以及第 10 条第 2 款 b 项和第 3 款 b 项所述档案及单一文件。

一、信托

（一）信托概述

一般而言，信托是满足对艺术资产保护和保密的迫切需要的一种方式。本书中所指的"隔离效应"是指作为信托部分的资产是独立于委托人与受托人遗产的一部分财产，并且受到信托契约中所载的特定法律体系的约束。

具体而言，为了更好地理解将艺术品资产转化为艺术品信托可以获得的好处，不仅需要考虑到所涉及的主体和商品的类型，还需要考虑到其所追求的目的。

信托制度是一种起源于盎格鲁-撒克逊时期的制度，以对特定财产进行管理的信托关系为基础。其基本体系如下：委托人将一项或多项资产的所有权授予受托人，受托人在委托人不在期间根据委托人本人在信托契约中所给出的指示和程序对委托人的资产进行管理，以使之符合一个或多个受益人的利益或目标的实现。受托人对相关资产的管理是为了受益人的利益，且负有按照委托人指示的目的对相关资产进行管理的义务。

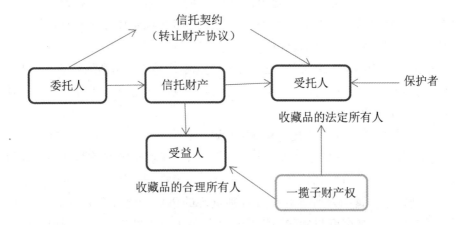

资产隔离是信托制度中的典型效果：经委托人转移到信托捐赠基金中的资产与经设立而成的项目的实现有关。因此，我们可以看出：

资产的所有权在转移给受托人的同时，其即成为一个区别于受托人资产的单独资产，因此不再与其之后个人的财产变化情况相关联，尤其体现在信托基金不受委托人或受托人的个人债权问题影响。

根据意大利理论学说，信托不构成合同，而是委托人的单方交易行为。因此，信托不是一种义务，也不具有任何法律地位，但出于公司所得税目的确定纳税义务归属的情形除外。

委托人的信托契约通常采用公共契约或经公证的私人契约的形式，以便在商业登记处进行注册。在这种情况下，信托关系一经成立，委托人即应执行契约约定或契约中关于资产处置的内容。处分契约的形式根据资产类型而有所不同：例如，对于强制执行第三人资产的处分契约必须以公共契约的形式来起草。

信托契约通常包含对明确的处分程序的指示，也正是基于该程序的内容，才有可能确定信托的经济职能。事实上，该程序规定了信托资产将用于的目标以及受托人处置权的限制，即受托人在行使其权利时可能具有一定的自主权，但仍将受到约束：

——实现信托契约中明示的信托目的；

——遵守委托人选择的信托法律。

此外，应当指出的是，受托人除了需要承担约定的义务外，还可能受到委托人提供的关于资产管理办法的约束，这一约束甚至会一直持续。但是，这些规定对受托人不具有法律约束力。

下文将专门提及的所谓"内部"信托，是指不具有跨国要素，且出于保护弱势当事人的目的而设立的信托。

虽然缺乏与外国联系的要素，但内部信托仍受外国法律的约束，而对外国法律的适用必须遵循意大利法律对构成信托基金的资产（位于意大利境内）的管理规定。

现今，对内部信托的承认似乎已在现行法律体系中得到了妥善解决。根据1985年《关于信托的法律适用及其承认的海牙公约》（1989年10月16日经意大利第364号法令批准）第11条以及意大利第112/2016号法令第6条的规定，立法者明确指出可以设立信托来为严重残疾人员提供援助、照顾和保护。

（二）"休眠"信托与《意大利继承法》的兼容性

在休眠信托中，委托人通过在生前采取单方契约形式建立信托，阐明该信托的计划和目的，确定受托人和受益人，但该信托并不立即达到资产隔离的效果。事实上，休眠信托中的委托人以自己的死亡作为有效处置其资产的条件，从而使得只有当委托人死亡这一事实发生时，才能产生对资产的隔离效果，而该资产也将成为信托基金的一部分。

休眠信托的另一种变化形式是，委托人在信托设立时将其资产转移给受托人，但确定受益人何时享有这些资产的权利须视其死亡而定。

所谓休眠信托的特征引发了关于继承原则的一些解释性问题，尤其是以下问题：

（1）设立休眠信托是否违反《意大利民法典》第 458 条所规定的禁止约定继承？

联合分部（the United Sections）最近谈到了这个问题，并在一项权威性的附带声明中确定，设立休眠信托的行为并不构成违反《意大利民法典》第 458 条的禁止性规定。在这一点上，可参考最高法院的推理：

法律审计委员会与现行学说持同一观点。该学说对上述事件的归因事件作出了限定，比如在本案所涉问题中（委托人在其资产作为公司股权一部分的情况下，通过在其生前设立休眠信托并授予受托人相关财产权利所具有的死亡后生效效应，以实现将相关资产向其女儿转移的目的），就间接捐赠而言，可根据《意大利民法典》第 809 条的规定将其归于其他惠与行为的赠予这一类别。事实上，受益人得以获利是由委托人通过采取这一间接机制而实现的，即其预见到了一个即将属于受托人的私人律所的设立（换言之，该单独遗产构成了一种捐赠信托）。此外，通过这一设立行为可以预见，该律所的持有人以及构成信托资助的单独遗产持有人将会为其即将继承的利益而向受益人提供投资。因此，应当把受托人将利益向最终受益人转移这一情形排除在自然死因行为之列，并将其认定为操作的第二部分。正如已经指出的那样，现在这种转让行为已经投入到了原本领域以外的法律领域中：这种转移与委托人的死亡之间没有因果关系，其死亡最多只能影响到执行最终分配的时间的确定。（参见 Cass. Civ. ord. no. 18831/2019）

（2）设立休眠信托制度是否构成违反《意大利民法典》第 692 条所规定的禁止信托遗赠情形？

《意大利民法典》对于信托遗赠的禁止主要基于以下两方面的考虑：

——信托遗赠将会损害设立者的检查自由；

——信托遗赠将会阻碍资产的自由流动。

因此，应当对于设立休眠信托制度进行评估，判断其是否会导致《意大利民法典》第 692 条所规定的应当普遍禁止的上述影响。

例如，在一份信托契约中，委托人设想在其去世后，受托人将把转移在信托中的资产的收入部分分配给其儿子 A，并将该资产的最终所有权分配给 B。

这一情形并不属于信托遗赠的情形的理由如下：

——在信托遗赠的情形中，在设立者去世后，替代者从遗嘱人处获得相关财产。另一方面，在信托中，受益人是受托人的受让人，而不是委托人的受让人；除此之外，受益人从受托人处获益是基于委托人的生前行为；

——信托的结构与双重机构机制不同：受托人事实上并不是第一设立者（继承人），因为被转移至信托中的资产由于隔离效应而并没有成为受托人的财产；

——受托人享有自由处置资产的权利；对于受托人而言，其需要遵循信托契约中的指导方针来处置资产，而不是以委托人死亡时相同的质量标准或数量标准来保护资产。

基于上述考虑，认为休眠信托制度违反禁止受托人更换的论点似乎是不成立的。

（3）设立休眠信托制度是否会违反委托人的保留份额的规定？

要判断委托人是否具有以间接自由方式处分相关资产的资格，需要进一步考虑其行为可能侵犯委托人合法份额的可能性。

在这种情形下，合法者可以根据《意大利民法典》第 559 条的规定提出减扣赠与的诉讼请求。（本观点参见乌迪内法庭第 1148/2015 号判决）

应当指出的是，一方面，扣减赠与的行为并不涉及信托财产处分行为的有效性，而是构成一种间接捐赠（事实上，这种请求恰恰是以委托人的行为有效为前提的）；另一方面，扣减赠与行为的主张只是合法受益人在其合法份额受到损害时的一项权利，因此他/她可以自由放弃。

另一点应当指出的是，虽然委托人在为设立信托基金而处置资产时必须考虑到对合法者权利造成侵犯的潜在可能性，但任何核查都可能受到不确定性影响，因此只有在进入继承的资产已经具体化且继承权开始的情况下，才可以根据《意大利民法典》第 556 条规定的份额计算方式（所谓的"虚拟会议"）得以正确执行。

基于上述原因，为保护弱势当事方而设立休眠的内部信托制度通常不会导致有效性或承认的问题。尤其是在休眠内部信托制度框架下，以下情况具备了实现可能性：

——产生资产隔离的效果，以便相关财产不受受益人的任何债权人的影响；

——将资产管理权划归于为受益人的专有利益而处置资产的人；

——在资产管理方面设立一个管理计划，从非金钱角度对受益人的人身利益作出进一步规定；

——允许在委托人死亡后的一段时期内作出保护弱势当事方的计划。

二、基金会（fondazione di partecipazione）

（一）概述

收购新的艺术品是博物馆活动的重要组成部分。博物馆的生命力一方面体现在收藏品的丰富性，另一方面能使公众得以欣赏到那些未知的或具有代表集体艺术敏感性演变的作品。

还应该指出的是，由于一些艺术作品常常存在于一些被认为无法创造任何形式的成果的环境中，获得新的艺术作品不仅有可能提高其文化价值，还可能提高其经济价值。

要实现新作品的经济价值，一方面应当允许博物馆逐渐增加其馆藏藏品，另一方面应当鼓励从新作品自身价值的开发中获取新的资源。

（二）"基金会"及其在博物馆新作品收购项目中的可能作用

鉴于收购新作品和收藏品的目的旨在实现其多种功能以及博物馆可能从中获得的利益，有必要制定一种能够与这些目的与利益相适应的运营模式。

在这方面，需要考虑到新作品和收藏品的收购可以主要在私人主体的参与下持续进行。这些个人将通过自己资金或其他方面的支持为上述倡议作出积极贡献。

因此，人们有必要考虑构建一种由博物馆与自愿参与收购活动的私人主体共同参与的新型合作模式，以致力于支持博物馆提高其藏品文化和经济价值。

为了使这些关系具有法律形式并使其可被识别（为了鼓励私人主体参与该活动，从而使其获得良好的社会声誉），有建议提出以"基金会"的形式来实现这一合作。

通常，这种所谓"基金会"是指一种个体组织结构，虽然这种组织结构可以归属于基金会的法律类别，但其具有非典型因素而可能使得实体参与者的个人组成部分与基金会的规范模式相比具有更进一步的重要性，从而在组织模式的灵活性方面产生积极影响。

在这一意义上，应当指出的是，"基金会"的法律形式将允许博物馆与基金会的典型特征（追求由一个或多个创始人预先确定的理想的目的并保持不变）以及广泛的自由裁量的组织管理特征相结合，从而更好地适应博物馆开发艺术作品经济价值的基本运营需求。

"基金会"本质上的开放特征也将对实体的资产结构产生相当大的影响。

在"基金会"的模式下，由创始人在"基金会"成立时所作的贡献组成的单独资产将会采取逐渐增加其资产的形式，即后续参与者所捐赠的资产将会被添加到创始人的初始捐赠中。

因此，在这种模式下，在"基金会"实体成立后，"基金会"的潜在成员可以通过为"基金会"增加捐赠基金以增加"基金会"资产并积极参与到"基金会"实体活动中的方式，逐步加入新成立的"基金会"实体中。

关于"基金会"的可能管理模式，可以假定成立下列机构：

（a）总理事会，创始人和支持者都将参加总理事会，其任务是商讨确定"基金会"实体的基本行为并指导其活动。

（b）科学委员会，该机构负责为总理事会提供技术与咨询支持。在这种模式下，科学委员会将会在选择和评估可能被获得的作品的过程中发挥其基本职能。

（c）董事会，该机构将根据良好绩效标准和总理事会所批准的计划对"基金会"进行行政管理。

（d）会员大会，该机构仅供"基金会"会员参与，不具有管理"基金会"的权力，但是具有包括提出建议在内的提供咨询的作用。

（e）主席，作为"基金会"的代表对"基金会"负责。

（f）审计委员会，该会计机构负责监督"基金会"的财务管理情况。

艺术品与税法 [1]

一、艺术品及其增值税

出售艺术品可能需要缴纳增值税。因此，为了确定增值税是否适用于本领域，有必要区分以下两种情况：

(1) 私人主体的偶尔买卖活动；

(2) 专业市场参与者的定期艺术品买卖活动。

一位收藏家直接从另一位收藏家那里购买艺术品是第一种情况的典型范例。事实上，这种情况下的卖方不是专业经销商因此无须缴纳增值税。

但是，如果销售者是经常活跃在艺术市场的人，则应当缴纳增值税。

然而，意大利法律针对销售艺术品的情形规定了便利的税收制度，适用于所有由艺术品作者本人或其继承人开展的艺术品交易情形。具体而言，如果是由艺术品作者本人或其继承人对艺术品进行销售，则该增值税税率为10%（而不是通常情况下的22%）。相同的增值税税率亦适用于艺术品的进口。在所有其他情况下，增值税税率为销售价格的22%。

关于艺术作者身份和新技术使用的问题可能会引发对适用上述增值税便利制度的解释性问题。

尤其是因为技术在艺术品创作中发挥的作用越来越大，意大利税务局（Agenzia delle Entrate）可能会拒绝适用10%的优惠税率，而相应地采用22%的增值税税率。

---

〔1〕 Andrea Polini，意大利律师，特伦托大学税法硕士。译者：董奕玮，上海青浦区检察院检察官助理。刘禧龙，上海政法学院法律学院学生。

　　在这方面，值得注意的是，意大利税务局在以下案件中对纳税人的质询作出了 303/2020 号答复：申请人表示其作为一位雕塑艺术家，通过使用计算机和三维软件设计了原始的具象雕塑，并在之后使用自己的 FDM 打印机或在拥有 MJF 技术的 3D 打印公司的帮助下对其作品进行了打印。经过 3D 打印之后，他获得了原始雕塑结构，并有时会借助它们来为雕塑涂抹石膏、打磨或其他后期制作工艺的工作。无论如何，这一原始雕塑结构是由申请人绘制的。最后，申请人表示其将这些雕塑作为独特的作品或以每种颜色 50 件或 100 件的模式作为限量系列直接向私人的最终客户出售，主要由申请人同时在自己的网站上和第三方专业网站上开展线上销售（Agenzia delle Entrate, Direzione piccole e medie imprese, reply to interpellation n. 303/2020 pp. 1 and 2）。

　　在上述案件中，税务局拒绝将纳税人制作的雕塑视为"艺术品"而因此适用了 22% 的增值税税率（而不是提供便利制度中艺术作品作者所享有的 10% 增值税税率），其理由如下：本案中适用降低的增值税税率所需的条件并不满足。事实上，从申请人的声明中可以看出，这些作品并非完全由相同的人创作所得，而是全部或部分通过使用机械工作，例如使用 3D 打印机、FDM 3D 建模软件，以及在某些情况下由使用相同技术的其他主体的干预来完成工作。纳税人的人工干预主要是针对工作的剩余部分，基本上仅限于最后的上漆以及在某些情况下对打印残留的打磨和清洁。纳税人亦表示，他有时会制作多种相同的作品（每种颜色 50 件或 100 件），这与 1995 年 2 月 23 日第 41 号法令所附表格中关于"限量版"的相关规定不同。该法令指出，仅在雕塑融合的情况下，将作为限量版作品一部分的雕塑数量限制为最多 8 件。因此，由于纳税人所生产的物品只要无法被定义为"艺术品"，则其销售应当按照普通增值税税率的规定，而不是 10% 的税率（Agenzia delle Entrate, Direzione piccole e medie imprese, reply to interpellation n. 303/2020 p. 3）。

　　这一案例体现了目前适用于艺术品销售的意大利增值税制度尚未反映当下艺术市场的最新趋势，并且可能抑制那些有兴趣探索使用新技术进行创作的作者的积极性。

　　上述案例还表明，有时对适用增值税税率的评估问题可能会导致一个普遍的、重要的且极具争议性的问题，即什么是艺术。

　　也就是说，就作者销售问题，纳税人还有必要考虑到通过专业公司（如艺术品经销商和画廊）等中间人来管理销售秩序。

必须指出的是，增值税制度根据中间人以其自己的名义或以卖方名义进行销售而有很大差异。

如果中间人以委托人的名义并代表委托人参与销售，则这一销售将被认为是由委托人直接进行，因此（如果卖方需要缴纳增值税）卖方应直接向买方开具涵盖整个交易过程的发票，而中间人将只会向委托人开具其自身的佣金发票。

如果中间人的行为符合卖方的利益，但中间人并不是卖方的代表，则出于增值税目的，有必要考虑到以下两种交易情形：

（a）委托人（艺术品的所有者）和中间人（代理人）之间的交易（增值税的适用将取决于卖方委托人的性质）；

（b）中间人（代理人）与最终购买者之间的交易。由于中间人必然是一个增值税主体，因此从实现增值税制度目的而言，这种情形将始终是一种相关交易。

应该注意的是，在上述情况下，中间人的行为属于一种服务行为，因此中间人的佣金与艺术品的价格应当分别开具发票。

必须指出的是，第 41/1995 号法令规定了"保证金制度"（margine-regime），即在二手动产、艺术品、古董或收藏品交易领域中，缴纳增值税时应适用的一种具有选择性的特别增值税制度。该制度的主要目的在于规避对购买二手商品征收增值税时的双重征税风险。为避免出现双重征税的情况，转售商品的销售价格无须征收增值税，而只需征收销售价格与购买价格之间的差额，包括任何相关的增值税、维修和配件费用。

二、艺术品和遗产税

艺术品有时是艺术品收藏家遗产的重要组成部分。

为了根据第 346/90 号法令（D. Lgs. n 346/90）的规定对遗产税进行计算，艺术品必须考虑到其一般市场价值（由于评估艺术品价值通常缺乏合适的基准作为参照，因此艺术品的一般市场价值通常难以确定）。

《意大利遗产税法》对艺术品的遗产税豁免情形作出了特别规定：

（1）艺术品被转让给国家；

（2）艺术品被转让给公共和私人博物馆。

与欧洲其他地区的立法类似，意大利允许艺术品收藏家的继承人提议将作为遗产一部分的艺术品转让给国家，从而实现对全部或部分遗产税以及相关的抵押税和地籍税的代替缴纳（见第 346/90 号法令第 39 条）。

这项规定所涵盖的适用范围相较于第 602/73 号总统令第 28 条第 2 款之规定的类似规定（即允许继承人通过向国家转让文化资产来缴纳直接税和增值税）更加广泛，因为它不仅包括了符合文化财产资格（受公共政策限制）的商品，而且可适用于任何"在世者的作品或自创作完成不超过五十年的作品"。本条规定明确了纳税人可以通过向国家提议接受当代艺术作品以代替缴纳遗产税。

三、艺术品经销商、投资商和收藏家：不同身份类别的不同税收制度

就税法而言，涉及艺术品的商业交易与涉及其他任何商品的商品交易没有区别。但是，涉及艺术品的买卖可能与税收收入极为相关，由于艺术品卖方身份性质的不确定性导致了相关交易中税收资格的争议性，因此甚至在某些情况下可能导致争议的发生。

这一问题在近期的判例中有所涉及。事实上，法院已经注意到不同身份类别的艺术品卖方之间存在区别，并重申了任何类别的卖方应当受到相应不同的税收待遇。

具体而言，法院指出，在艺术品交易这一特殊领域，一方面存在是热爱艺术的专家在进行个人的投资交易，另一方面存在是本领域的商业业务本身即具有一定程度上的复杂性，例如涉及识别潜在买家和卖家，进行谈判等。（伦巴第大区税收委员会，第 5091/2018 号判决）。

如果对于艺术品的买卖行为被认为是商业行为，则该销售所产生的收入将被视为商业收入的一部分，并且应当遵循 d. P. R. 917/1986（TUIR）第 55 条的规定。在这种情况下，销售所产生的收入将被视为企业的应纳税收入。

当艺术品的买卖成为普遍活动时，任何艺术品销售商在从事买卖艺术品的活动时都应当遵循上述制度的规定。事实上，正是由于这一惯例使参加主体得以成为艺术品经销商。买卖艺术品的活动不必然具有排他性，即该业务领域也可能包括了除艺术品交易活动以外的其他活动。法律并没有规定任何特殊的组织要求，事实上，在这一领域中任何业务结构都可能被使用。

根据判例法的规定，在一个难以确认经济交易的纯粹偶然性质的市场，需要具有习惯性和长期性的商业活动为标准才能获得企业家资格，这意味着供给与需求的平衡以及一定的持久性和一致性。（伦巴第大区税收委员会，第5091/2018 号判决）。

如果从事销售者的主体没有专业艺术品经销商资质，但为了偶尔投资而仍然购买和出售艺术品，则根据 d. P. R. 917/1986 第 67 条的规定，该交易产生的收益将不作为业务收益进行征税，而是作为资本收益进行征税。

相反，如果只是偶尔从事销售艺术品，且卖方不属于投资者，而是作为决定出售其艺术品的艺术品收藏家，则这种销售所产生的收益将被免除征税。

由于艺术品收藏家为获得免税而诉诸的法律没有对销售艺术品的非商业性质的任何假设作出规定，因此，最重要的是考虑根据现行判例法所确定的各种贸易特征以评估交易是否与税收具有相关性（例如：销售目的、购买和出售艺术品的时间间隔、卖方进行的交易数量、买方的数量、交易的复杂性、之前的行业经验、投资的价值、推广活动）。

必须指出的是，根据第 d. P. R. 600/1973 号法令第 42 条和 L. 212/2000 号法令第 7 条的规定，证明交易的商业性质这一主张的举证责任由税务局承担。

（一）将购买绘画作品作为"沉默投资"

近期，法院处理了一个特殊问题，即对酒店进行管理的公司是否可以从其应纳税收入中扣除其为装饰酒店墙壁而购买的绘画作品的折旧费用。就一般原则而言，任何为了公司业务活动而进行的投资并由公司承担的费用应纳入应纳税收入中，但可以根据 co. 5 d. P. R. 917/1986 第 109 条之规定，将这部分应缴纳税从中扣除。但是，只有在受到折旧的商品上的投资才能被视为可摊销的成本。

对于为装饰酒店而购买绘画作品的这一案例中，法院认为：为装饰酒店墙壁而购买的这些绘画作品不会因时间的推移而出现价值的贬损，因为它们持续地按照买方所希望的目的发挥着作用，因此该成本不能被纳入递延成本中，而应相应地将其定性为公司的资本投资可以明显得知的是，具有一定声望的绘画作品不会因其使用而失去价值，而是会随着时间的推移被重新估值为一种沉默投资（参见皮埃蒙特地区税务委员会，第 266/2019 号判决）。

（二）就对作品标题的更改不构成证明逃税的推定

判例法有时能够作为范例说明艺术品市场的特殊性是如何影响税法实践的。

在近期的一个案例中，一家酒店向一位当代艺术家购买了一系列画作。

这些画作在购买时大部分是没有标题的，因此在合同、运输和进口单据中都将这些画作作了一般性标注，例如将这些商品命名为"由某某绘制的1~6幅花卉图"。

之后，艺术家再决定为这些画作命名。因此，当酒店向买家出售这些绘画作品时，各画作都具有了不同的识别标注（例如"光化学平衡2007"）。合同、发票和与出售有关的所有其他文件中都采用了这些新的标题。

在税务审计过程中，意大利税务局发现了该酒店购买这些画作时的文件以及出售这些画作时的文件之间的差异，并在此基础上认为该酒店在一些交易过程中存在逃税行为。

法院认为：考虑到画作作为商品的特殊性，以及反复出现的纳税人所提到的情况，即作者在不同时间购买了未命名的艺术品，因此税务局的假设完全基于用于描述艺术品的销售发票和提单之间的差异是不合理的（参见威尼托地区税务委员会，第17/2021号判决）。

联邦贸易委员会 16 CFR 第 255 部分
——广告代言与推荐指引[1]

联邦贸易委员会 16 CFR 第 255 部分

广告代言与推荐指引[2]

* * * *

本文件仅包括修订后的广告代言与推荐指引。如需了解更多相关信息，请登录联邦公告网址 www. ftc. gov/opa/2009/10/endortest. shtm ＊ ＊ ＊ ＊

§255.0 目的和定义

（a）本部分《指引》，是对联邦贸易委员会所执行的法律的行政解释，以指导公众按照法律要求处理其事务。《指引》具体处理了《联邦贸易委员会法》第5节（15 U. S. C. 45）关于广告代言和推荐相关法律的适用问题。《指引》为广告商和代言人自觉遵守法律提供依据。行为与本指引规定不一致的，如经委员会调查后，认定此行为属于法规所规定的非法的情形，委员会可以采取整改措施。

《指引》规定了委员会在评估代言和推荐合法性时遵循的一般规定，并举例说明这些规定的应用。本《指引》并不列举所有广告代言的情况。特定的

---

〔1〕 译者：钱沂青，曲靖医学高等专科学校专任教师。吴若莹，上海政法学院法律学院人民调解专业学生。

〔2〕 In https://www.ftc.gov/sites/default/files/attachments/press-releases/ftc-publishes-final-guides-governing-endorsementstestimonials/091005revisedendorsementguides.pdf

广告代言或推荐是否具有误导性，取决于具争议广告的具体事实情况。

（b）本部分所称代言，是指广告公开宣传的信息（包括口头声明、演示或描述的姓名、签名、肖像或其他识别个人特征、个人或组织的名称或印章），使消费者可能相信该信息反映了除赞助广告商以外的其他方的意见、看法、使用效果或使用体验，即便代言传递的信息与赞助广告商的观点相同。本《指引》所称的代言人，是指表达意见、信念、使用效果或使用体验的个人、团体或机构。

（c）委员会在执行《联邦贸易委员会法》的过程中，对代言人和推荐人给予相同的对待。因此，下文使用代言一词来涵盖代言和推荐两种情况。

（d）本部分所称产品，包括任何产品、服务、公司或行业。

（e）本部分所称专家，是指由于经历、学习或培训而拥有某一特定领域内学科知识且这些知识高于一般人认知的个人、团体或机构。

§ 255.1 总则

（a）代言必须真实反映代言人的意见、信任、使用效果或使用体验。此外，代言不得明示或暗示地传达任何广告商直接作出的声明，否则广告具有欺骗性。［见 § 255.2（a）和（b）关于消费者代言所传达的陈述的证实］。

（b）除必要的情况外，代言信息不必采用代言人的准确措辞。但是，代言不得以任何方式扭曲代言人的意见或产品的使用体验，如改写文字或断章取义。广告商可以使用专家或名人的代言，只要有充分理由证明代言人赞同表达的观点。在如产品的性能或有效性变化、产品发生重大变化、竞争对手的产品性能变化，以及广告商的合同承诺在产品发生重大变化等情况下，广告商有在合理期限内询问代言人代言意见的义务。

（c）当广告表明代言人使用被代言产品时，代言人在代言时必须是该产品的善意使用者。有充分的理由证明代言人是产品的真正用户的，广告商可以继续运行广告。［见 § 255.1（b）关于"有充分理由证明"的要求］

（d）对通过代言所作的虚假或未经证实的陈述，或未能披露其与代言人之间的重要关系的广告，广告商将承担责任［见 § 255.5］。代言人也可能对其代言所作陈述承担责任。

广告商应指导和培训博主发布真实、有客观依据的广告，以减少承担责任的可能性。广告商应监督进行有偿推广的博主，发现其作出欺骗性陈述的，须采取必要的措施阻止其继续发布。

§255.2 消费者代言

（a）广告使用一个或多个消费者对广告产品或产品服务性能的认可声明的，该声明被视为有效的代言。因此，广告商必须有充分的证据，或提供充足、可靠的科学证据，证明代言与广告商的观点一致。消费者的代言本身并不是充分、可靠的科学证据。

（b）广告使用一个或多个消费者的使用体验作代言的，广告中关于此产品或服务的关键属性的声明，即使有主观成分，也可能被视为消费者会获得产品或服务实际适用效果的标准。因此，广告商应有充分的证据并充分地证明该声明的相关性。如果广告商不能证明代言人的使用体验不能够作为产品使用普遍效果的依据，广告应该清楚地、显著地显示在所描绘的环境中普遍预期的效果，且广告商必须能够充分地证明这种效果的表现。

委员会测试了含有使用体验的广告，披露了两个明显现象，包括"使用效果不典型"，或更甚"推荐语基于少数人的经验，使用者不可能获得完全一致的使用效果"。这两个现象虽然大量存在，有普遍代表性的广告的数量并没有大量减少。根据此研究，委员会认为，若对代言人的使用体验的有限适用性提出类似的免责条件，消费者取得一般期望的使用效果的可能性仍较低。

但是，强有力的免责声明在特定种类的广告中可能是有效的。虽然委员会将在执法行动中承担举证责任，但广告商拥有可靠的经验性测试结果，证明广告符合免责声明，产品形象不具欺骗性的，就可以避免提起诉讼的风险。

（c）广告中直接或用其他方式说明广告代言人为"实际消费者"的，应使用实际消费者创作广告音频和视频，或明确、显著地说明此类广告的出演者不是广告产品的实际消费者。

§255.3 专家代言

（a）广告中直接或用其他方式表示代言人是关于相关信息的专家的，代言人须获得宣传专业知识的资格。

（b）专家代言时宣传其专业知识以外信息的（例如，口味或价格），其声明必须有实际的相关专业标准评估结果作依据，且消费者普遍可以获得与其声明相符的使用效果。该评估必须包括产品的检查或测试，以证明代言声明正确合理，评估的效力至少应与相关专业知识一般检查或测试相同。广告代言基于专家对同类产品的使用评价的，专家必须明确指出，相比他使用过的同类产品，被代言的产品至少可以和竞争对手的产品匹敌。此外，代言使消费者认为广告产品比其他同类竞争产品性能更优的，视为专家对产品优势有所知。[见 § 255.1（d）关于代言人的责任。]

§ 255.4 组织代言

组织代言，特别是专家组织代言，被视为代表了一个群体的判断，这个群体的集体经验超过了任何一个成员的经验，而且该群体的判断通常不受个人主观因素的影响。因此，组织代言必须通过公平的过程来达成。此外，如果一个组织被认定为专家团队，则组织使用专业知识评估产品时，应根据 § 255.3（专家代言）的规定，必须有一名或多名经组织代言的专家参与评估，或使用该组织此前判断此类产品优点的报告结果。[见 § 255.1（d）关于代言人的责任]

例如：某床垫销售商在广告中称，其产品由脊椎治疗协会推荐。由于该协会被认为是评判床垫的权威专家，它的代言必须得到该代言组织的一个或多个专家的评估支持，或者遵循该组织之前采用的标准，它应衡量床垫的总体性能，而不仅局限于广告宣传的床垫的独特功能。

§ 255.5 披露重要关联

如果代言人和广告产品的销售者之间存在可能实质上影响代言价值或可信度的联系（即这种联系不在观众合理预期内），这种联系必须完全披露。例如，当某电视广告的代言人既不是专家，知名度也不高，那么广告商应该清晰、明显地披露在代言之前或为换取代言而支付或承诺补偿，或者广告代言人知道或有理由知道或相信，如果代言有利于广告产品，代言人就会得到某种利益，如在电视上露面。以下示例提供了其他指引，包括关于通过其他媒体进行代言的指引。

联邦贸易委员会的代言指引：收集到的询问——摘要（节选）[1][2]

　　假设一位路人向您介绍新产品，她称产品性能非常好，拥有其他产品不具有的特殊功能。她的陈述会影响您购买产品的决定吗？有可能。

　　假设这位路人在该产品的公司工作，或者被该公司雇佣推销产品。当你在评估代言人热情洋溢的推荐时，你想知道背景吗？当然。这个常识性的前提是联邦贸易委员会（FTC）代言《指引》的核心。

　　《指引》的核心是反映了广告代言的真实这一基本原则，即代言必须诚实，不具有误导性。代言必须反映出代言人的真实意见，并且不能作不合法的声明。

　　此外，《指引》还指出，如果广告商和营销人员之间存在消费者无法预见的联系，并且会影响消费者对该宣传的评价，那么这种联系应予以披露。例如，如果广告中有一个代言人是广告商的亲戚或员工，那么这个广告就具有误导性，除非广告明显揭示两者之间的联系。同样地，该原则也适用于接受付费或有价之物而推销产品的人。原因很明显：判断代言效果需要了解这种联系。

　　假使您正计划去度假。您做调查时发现某博客评论称，某度假村是他住过的最豪华的居所。如果知道这家酒店付给博主几百美元，或许诺博主免费居住酒店，以此让博主写好评，这可能会影响您对这家酒店的认可程度。因

---

　　〔1〕　译者：钱沂青，曲靖医学高等专科学校专任教师。吴若莹，上海政法学院法律学院人民调解专业学生。

　　〔2〕　In https://www.ftc.gov/tips-advice/business-center/guidance/ftcs-endorsement-guides-what-people-areasking#productplacements.

此，博主应该让读者了解这种关系。

《指引》中的另一个原则适用于使用取得显著的，甚至是高于平均水平使用效果的代言人的广告。例如，一位代言人说，她使用广告减肥产品的两个月后减了20磅。如果广告客户没有证据证明代言人的经验代表了人们使用广告中描述的产品通常会达到的效果（例如，只需持续两个月每日服用一片药），那么使用该代言人的广告必须明确向受众说明通常的预期结果是什么。

以下是我们对广告商、广告公司、博客作者和其他人最常询问的问题的回答。

目　录

- 关于《指引》
- 个人在社交网站上的代言
- 代言人需要了解的其他事项
- 广告商对他人在社交媒体上的言论有什么责任？

关于《指引》

《指引》适用于社交媒体吗？

是的。通过任何媒体传播的广告的真实性都很重要，无论是传统媒体（如电视和杂志）还是新生的（如博客和社交媒体）。

博主通过兜售产品而获得报酬，即消费者点击博主网站上的链接购买产品，博主将获得佣金的行为，是广泛认可的常识吗？

不是。有些博主书写博客，声明提到相关产品不是商业广告行为，即他们不会因评论产品性能，而获得任何利益和佣金。他们只是因为信任产品而向读者推荐。

此外，一些博客作者和广告商之间的利益关系对业内人士来说可能是显而易见的，但其他读者可能不能识别。根据法律，如果一种行为误导了"相当一部分"消费者，相当一部分指大多数，那么它就是具有欺骗性的。故应公开相关信息。

《指引》监管博客领域的代言吗？

通常不。如果我们注意到存在可能违反《联邦贸易委员会法》的情况，我们会逐案评估。如果执法存在必要性，我们会重点排查广告商，或他们的广告代理公司和公关公司。然而，在某些情况下，可以对代言人单独采取措施，例如代言人不顾警告不按规定披露信息。

《联邦贸易委员会法》对进行代言的博客作者的要求，比传统媒体上的作者更严格吗？

不是。《联邦贸易委员会法》适用于所有领域。法案的核心在于广告读者是否能知道广告参演人与产品制造商之间的关系。如果读者知道这种关系，就不需要披露。

如果您受雇于一家报纸或电视台，发表线上评论或线下评论，读者会认为您的工作是代表报纸或电视台发表个人观点。在这种情况下，显而易见推广的产品不是自行购买的，例如一本书、一辆车或一张电影票。在个人博客、社交网络页面或类似的媒体上，读者可能不会意识到评论者与被推荐产品的公司有关联。揭示这种关系，有助于读者判断广告的可靠性和作出决定。

《指引》的法律依据是什么？

联邦贸易委员会根据《联邦贸易委员会法》第 5 节，关于禁止欺骗性广告的相关规定，对代言广告商的广告进行调查和提起诉讼。

《指引》旨在阐述联邦贸易委员会对涉及代言的各种营销活动的观点，以及第 5 节的法律适用的方法。《指引》本身没有法律效力，但不符合《指引》的做法可能导致执法机关依据《联邦贸易委员会法》采取措施，命令案件中的被告人放弃他们因违法行为所获利益，并在未来遵守各种法律法规和规定。尽管有不准确的新闻报道，但违反《联邦贸易委员会法》的行为没有受到"罚款"。

个人在社交网站上的代言

许多社交网站可以通过点击按钮或分享链接，与朋友和粉丝分享喜欢的某个特定业务、产品网站或服务。这是需要披露的"代言"吗？

许多人喜欢在社交网络上分享自己对某一特定产品或服务的喜爱。

如果您只是写您很喜欢产品，且该产品是您自行购买，而不是免费所得的，您不用披露。然而，如果您是参加了某个赞助活动，或者您得到了补偿，比如获得后续购买产品的折扣，或者参加可能获大奖的抽奖活动，那么应该披露。

我是一个资深的社交媒体用户，经常因为代表品牌进行在线宣传而获报酬。我是否可以点击"喜欢"按钮，或者发布图片，或者分享一个链接来表达我对某个特定业务、产品、网站或服务的喜爱，或表示我接受了有偿的代言？

使用这些方式支持公司的产品或服务对其在线宣传，可能需要披露。

我们意识到有些平台不能披露信息，比如 Facebook 的"喜欢"按钮。广告商不应该鼓励代言人使用不明确或不能明显披露的方式做产品宣传。委员会是否会采取执法措施，取决于整体的代言行为效果，包括消费者的购买欲是否会受"影响"。

然而，广告商购买虚假"赞"，与真实消费者"点赞"宣传产品的规定不同。如果"点赞"来自根本不存在的人，或者没有使用过该产品或服务的人，显然具有欺诈性，虚假"点赞"的买家和卖家都有可能接受行政处罚。

我在一个网站上发布了关于一项服务的评论。广告商采纳并修改了我的评论，变得具有误导性。我要为此负责吗？我能做什么？

不。您不必为营销人员修改您的评论负责。您可以或应该向营销人员投诉，要求他们停止使用修改后的评论。您也可以向联邦贸易委员会、当地消费者保护组织和商业促进局投诉。

我是否必须使用特别的措辞来披露这些信息？

不。披露重点在于告知读者必要的信息。比如"X 公司给了我这个产品，让我试用……"，简单的披露通常会有效。

我需要请律师帮我写披露吗？

不。重要的是有效的披露信息。比如，"X公司给了我（产品名称），我认为这件产品很好"，这样形式的信息披露即可。或者，在宣传视频的开头您可以说，"本视频中，我使用的产品由产品制造商提供"，便提供了必要的信息。

我需要详细列出我从产品制造商获得的产品的所有相关信息吗？

不。重要的是这些信息是否会影响读者对您观点的信任。因此，无论您得到了100美元还是1000美元，您都可以简单地说您得到了"报酬"（不过如果您是员工或合伙人，如此披露则信息不充分），不会影响读者对您的评论的事实可以不进行披露。

什么情况下我应该披露"我获得了一件免费产品"以外的信息？

这取决于您是否从公司得到了别的报酬。如果您说您得到了一件免费产品，那就意味着您没有得到任何其他东西。

例如，如果一个应用开发者向您免费提供他们的99美分应用，让您书写评价，那么该事实可能不会影响读者的观点。但如果应用开发者除此以外，还给了您100美元，那么消费者了解该交易后，可能会降低对您评价的信任。所以，仅仅说您免费获得应用程序并不充分，但正如上面所述，您不必透露您到底拿了多少钱。

同样，如果一家公司给了您一张50美元的礼品卡，让您送给您的一位读者，而另一张50美元的礼品卡留给您自己，仅仅说公司给了您一张礼品卡是不够的。

我在书写关于一款尚未发行的电子游戏的评论。制造商付钱让我测试游戏并进行评论。我想披露制造商让我内测，这样披露足以让人们注意到我与制造商的关系吗？

不，并不能。内测机会并不意味着您获得了报酬，也不意味您能无期限地玩该款游戏。您可以说您获得了内测机会，但如果您在游戏发行后仍能不删档继续玩，或获得了报酬，您就应该如实披露。

我在主页上直接披露"我在这个网站上讨论的多数产品，由它们的制造商免费提供给我"，是否充分？

在主页上单独披露信息并不有效，因为访问您网站的人可能会阅读个人评论或观看个人视频，但可能看不到您的主页上的披露信息。

如果上传一个到 YouTube 的视频需要披露信息，我可以在视频描述中披露吗？

不能。因为消费者很容易忽视视频描述中的信息披露。许多人甚至可能不看描述页面就看了视频，而那些看了描述页面的人，也可能不阅读信息披露。在视频中披露是最清晰的方式，您可以在视频和描述中都披露信息。

该如何在 Instagram 帖子描述中披露信息？

查看 Instagram 时，较长的描述会被缩略显示，只显示前两三行，必须点击"更多"才能看到剩下的信息。可以在 Instagram 上用图片或两三行文字宣传，任何需要披露的信息都应该明确显示，而无须点击"更多"。

显示着"披露""合法"或类似链接到全面披露的标签是否足够？

不。类似的超链接可能不充分。它没有传达重要的、相关的或真正的信息，故许多读者很可能会忽视它，因此错过必要的信息披露。我们认为披露应当简短，但不应用超链接发布披露信息。

我使用的社交媒体平台有一个内置功能，我可以运用这个功能直接披露有偿代言。我直接使用该功能进行披露是否充分？

不一定。该平台的功能可能无法有效披露代言者和产品制造商的关系，披露是否有效仍然取决于是否清楚和显著地揭示了相关的联系。联邦贸易委员会要求披露的所在位置：首先，披露应该显著表示，处于读者均不会忽视的位置，故需特别考虑用户使用平台时查看屏幕的习惯。例如，在一个图像网站上，用户可能会先浏览到亮丽的图像，可能会忽视照片上面和视频下方的信息。其次，信息披露应该使用简单易读的字体，背景与字体颜色对比鲜明，使文字脱颖而出。第三，信息披露的措辞应该是普通读者可以理解的，模棱两可的语句容易使人混淆。例如，如果一篇文章提到了多个品牌，而且不是所有提到的产品都是有偿代言，那么仅仅描述称"帖子包含有偿代言"可能是不够的。最后也是最重要的，明确披露联系的最终责任在于代言者和品牌，而不是平台。

我如何在 Snapchat 或 Instagram Stories 上披露信息？

您可以通过在平台上发布图片并附加文字的方式，在 Snapchat 或 Instagram Stories 上附加披露信息。当您的粉丝看到相关信息时，披露应当是明显且易懂的。判断您的披露是否合格时，您应该考虑一般的信息阅读时间、重要信息的含量、披露的文字量，以及文字与图片是否有突出对比（可能文字需要特定且固定的背景）。如果您通过视频或音频进行代言，因为许多观看者会关闭音频观看视频，就听不到只通过音频发出的披露。其他一般披露指引也将适用。

那么像 Twitter 这样的平台呢？当我的信息被限制在 280 字以内时，我该如何披露？

联邦贸易委员会没有规定披露的具体措辞。然而，一般的原则适用于所有领域，包括 Twitter，人们需要获得相关信息来评估赞助声明的可靠性。"赞助"和"推广"这两个词只用了 2 个字符。"有偿代言"只用了 4 个字符。用"Ad:"或"# ad"作开头（只需要 3 个字符）可以有效缩减字数。

您刚刚谈到在社交媒体代言的开头写"#ad"，那在代言的结尾或接近结尾部分写"#ad"可以吗？

我们并不是说"#ad"一定要在文章的开头。联邦贸易委员会没有规定"#ad"的位置，而关注它是否容易注意或理解。所以，虽然我们没有说它一定要放在开头，但放在中间或最后会降低有效性。事实上，如果"#ad"与链接或其他标签混合在一起，一些读者可能会略过。

如果我们把公司名称"Cool style"和"#ad"结合起来形成"#coolstyllead"

可以吗？

消费者很有可能无法理解标签末尾的"广告"一词的意义，尤其是像"# coolstyllead"这样由几个字母组合而成的标签。披露应该更加显著而易懂。

如果代言人仅对赞助公司说"谢谢"是否是充分的披露？

不是。对公司或品牌说一句"谢谢"并不一定意味着代言者免费获得产品，或者他们因为代言获得报酬，可能只是感谢公司或品牌提供了很棒的产品或服务。但是披露信息是"谢谢 XYZ 提供的免费产品"或"谢谢 XYZ 的 ABC 产品礼物"，且感谢的内容是 XYZ 的全部所得，则披露充分。如果披露字数太多，可以换成"赞助"或"Ad."。

可以说"XYZ 公司让我试一下他们的产品"吗？

根据代言的上下文，可以很容易得出代言者免费获得产品并在测试后可继续使用的结论。如果不能得出此结论，那么披露就不充分。此外，如果代言人除了获得免费产品外，还获得了报酬，这种披露可能还不够充分。

我为我的客户提供营销咨询和建议。我也是一个博主，我有时会推销我客户的产品。"#client"（"客户"）、"#advisor"（"顾问"）和"#consultant"（"咨询员"）都是可以接受的披露吗？

可能不是。这种只有一个单词的简单标签很含糊，会令人困惑。博客不设字数限制。所以，如果称"我是 XYZ 营销人员的付费顾问"或者"我为 XYZ 品牌工作"（XYZ 是一个品牌名称），就会清楚得多。

部分简短的信息也可能有效。例如，"XYZ_ Consultant（咨询员）"或"XYZ Advisor（顾问）"类似的文字可能生效。这样的披露更加清晰，但如果消费者忽视了披露，任何披露都无效。

"#ambassador"（"大使"）或"#［BRAND］_ Ambassador"（"品牌大使"）在推特上作披露有效吗？

"#ambassador"（"大使"）的含义模棱两可，令人困惑，许多消费者不明白其含义。"#XYZ_ Ambassador"（"XYZ品牌大使"）可能更易于理解（XYZ是一个品牌名称）。然而，即使披露含义明确，披露也必须是突出表示以引起注意。

我是一个博主，XYZ度假公司邀请我乘坐航班飞至目的地，度过几日。如果我写一篇关于旅游目的地的评论，我应该如何披露免费旅游？

您的披露可以是，"XYZ度假村支付了我的旅行费用"或"感谢XYZ度假村提供的免费旅行"。您的这篇博文写上"由XYZ度假村赞助"也是明确的披露。

《指引》称披露必须清楚和显著。这是什么意思？

为了保证信息披露"清楚、显著"，广告商应该使用简洁、明确的语言，显著地披露信息，使消费者能够很容易地注意到，而不需要到处寻找披露的位置。一般来说，披露应：

· 和权利要求密切相关；
· 用易于阅读的字体；
· 使用突出强调的字体；
· 对于视频广告披露，时长应较长，能够被注意、观看和理解；
· 对于音频披露，应以消费者易于理解的节奏和语言进行阅读。

在音频和视频中披露更有可能引起消费者注意。信息披露不应隐藏在脚注中，或人们容易忽视的文本块区域和超链接中。如果信息披露难以发现、难以理解、存在时间短、隐藏在不相关的内容中，或者广告或信息中的其他信息破坏了披露信息，那么披露信息就不符合"清楚且显著"的标准。关于在线披露，联邦贸易委员会工作人员发布了一份指导文件，名为".com Dis-closures：如何在数字广告中有效进行披露"，可在 ftc . gov 上查阅。

我在博客中披露品牌赞助的位置重要吗？我之前看见过在开头和在结尾的披露，这重要吗？
是的，位置很重要。信息披露应该放在容易引起消费者注意的地方，消费者可能会因披露处于博客的底部或页面的底部而忽视。在博客之外，页面顶部的信息披露也可能被消费者忽视。如果披露与代言内容非常接近，或是代言的一部分，披露被看到的可能性则大幅增加。

有人付钱让我在社交媒体上宣传产品。我的帖子、视频和推文都是西班牙语的。我应该用什么语言披露我的代言？

无论用什么语言，都应该披露代言人和品牌之间的联系，所以您应该使用西班牙语披露。

我想我需要披露我因为上传到 YouTube 的视频评论得到了报酬。我应该在视频的什么时间披露？视频结尾可以吗？

不完整观看视频的话结尾的披露很可能会被忽视，披露放在评论的开头效果会较好，视频中进行多次披露更合适。任何人不应在视频中设置跳过视频开头和披露内容的超链接。如果 YouTube 已在您的视频中植入广告，被广告掩盖的披露是不清楚、不明显的。

我的工作是试玩游戏，制作游戏评测视频。我将直播玩几个小时游戏。我可以在直播开始时披露吗？

由于观众可以在任何时间收看直播，他们很容易错过直播，或直播的任一时间点。在直播中多次且周期性的信息披露可以提高人们观看到广告的概率，您可以在整个直播中进行连续、清晰和明显的披露。

代言人需要了解的其他事项

除了披露我与我所代言产品的公司的关系外，我还需知道哪些关于代言的事项？

代言最重要的原则是，代言必须表达代言人真实的使用体验和观点：
·如果您没有使用过产品，您不能谈论您使用产品的体验。
·如果有人有偿让您试用一种产品后而您认为它很糟糕，您不能说它很棒。
您不能在广告商没有证据或声明的情况下宣传产品。《指引》举了一个例子，某博主受广告商委托测评一种新的沐浴露，广告商并没有声明这种乳液可以治疗皮肤问题，博主也没有询问广告商这种声明是否有根据，但她写道，这种乳液可以治疗湿疹。在没有合理根据的情况下发表声明的，该博客将承担法律责任。

广告商对他人在社交媒体上的言论有什么责任？

我们公司使用博主和其他有影响力的社交媒体网络账户来推广我们的产品。我们知道我们有责任监管我们的社交媒体账户。我们需要什么样的监管项目？如果我们运行社交媒体账号时，有人宣扬有关我们产品的不实信息，或者没有进行披露，我们要承担责任吗？

广告商需要合理、系统地培训和监督他们的网络代言人。培训和监管内容取决于网络参与者的欺骗行为可能造成的消费者伤害风险，无论是身体损伤还是经济损失。例如，一个专门销售健康产品的网站的监管可能比一个推广时尚品牌的网站要更严格。每个培训和监管系统都应该包括以下内容：

1. 鉴于广告商有责任证实产品的客观情况，应向你的网络代言人阐述他们可以（和不可以）谈论的内容。例如，列举他们可以为你产品作出的健康声明，同时说明不要超出这些声明的范围；

2. 指导网络代言人负责披露他们与您的联系；

3. 定期搜索您的员工发布的内容；

4. 如果发现有问题的做法，要及时跟进。

了解您所有网络代言人的每句话是不现实的，但您是否尽力了解相关信息很重要。也就是说，如果您的公司有合理的培训、监控和合规计划，您不会因网络代言人的过失或故意受到行政处罚。

我们公司的社交媒体项目由我们的公关公司运营。我们告诉公关公司，他们和所委托的代言人的行为都应符合联邦贸易委员会《指引》的要求。这足够了吗？

您的公司最终要为代表您司的其他自然人或法人所做的事负责。您应该确保您的公关公司有适当的计划来培训和监管其他网络代言人，应要求定期提交报告，并定期监控网络，以确认该项目正常运行。将您的推广项目的部分委托给外部自然人或法人并不能免除您在《联邦贸易委员会法》下的责任。

社交媒体影响者信息披露 101 条款[1]

何时披露[2]

· 当您与某品牌有任何财务、雇佣、个人或家庭关系时，应予以披露。

财务关系并不限于金钱。如果您在提及某产品时得到了任何相关利益，请公开财务关系。

如果一个品牌给您免费或打折产品或其他好处，然后您提到该品牌的一种产品，即使您没有被要求提及该商品，您也需要披露信息。

不要假设您的粉丝已经知道您和品牌的关系。

即使您认为自己的评价是公正客观的，也应进行公开。

· 请记住，标签、点赞、脚注以及显示您喜欢某个品牌或产品的类似方式都是代言。

· 如果从国外发帖，如果可以合理地预见该帖子会影响美国消费者，则适用美国法律。外国法律也可能适用。

· 如果您与品牌没有关系，只是告诉人们您买了一个产品并碰巧喜欢，您无须声明您与品牌没有关系。

---

〔1〕　译者：钱沂青，曲靖医学高等专科学校专任教师。罗力，上海政法学院国际法学院国际经济法专业学生。

〔2〕　In https：//www.ftc.gov/tips-advice/business-center/guidance/disclosures-101-social-media-influencers.

如何公开

确保人们会看到并理解披露的内容。

·将其放在很难忽略的地方

所公开的内容应与代言信息本身放在一起。

如果公开的信息只出现在"关于我"或个人主页上，出现在帖子或视频的结尾，或出现在需要人们点击"更多"的地方，就很可能被忽略。

不要把您公开的信息混入一组标签或链接中。

如果您代言的方式是在 Snapchat 和 Instagram Stories 等平台上发表的图片中，请将公开的内容叠加在图片上，并确保观众有足够的时间注意到和阅读。

如果在视频中做代言，披露内容应在视频中，而不仅仅是在随视频上传的描述中，观众更有可能注意到音频和视频中的披露内容。一些观众可能会在没有声音的情况下观看，另一些观众可能不会注意到叠加的文字。

如果在直播中做代言，应定期重复公开代言信息，这样只看到部分直播的观众就会得到所公开的代言信息。

·使用简洁明了的语言

简单的解释，如"感谢 Acme 品牌提供的免费产品"，如果放在一个很难忽略的地方，往往就足够了。

像"广告"和"赞助"这样的术语也是如此。

在像 Twitter 这样空间有限的平台上，"AcmePartner"（"Acme 伙伴"）或"Acme Ambassador"（"Acme 大使"）（其中 Acme 是品牌名称）也是一种选择。

可以（但不是必须）在披露信息时加入一个标签，如"#ad"或"#spon-sored"。

不要使用"sp""spon"或"collab"等模糊或混乱的术语，或"感谢"或"大使"等独立术语，并尽可能远离其他缩写和速记。

·披露的内容应与代言本身的语言相同。

·不要认为一个平台的披露工具就足够好，而是考虑在您自己的、良好的披露之外再使用它。

还应知道的是

· 您不能谈论您对一个没有尝试过的产品的体验。

· 如果您收到报酬来谈论一个产品，若认为它很糟糕，就不能说它很好。

· 您不能捏造关于产品的说法，因为这需要广告商用证据证明——比如产品可以改善健康状况的科学证明。

了解更多信息

如有更多问题，联邦贸易委员会的《代言指南：人们在问什么》是其工作人员的出版物，回答了许多关于使用代言的问题，包括在社交媒体中使用代言，并有许多有用的例子。

https://www.ftc.gov/influencers

2019 年 11 月

有关视听媒体服务的欧盟委员会
第 2018/1808 号指令（节选）[1]

欧洲议会和欧盟理事会第 2018/1808 号指令

2018 年 11 月 14 日

第一条

对第 2010/13/EU 号指令修改如下：

（1）在第 1 条中，第 1 款修改如下：

（a）原（a）项内容由以下内容取代：

"视听媒体服务"是指：

（i）《欧洲联盟运作条约》第 56 条和第 57 条所定义的服务，该服务的主要目的或其可分离的部分致力于通过 2002/21/EC 号指令第 2 条第（a）项所指的电子通信网络，向公众提供由媒体服务提供者负责编辑的节目，以进行宣传、娱乐或教育。这种视听媒体服务是本款（e）项所定义的电视广播或本款（g）项所定义的点播视听媒体服务。

（ii）视听商业传播

（b）加入以下一点：

（aa）"视频共享平台服务"是指《欧洲联盟运作条约》第 56 条和第 57 条所定义的服务，该服务的主要目的或其可分离部分或服务的基本功能是专门向公众提供节目、用户生成的视频或两者兼有之。视频共享平台提供商对

---

〔1〕 译者：钱沂青，曲靖医学高等专科学校专任教师。罗力，上海政法学院国际法学院国际经济法专业学生。

此没有编辑责任，以便通过 2002/21/EC 号指令第 2 条第（a）项所指的电子通信网络进行宣传、娱乐或教育，其组织由视频共享平台提供商决定，包括通过自动手段或算法，特别是通过显示、标记和排序。

（c）原（b）项内容由以下内容取代：

"节目"是指由媒体服务提供者制定的时间表或目录中的一组有或无声音的移动图像，构成一个单独的项目，无论其长度如何，包括长篇电影、视频剪辑、体育赛事、情景喜剧、纪录片、儿童节目和原创戏剧；

（d）加入以下几点：

（ba）"用户生成的视频"是指由用户创建并由该用户或任何其他用户上传到视频共享平台的一组带或不带声音的移动图像，构成一个单独的项目，而不论其长度如何。

（bb）"编辑决定"是指为行使编辑责任而定期作出的决定，并与视听媒体服务的日常运作有关。

（e）加入以下一点：

（da）"视频共享平台提供商"是指提供视频共享平台服务的自然人或法人。

（f）原（h）项内容由以下内容替代：

"视听商业传播"是指旨在直接或间接宣传从事经济活动的自然人或法人的商品、服务或形象的有声或无声的图像；这种图像伴随或包含在节目或用户生成的视频中，以换取报酬或类似的对价，或出于自我宣传的目的。视听商业传播的形式主要包括：电视广告、赞助、电视购物和产品植入。

（g）原（k）项内容由以下内容替代：

"赞助"是指非从事提供视听媒体服务或视频共享平台服务或制作视听作品的公共或私营企业或自然人为资助视听媒体服务、视频共享平台服务、用户生成的视频或节目而作出的任何贡献，目的是宣传其名称、商标、形象、活动或产品。

（h）原（m）项内容由以下内容替代：

"产品植入"是指任何形式的视听商业传播，包括纳入或提及产品、服务或其商标，以便在节目或用户生成的视频中出现，以换取付款或类似报酬。

（2）第二章的标题修改为：

"关于视听媒体服务的一般规定"

（3）第 2 条修改为：

（a）在第 3 段中，原（b）项由以下内容替代：

如果媒体服务提供者的总部设在一个成员方，但有关视听媒体服务的编辑决定是在另一个成员方作出的，则该媒体服务提供者应被视为在参与从事与节目有关的视听媒体服务活动的大部分工作人员所在的成员方设立。如果从事与节目有关的视听媒体服务活动的大部分工作人员在上述每个成员方工作，则该媒体服务提供者应被视为在其总部所在的成员方设立。如果参与从事与节目有关的视听媒体服务活动的大部分工作人员不在这两个成员方工作，则应根据该成员方的法律，将该媒体服务提供者视为在其首次开始活动的成员方设立，条件是它与该成员方的经济保持稳定和有效的联系。

（b）加入以下段落：

5a. 成员方应确保媒体服务提供者将可能影响根据第 2、3、4 段确定管辖权的任何变化通知国家主管管理当局或机构。

5b. 应建立并保持一份其管辖范围内的媒体服务提供者的最新名单，并说明其管辖权是基于第 2 段至第 5 段规定的哪些标准。成员方应将该名单，包括其任何更新，通报给委员会。

委员会应确保在一个集中的数据库中提供这些名单。如果名单之间出现不一致的情况，委员会应与有关成员方联系，以找到解决办法。委员会应确保国家管理当局或机构能够进入该数据库。委员会应公开该数据库中的信息。

5c. 如果在适用第 3 条或第 4 条时，有关成员方不能就哪个成员方拥有管辖权达成一致，其应将该事项提请委员会注意，不得无故拖延。委员会可要求 ERGA 根据第 30b 条第 3 款第（d）项就该事项提供意见。ERGA 应在委员会提出要求后的 15 个工作日内提供这种意见。委员会应向第 29 条设立的联络委员会适当通报情况。

当委员会根据第 3 条第 2 款或第 3 款，或第 4 条第 5 款通过一项决定时，它也应决定哪个成员方拥有管辖权。

（4）第 3 条由以下内容替代：

第 3 条

1. 成员国应确保接收自由，不得因属于本指令协调领域的原因而限制在其境内转播来自其他成员国的视听媒体服务。

2. 如果另一成员国管辖下的媒体服务提供者提供的视听媒体服务明显、严重地违反了第 6 条第 1 款第（a）项或第 6a 条第 1 款，或损害了公共健康或带来了严重的损害风险，则一成员国可暂时限制本条第 1 款的规定。

第一项中提到的限制应符合以下条件：

（a）在过去的 12 个月中，媒体服务提供者至少有两次已经实施了第一分段中描述的行为的实例；

（b）有关成员方已将被指控的侵权行为和它打算在再次发生任何此类侵权行为时采取的相称措施书面通知媒体服务提供者、对该提供者有管辖权的成员国和委员会；

（c）有关成员方尊重媒体服务提供者的辩护权，特别是给予该提供者对被控侵权行为发表意见的机会；以及

（d）在委员会收到第（b）项提及的通知后一个月内，与对该媒体服务提供者有管辖权的成员方和委员会的协商没有达成友好的解决办法。

在收到有关成员方采取的措施的通知后三个月内，并在要求 ERGA 根据第 30b 条第 3 款第（d）项提供意见后，委员会应就这些措施是否符合欧盟法律作出决定。委员会应及时通知联络委员会。如果委员会决定这些措施不符合欧盟法律，它应要求有关成员国作为紧急事项停止有关的措施。

3. 如果另一成员方管辖下的媒体服务提供者提供的视听媒体服务明显、严重地违反了第 6 条第 1 款第（b）项的规定，或损害了公共安全，包括维护国家安全和国防，或有损害公共安全的严重危险，则一成员方可暂时限制本条第 1 款的适用。

第一项中提到的限制应符合以下条件：

（a）在过去 12 个月中，至少有一次发生了第一分段中提到的行为；以及

（b）有关成员方已将被指控的侵权行为和它打算在再次发生任何此类侵权行为时采取的相称措施书面通知该媒体服务提供者、对该提供者有管辖权的成员方和委员会。

有关成员方应尊重有关媒体服务提供者的辩护权，特别是让该提供者有机会对被指控的侵权行为发表看法。

在收到有关成员方采取的措施的通知后三个月内，并在要求 ERGA 根据第 30b 条第 3 款第（d）项提供意见后，委员会应就这些措施是否符合欧盟法律文件作出决定。委员会应及时通知联络委员会。如果委员会决定这些措施不符合欧盟法律文件，它应要求有关成员方作为紧急事项停止有关的措施。

4. 第 2 款和第 3 款应不妨碍在对有关媒体服务提供者有管辖权的成员方对有关侵权行为适用任何程序、补救或制裁。

5. 成员方在紧急情况下，可在被指控的侵权行为发生后一个月内，限制第 3 款第（a）项和第（b）项规定的条件。在这种情况下，所采取的措施应在最短的时间内通知委员会和媒体服务提供者所属的成员方，并说明该成员方认为存在紧急情况的原因。委员会应在尽可能短的时间内审查所通知的措施是否符合欧盟法律文件。如果委员会得出的结论是这些措施不符合欧盟法律文件，委员会应要求有关成员方紧急终止这些措施。

6. 如果委员会缺乏根据第 2 款或第 3 款作出决定所需的资料，其应在收到通知后一个月内，要求有关成员方提供作出该决定所需的一切资料。委员会作出决定的时限应暂停，直到该成员国提供了这种必要的信息。在任何情况下，暂停时限的时间不应超过一个月。

7. 成员方和委员会应在联络委员会和 ERGA 的框架内定期交流有关本条规定的程序的经验和最佳做法。

（5）原第 4 条由以下内容替代：

第 4 条

1. 成员方可以继续自由地要求其管辖范围内的媒体服务提供者遵守本指令所协调领域的更详细或更严格的规则，只要这些规则符合欧盟法律文件。

2. 如果一个成员方：

（a）已行使第 1 款规定的自由，通过更详细或更严格的符合一般公共利益的规则；并且

（b）评估另一成员方管辖下的媒体服务提供者提供完全或大部分针对其领土的视听媒体服务。

其可以要求具有管辖权的成员方解决与本款有关的任何问题。

两个成员方应真诚而迅速地合作，以达成双方都满意的解决方案。

有管辖权的成员国在收到第一项规定的证据确凿的请求后，应要求媒体服务提供者遵守相关的一般公共利益规则。拥有管辖权的成员方应定期向提出请求的成员方通报为解决所发现的问题而采取的措施。在收到请求后的两个月内，拥有管辖权的成员方应向提出请求的成员方和委员会通报所取得的结果，并解释无法找到解决办法的原因。

任何一个成员方都可以在任何时候邀请联络委员会审查该案。

3. 在下列情况下，有关成员方可对有关媒体服务提供者采取适当措施：

（a）其评估认为通过适用第 2 款取得的结果不令人满意；以及

（b）其已举出证据，表明有关媒体服务提供者在具有管辖权的成员方建立了自己的机构，以规避本指令所协调的领域中的更严格的规则，如果媒体服务提供者在有关成员方建立了机构，将适用这些规则；这些证据应允许合理地确定这种规避行为，而不需要证明媒体服务提供者有意规避这些更严格的规则。

这些措施应是客观必要的，以非歧视性的方式实施，并与所追求的目标相称。

4. 成员方只有在满足以下条件的情况下，才可以根据第 3 款采取措施：

（a）已通知委员会和该媒体服务提供者所在的成员方它打算采取这种措施，同时证实它的评估所依据的理由；

（b）尊重有关媒体服务提供者的辩护权，特别是让该媒体服务提供者有机会就指控的规避行为和通知国打算采取的措施发表意见；以及

（c）委员会在要求 ERGA 根据第 30b 条第 3 款第（d）项提供意见后，决定该措施符合欧盟法律文件，特别是采取该措施的成员方根据本条第 2 款和第 3 款所作的评估是正确的；委员会应向联络委员会适当通报。

5. 在收到第 4 款第（a）项规定的通知后三个月内，委员会应就这些措施是否符合欧盟法律文件作出决定。如果委员会决定这些措施不符合欧盟法律文件，应要求有关成员方不采取预定措施。

6. 成员方应通过适当手段，在其国家法律框架内，确保其管辖范围内的媒体服务提供者有效地遵守本指令。

7. 除非本指令另有规定，否则应适用 2000/31/EC 号指令。如果 2000/31/EC 号指令与本指令发生冲突，则以本指令为准，除非本指令另有规定。

（6）加入以下条款：

第 4a 条

1. 成员方应在其法律制度允许的范围内，鼓励使用共同监管，并通过在本指令协调的领域中在国家层面通过的行为准则来促进自我监管。这些守则应：

（a）能够被有关成员方的主要利益相关者广泛接受；

（b）明确和毫不含糊地列出其目标；

（c）规定对目标的实现进行定期、透明和独立的监测和评估；以及

（d）规定有效的执法，包括有效和相称的制裁。

2. 成员方和委员会可通过媒体服务提供商、视频共享平台服务提供商或代表他们的组织在必要时与工业、贸易、专业和消费者协会或组织等其他部门合作制定的联盟行为守则来促进自律。这些守则应能被欧盟层面的主要利益攸关方广泛接受，并应符合第 1 款第（b）项至第（d）项的规定。欧盟的行为准则应不影响国家行为准则。

在与成员方的合作中，委员会应根据辅助性和相称性原则，酌情促进欧盟行为守则的制定。

欧盟行为守则的签署方应向委员会提交这些守则的草案及其修正案。委员会应就这些守则草案或其修正案与联络委员会协商。

委员会应公开提供欧盟的行为守则，并可对其进行适当宣传。

3. 成员方有权要求其管辖范围内的媒体服务提供商遵守更详细或更严格的规则，以符合本指令和欧盟法律文件，包括在其国家独立监管当局或机构得出结论认为任何行为守则或其部分已证明不够有效的情况下。成员国应向委员会报告此类规则，不得无故拖延。

（7）第三章的标题修改为：

"适用于视听媒体服务的规定"

（8）原第 5 条由以下内容替代：

第 5 条

1. 每个成员方应确保其管辖下的媒体服务提供者使服务接受者至少能方便、直接和永久地获得以下信息：

（a）其名字；

（b）其设立的地理位置；

（c）细节，包括其电子邮件地址或网站，以便能够以直接和有效的方式迅速与之联系；

（d）对其有管辖权的成员方和主管管理当局或机构或监督机构。

2. 成员方可采取立法措施，规定除第 1 款所列信息外，其管辖范围内的媒体服务提供者应提供有关其所有权结构，包括实际所有人的信息。这种措施应尊重有关的基本权利，如受益人的私人和家庭生活。这些措施应是必要的和相称的，并应以追求普遍利益的目标为目的。

（9）原第 6 条由以下内容替代：

第 6 条

1. 在不影响成员方尊重和保护人的尊严的义务的情况下，成员方应通过适当手段确保其管辖下的媒体服务提供者提供的视听媒体服务不包含任何：

（a）基于《宪章》第 21 条所述的任何理由，煽动对某一群体或某一群体成员的暴力或仇恨；

（b）公开煽动实施（EU）2017/541 号指令第 5 条规定的恐怖主义罪行。

2. 为本条目的而采取的措施应是必要的和相称的，并应尊重权利和遵守《宪章》规定的原则。

（10）加入以下条款：

第 6a 条

1. 成员方应采取适当措施，确保其管辖范围内的媒体服务提供者提供的可能损害未成年人身心或道德发展的视听媒体服务，只能以确保未成年人通常不会听到或看到的方式提供。这些措施可包括选择播放时间、年龄验证工具或其他技术措施，这些措施应与节目的潜在危害相称。

最有害的内容，如无端暴力和色情，应采取最严格的措施。

2. 媒体服务提供者根据第 1 款收集或以其他方式产生的未成年人的个人数据不得为商业目的进行处理，如直接营销、特征分析和行为定向广告。

3. 成员方应确保媒体服务提供者向观众提供足够的信息，说明可能损害未成年人身体、心理或道德发展的内容。为此目的，媒体服务提供者应使用一个系统，说明视听媒体服务内容的潜在有害性质。

为执行本款规定，成员方应鼓励使用第 4a 条第 1 款规定的共同监管方式。

4. 委员会应鼓励媒体服务提供者交流关于共同监管行为准则的最佳做法。为了本条的目的，成员方和委员会可以通过第 4a 条第 2 款中提到的联盟行为准则来促进自律。

（11）原第 7 条由以下内容替代：

第 7 条

1. 成员方应确保在其管辖范围内的媒体服务提供者所提供的服务，通过相称的措施，不断地、逐步地使残疾人更容易获得服务，不得有不当的拖延。

2. 成员方应确保媒体服务提供者定期向国家监管当局或机构报告第 1 款所述措施的执行情况。在 2022 年 12 月 19 日之前以及此后每三年，成员方应向委员会报告第 1 款的执行情况。

3. 成员方应鼓励媒体服务提供者制定无障碍行动计划，持续和逐步地使其服务对残疾人更无障碍。任何此类行动计划都应通报给国家管理当局或机构。

4. 各成员方应指定一个单一的、便于残疾人等人使用的、公开的在线联络点，以便就本条所述的任何无障碍问题提供信息和接受投诉。

5. 成员方应确保通过视听媒体服务向公众提供紧急信息，包括自然灾害情况下的公共通信和公告，其提供方式应便于残疾人使用。

（12）加入以下条款：

第 7a 条

成员方可采取措施，确保适当突出具有普遍意义的视听媒体服务。

第 7b 条

成员国应采取适当和相称的措施，确保未经媒体服务提供者明确同意的情况下，不得为商业目的覆盖或修改媒体服务提供者提供的视听媒体服务。

为了本条的目的，成员方应具体说明监管细节，包括例外情况，特别是在保障用户的合法利益的同时，考虑到最初提供视听媒体服务的媒体服务供应商的合法利益。

（13）原第 9 条由以下内容替代：

第 9 条

1. 成员方应确保其管辖下的媒体服务提供者提供的视听商业通信符合下列要求：

（a）视听商业传播应易于识别；应禁止隐蔽的视听商业传播。

（b）视听商业通信不得使用隐蔽技术。

（c）视听商业通信不得：

（i）对人类的尊严造成损害；

（ii）包括或宣扬任何基于性别、种族或民族血统、国籍、宗教或信仰、残疾、年龄或性取向的歧视；

（iii）宣扬损害健康或安全的行为；

（iv）宣扬严重损害环境保护的行为。

（d）禁止一切形式的香烟和其他烟草制品以及电子香烟和填充容器的视听商业传播。

（e）酒精饮料的视听商业传播不得专门针对未成年人，不得鼓励过度消费这种饮料。

（f）应禁止在媒体服务提供者所属的成员方中仅凭处方提供的医药产品和医疗的视听商业传播。

（g）视听商业传播不得对未成年人造成身体、精神或道德上的伤害；因此，不得利用未成年人的无知或轻信，直接劝说他们购买或租用产品或服务，直接鼓励他们说服父母或其他人购买广告中的商品或服务，利用未成年人对父母、教师或其他人的特殊信任，或不合理地展示未成年人处于危险境地。

2. 点播视听媒体服务中的酒精饮料视听商业传播，除赞助和产品植入外，应符合第 22 条规定的标准。

3. 成员方应鼓励使用共同监管，并通过第 4a 条第 1 款规定的关于不适当的酒精饮料视听商业传播的行为守则促进自我监管。这些守则应旨在有效减少未成年人接触酒精饮料视听商业传播的机会。

4. 成员方应鼓励利用共同监管，并通过第 4a 条第 1 款规定的行为守则促进自我监管，这些守则涉及伴随或包含在儿童节目中的、含有营养和具有营养或生理作用的物质，特别是脂肪、反式脂肪酸、盐或钠和糖的食品和饮料的不当视听商业传播，不建议在总体饮食中摄入过多。

这些守则应旨在有效减少儿童接触此类食品和饮料的视听商业传播。它们应旨在规定此类视听商业传播不强调此类食品和饮料的营养方面的积极质量。

5. 成员方和委员会可以为本条的目的，通过第 4a 条第 2 款所述的联盟行为守则促进自我管理。

（14）原第 10 条修改如下：

（a）第 2 款由以下内容替代：

2. 视听媒体服务或节目不得由主要活动是制造或销售香烟和其他烟草制品以及电子香烟和填充容器的企业赞助。

（b）第 4 段由以下内容替代：

4. 新闻和时事节目不应得到赞助。成员方可以禁止赞助儿童节目。成员方可以选择禁止在儿童节目、纪录片和宗教节目中显示赞助标志。

（15）原第 11 条由以下内容替代：

第 11 条

1. 本条仅适用于 2009 年 12 月 19 日后制作的节目。

2. 在所有视听媒体服务中，应允许产品植入，但新闻和时事节目、消费者事务节目、宗教节目和儿童节目除外。

3. 含有产品植入的节目应符合以下要求：

（a）电视广播节目表的内容和安排以及点播试听媒体服务的节目列表在任何情况下均不得受到影响，以致影响媒体服务提供者的责任和编辑独立性。

（b）不得直接鼓励购买或租赁商品或服务，特别是通过对这些商品或服务进行特别宣传；

（c）不应过分突出有关的产品；

（d）应在节目开始和结束时，以及在广告中断后继续播放节目时，以适当的标识明确告知观众产品植入的存在，以避免观众产生任何混淆。

成员方可以免除第（d）项中的要求，但由媒体服务提供者或与该媒体服务提供者有关联的公司制作或委托制作的节目除外。

4. 在任何情况下，节目都不得含有以下产品的广告：

（a）香烟和其他烟草制品，以及电子香烟和填充容器，或来自以制造或销售这些产品为主要业务的企业的产品广告；

（b）在媒体服务提供者所属的成员方中仅凭处方提供的特定医药产品或医疗方法。

（16）第四章的标题被删除。

（17）第 12 条被删除。

（18）原第 13 条由以下内容替代：

第 13 条

1. 成员方应确保其管辖范围内的点播视听媒体服务的媒体服务提供商在其目录中确保至少 30% 的欧洲作品份额，并确保这些作品的突出地位。

2. 如果成员方要求其管辖范围内的媒体服务提供者为欧洲作品的制作提供资金，包括通过对内容的直接投资和对国家基金的出资，成员方也可以要求针对其境内受众但在其他成员方设立的媒体服务提供者提供这种资金出资，这种出资应是相称的和非歧视性的。

3. 在第 2 款提及的情况下，财政出资应仅基于在目标成员方获得的收入。如果提供者所在的成员方征收这种财政缴款，应考虑到目标成员方征收的任何财政缴款。任何财政出资都应符合欧盟法律文件，特别是国家援助规则。

4. 成员方应在 2021 年 12 月 19 日前向委员会报告第 1 款和第 2 款的执行情况，并在此后每两年报告一次。

5. 委员会应在成员方提供的信息和独立研究的基础上，向欧洲议会和理事会报告第 1 款和第 2 款的实施情况，同时考虑到市场和技术发展以及文化多样性的目标。

6. 根据第 1 款规定的义务和第 2 款规定的对针对其他成员方受众的媒体服务提供者的要求，不应适用于营业额低或受众少的媒体服务提供者。如果这些义务或要求因视听媒体服务的性质或主题而不切实际或不合理，成员方也可以放弃这些义务或要求。

7. 委员会应在征求联络委员会的意见后，就第 1 款中提到的欧洲作品份额的计算以及第 6 款中提到的低受众和低营业额的定义发布指南。

（19）在第 19 条中，第 2 款由以下内容替代：

2. 体育赛事中允许出现独立的电视广告和电视购物插播广告。在体育赛事的转播中之外，独立的电视广告和电视购物插播广告应仍是例外。

（20）原第 20 条中的第 2 款由以下内容替代：

2. 为电视制作的电影（不包括系列片、连续剧和纪录片）、电影和新闻节目的播送可以在至少 30 分钟的排定时段内被电视广告、电视购物或两者打断一次。如果儿童节目的排定时间超过 30 分钟，电视广告可以在至少 30 分钟内打断一次儿童节目的播送。禁止在儿童节目中播放电视购物。在宗教活动期间，不得插入电视广告或电视购物。

（21）原第 23 条由以下内容替代：

第 23 条

1. 在 6 点至 18 点期间，电视广告插播和电视购物插播的比例不应超过该期间的 20%。在 18 点至 24 点期间，电视广告和电话购物广告的比例不应超过该期间的 20%。

2. 第 1 款不适用于以下情况：

（a）广播公司就其自己的节目和由这些节目直接产生的辅助产品或属于同一广播集团的其他实体的节目和视听媒体服务所作的公告；

（b）赞助公告；

（c）产品植入；

（d）编辑内容与电视广告或电视购物节目之间以及单个节目之间的中性框架。

（22）第八章被删除。

（23）加入以下章节：

有关数字内容的欧盟委员会第 2019/770 号指令^{〔1〕}

2019 年 5 月 20 日欧洲议会与欧盟理事会（EU）2019/770 号指令
关于数字内容与数字化服务供应合同的某些方面
（节选）

第 1 条
主题和宗旨

本指令旨在，通过对交易商和消费者双方关于数字内容或数字服务供应合同的特定要求制定通用规则，尤其是以下规则，在促进国内市场运转的同时，提供高水平的消费者保护：

（a）数字内容或数字服务的合同合规性，

（b）当不合规或未能供应的情况发生时的补救措施，以及行使这些补救措施的方式，以及

（c）数字内容或数字服务的修改。

第 2 条
定义

就本指令的宗旨而言，以下定义适用：

（1）"数字内容"指以数字形式产生并供应的数据；

（2）"数字服务"指的是：

---

〔1〕 译者：黄珮琦，上海政法学院（涉外律师方向）法律硕士。李宣沁，上海政法学院纪录片学院新闻专业学生。

（a）允许消费者以数字形式创造、处理、存储或访问数据的服务；或

（b）允许共享或互动，消费者或其他使用者以数字形式更新或创造数据的服务；

（3）"带有数字元素的商品"指的是任何以某种方式与数字内容或数字服务相合并或相联系的有形的可移动物体，该方式使得数字内容或数字服务的缺失阻止商品执行其功能；

（4）"整合"指的是数字内容或数字服务与消费者数字环境的组成部分的连接或合并，以便根据该指令规定的合规性要求使用数字内容或数字服务；

（5）"交易商"指的是任何自然人或法人，无论私有或公有，其行为与本指令涵盖的合同有关，而该行为包括以自然人或法人名义或者代表自然人或法人行事的任何其他人为了与个人贸易、业务、工艺或职业相关的目的而产生的行为；

（6）"消费者"指的是，就本指令涵盖的合同而言，任何为其贸易、业务、工艺或职业之外的目的而行事的自然人；

（7）"价格"指的是用来交换数字供应或数字服务供应的金钱或数字形式的价值代表。

（8）"个人数据"指的是（EU）2016/679 号条例第 4 条第（1）款定义的个人数据；

（9）"数字环境"指的是由消费者使用的、用以访问或者使用数字内容或数字服务的硬软件；

（10）"兼容性"指的是数字内容或数字服务与通常使用的相同类型的数字内容或数字服务的硬件或软件一起运行的能力，且运行无需转换数字内容或数字服务；

（11）"功能性"指的是数字内容或数字服务根据其目的执行其功能的能力；

（12）"交互性"指的是数字内容或数字服务通过硬件或软件来执行功能，而该硬件或软件与通常使用的相同类型的数字内容或数字服务的硬件或软件不同；

（13）"持久媒介"指的是任何能够使消费者或交易商以可供未来参考的方式存储个人信息的工具。存储时间足以用于信息目的，并允许对已存储的信息进行不变的复制。

第 3 条
适用范围

1. 本指令适用于交易商向消费者提供或者承诺提供数字内容或数字服务，且消费者支付或者承诺支付价格的任何合同。

本指令亦适用于交易商向消费者提供或者承诺提供数字内容或数字服务，且消费者向交易商提供或承诺提供个人数据。由消费者提供的个人数据由交易商专门处理以便根据本指令提供数字内容或数字服务，或允许交易商遵守其本应遵守的法律要求且交易商不出于任何其他目的处理这些数据。

2. 本指令也应适用于根据消费者规范开发的数字内容或数字服务。

3. 除第 5 条及第 13 条外，本指令也应适用于任何仅充当数字内容载体的有形介质。

4. 本指令不适用于与第 2 条第（3）款所指的商品相合并或相连接的数字内容或数字服务，以及根据与这些货物有关的销售合同随商品一同提供的数字内容或数字服务，无论此类数字内容或数字服务是否由卖方或第三方提供。若对相合并的或相连接的数字内容，或相合并的或相连接的数字服务的供应是否构成销售合同的一部分存疑，则应推定该数字内容或数字服务被涵盖在销售合同中。

5. 本指令不适用于以下合同：

（a）提供数字服务以外的服务，不论交易商是否使用数字形式或数字手段来产生服务产出或将其交付或传输给消费者；

（b）（EU）2018/1972 号指令第 2 条第（4）款中定义的电子通信服务，该指令第 2 条第（7）款中定义的数字独立的人际交流除外；

（c）2011/24/EU 号指令第 3 条第（a）项中定义的医疗保健；

（d）赌博服务，即涉及在几率游戏中下注具有金钱价值股份的服务，包括具有技能要素的服务（例如彩票、赌场游戏、扑克游戏和博彩交易），通过电子方式或任何其他技术促进通信并应此类服务接受者的个人要求；

（e）2002/65/EC 号指令第 2 条第（b）项中定义的金融服务；

（f）对于由交易商根据自由开源许可证提供的软件，消费者不支付任何费用，且消费者提供的个人数据由交易商专门处理，以提高特定软件的安全性、兼容性或交互性；

（g）数字内容的供应，其中数字内容作为表演或活动的一部分，通过信号传输以外的方式向公众提供，例如数字电影放映；

（h）由成员国公共部门机构根据欧洲议会与欧盟理事会 2003/98/EC 号指令规定的数字内容。

6. 在不影响本条第 4 款的情况下，若同一交易商与同一消费者之间的单一合同包含提供数字内容或数字服务的要素以及提供其他服务或商品的要素，本指令仅适用于与数字内容或数字服务有关的合同要素。

本指令第 19 条不适用于（EU）2018/1972 号指令含义范围内的捆绑，包括欧洲议会与欧盟理事会（EU）2015/2120 号条例第 2 条第（2）款中定义的互联网接入服务或（EU）2018/1972 号指令第 2 条第（6）款中定义的基于数字的人际通信服务。

在不影响（EU）2018/1972 号指令第 107 条第（2）款的情况下，捆绑合同的一个要素的终止可能对捆绑合同的其他要素产生的影响应由国家法律管辖。

7. 若本指令中的任何规定与其他欧盟法案中管辖特定部门或主题的规定相冲突，则该欧盟法案的规定应优先于本指令。

8. 欧盟关于个人数据保护的法律文件应适用于与第 1 款所述合同有关的任何个人数据。

本指令应当尤其不影响（EU）2016/679 号条例和 2002/58/EC 号指令。如果本指令的规定与欧洲联盟关于个人数据保护的法律有冲突，则以后者为准。

9. 本指令不应影响欧盟和国家版权及相关权利法，包括欧洲议会与欧盟理事会 2001/29/EC 号指令。

10. 本指令不影响成员国对一般合同法各方面进行监管的自由，如合同的成立、有效性、无效性或效力的规则，包括本指令未规定的合同终止的后果，或损害赔偿的权利。

第 4 条
协调程度

除非本指令另有规定，否则成员国不得在其国家法律中保留或引入与本指令规定不同的规定，包括更多或更少的严格规定，以确保不同程度的消费者保护。

第 5 条
数字内容或数字服务的提供

1. 交易商应向消费者提供数字内容或数字服务。除非双方另有约定，交易商应在合同签订后及时提供数字内容或数字服务。

2. 在下列情况下，交易商应遵守供应义务：

（a）该数字内容或任何适合访问或下载该数字内容的方式可供消费者或消费者为此目的选择的物理或虚拟设施使用或访问；

（b）该数字服务可供消费者或消费者为此目的选择的物理或虚拟设施访问。

第 6 条
数字内容或数字服务合规性

交易商应在不影响第 10 条的情况下，向消费者提供符合第 7 条、第 8 条和第 9 条规定要求的数字内容或数字服务。

第 7 条
主观合规性要求

为了符合合同，数字内容或数字服务尤其应在适用的情况下：

（a）具有合同要求的描述、数量和质量，并具有功能性、兼容性、交互性及其他特征；

（b）适用于消费者要求的任何特定目的，且消费者最迟在签订合同时告知交易商，且交易商已就其作出承诺；

（c）提供合同要求的所有附件、说明（包括安装说明）和客户帮助；以及

（d）根据合同规定进行更新。

第 8 条
客观合规性要求

1. 数字内容或数字服务除符合任何主观合规性要求外，还应：

（a）适用于通常使用相同类型的数字内容或数字服务的目的，在适用的情况下，考虑到任何现有的欧盟和国家法律、技术标准，或在没有此类技术标准的情况下，考虑适用的特定行业行为准则；

（b）数量、质量和性能特征，包括与功能、兼容性、可访问性、连续性和安全性相关的质量和性能特征，对于相同类型的数字内容或数字服务来说

是正常的，且消费者可能合理预期，鉴于数字内容或数字服务的性质，并考虑到交易商或其代表，或交易链先前环节中的其他人所作的任何公开声明，尤其是在广告或标签上，除非交易商表明：

（i）交易商没有，也不可能合理地知道有关的公开声明；

（ii）签订合同时，公开声明已以与作出该声明的方式相同或类似的方式予以更正；或

（iii）获取数字内容或数字服务的决定不可能受到公开声明的影响；

（c）在适用的情况下，应与消费者合理预期会收到的任何附件和说明一起提供；和

（d）遵守交易方在合同签订前提供的数字内容或数字服务的任何试用版或预览版。

2. 交易商应确保在以下时间段内，向消费者告知并提供必要的更新，包括安全更新，以保持数字内容或数字服务的合规性：

（a）根据合同提供数字内容或数字服务期间，合同规定在一段时间内持续提供；或

（b）考虑到数字内容或数字服务的类型和目的，并考虑到合同的情况和性质，若合同规定了单一供应行为或一系列单独供应行为，消费者可以合理预期。

3. 若消费者未能在合理时间内安装交易商根据第 2 款提供的更新，交易商不应对仅因缺乏相关更新而导致的任何非合规性负责，前提是：

（a）交易商告知消费者更新的可用性以及消费者安装失败的后果；和

（b）消费者未能安装或消费者安装不正确的更新，并不是因为交易商提供的安装说明存在缺陷。

4. 若合同规定在一段时间内持续提供数字内容或数字服务，则该数字内容或数字服务应在该期间内保持一致。

5. 若在签订合同时，消费者被明确告知，数字内容或数字服务的特定特征偏离了第 1 款或第 2 款规定的合规性客观要求，消费者在签订合同时明确且单独地接受了该偏离。

6. 除非双方另有约定，数字内容或数字服务应以签订合同时可用的最新版本提供。

第 9 条
数字内容或数字服务的不正确整合

在以下情况下，由于数字内容或数字服务不正确地整合到消费者的数字环境中而导致的任何不合规均视为数字内容或数字服务不合规：

（a）该数字内容或数字服务是由该交易商整合的或由该交易商负责的；或

（b）数字内容或数字服务本应由消费者进行整合，而不正确的整合是由于交易商提供的整合说明存在缺陷所致。

第 10 条
第三方权利

因侵犯第三方的任何权利，尤其是知识产权而造成的限制，根据第 7 条和第 8 条，阻止或限制使用数字内容或数字服务，成员国应确保消费者有权因第 14 条规定的非合规性而获得补救措施，除非国家法律规定，在这种情况下，数字内容或数字服务的供应合同无效或被撤销。

第 11 条
交易商的责任

1. 未按照第 5 条规定提供数字内容或数字服务的，交易商应当负责。

2. 若合同规定了单一提供行为或一系列独立的提供行为，在不影响第 8 条第（2）款第（b）项的情况下，交易商应对供应时存在的第 7 条、第 8 条和第 9 条规定的任何不合规项负责。

若根据国家法律，交易商仅对供应后一段时间内明显出现的不合规项负责，则该期限不得少于供应后两年，但不影响第 8 条第 2 款第（b）项。

若根据国家法律，第 14 条规定的权利也受限制或仅受限制期的限制，成员国应确保该时效期允许消费者对第 1 款所述时间内存在且在第 2 款所述时间内变得明显的任何不符合同情况行使第 14 条规定的补救措施。

3. 若合同规定在一段时间内持续供应，则交易商应对在根据合同提供数字内容或数字服务的期限内发生或变得明显的不符合第 7 条、第 8 条和第 9 条的情况负责。

若根据国家法律，第 14 条规定的权利也受限制或仅受限制期的限制，成员国应确保该时效期允许消费者对在第 1 款所述期限内发生或变得明显的任何不合规行为行使第 14 条规定的补救措施。

第 12 条
举证责任

1. 关于数字内容或数字服务是否按照第 5 条提供的举证责任应由交易商承担。

2. 在第 11 条第 2 款所述的情况下，关于所提供的数字内容或数字服务在提供时是否符合规定的举证责任应由交易商承担，原因是在自提供数字内容或数字服务之日起一年内明显不符合规定。

3. 在第 11 条第 3 款所述的情况下，关于数字内容或数字服务在根据合同提供的数字内容或数字服务的期限内是否符合要求的举证责任应由在该期限内变得明显不符合要求的交易商承担。

4. 若交易商证明消费者的数字环境与数字内容或数字服务的技术要求不兼容，并且交易商在签订合同之前以清晰易懂的方式告知消费者此类要求，则第 2 款和第 3 款不适用。

5. 消费者应在合理可能和必要的范围内与交易商合作，以确定在第 11 条第 2 款或第 3 款（如适用）规定的时间内，数字内容或数字服务不符合规定的原因是否在于消费者的数字环境。合作义务应限于对消费者干扰最小的技术手段。如果消费者不合作，并且交易商在订立合同之前以清晰易懂的方式告知消费者此类要求，则消费者应承担举证责任，证明在第 11 条第 2 款或第 3 款（如适用）规定的时间内是否存在不符合同规定的情况。

第 13 条
未能供应的救济

1. 未依第 5 条规定提供数字内容或数字服务者，消费者应要求其提供数字内容或数字服务。若交易商随后未能在双方明确同意的额外时间内提供数字内容或数字服务，且没有无故延迟，消费者有权终止合同。

2. 在下列情况下，第 1 款不适用，消费者有权立即终止合同：

（a）交易商已声明，或从情况来看同样清楚，交易商不会提供数字内容或数字服务；

（b）消费者和交易商已经同意，或者从订立合同的情况中可以清楚地看出，特定的供应时间对消费者至关重要，交易商未能在该时间或之前提供数字内容或数字服务。

3. 消费者依第 1 款或第 2 款规定终止合同的，依第 15 条至第 18 条之规定办理。

<h1 style="text-align:center">第 14 条</h1>
<h2 style="text-align:center">不合规的救济</h2>

1. 在不合规的情况下，消费者有权使数字内容或数字服务合规，接受按比例分配的降价，或在本条设置的条件下终止合同。

2. 考虑到案件的所有情况，消费者应有权使数字内容或数字服务符合规定，除非这是不可能的，或会给交易商带来不成比例的成本，包括：

（a）若不缺乏合规性，数字内容或数字服务将具有的价值；和

（b）缺乏合规性的重要性。

3. 交易商应在消费者告知交易商不符合规定后的合理时间内，按照第 2 款的规定使数字内容或数字服务符合规定，免费且不对消费者造成任何重大不便，考虑到数字内容或数字服务的性质以及消费者要求数字内容或数字服务的目的。

4. 在下列任何情况中，若提供数字内容或数字服务以换取支付价格，消费者有权按照第 5 款的规定按比例降低价格，或按照第 6 款的规定终止合同：

（a）根据第 2 款，数字内容或数字服务符合规定的补救措施不可能或不相称的；

（b）交易商未按照第 3 款的规定使数字内容或数字服务合规；

（c）尽管交易商试图使数字内容或数字服务符合要求，但仍存在不合规的情况；

（d）不合规的情况严重到可以立即降价或终止合同的程度；或

（e）交易商已声明，或从实际情况来看交易商不会在合理时间内，或在不会给消费者带来重大不便的情况下，使数字内容或数字服务符合规定。

5. 价格的降低应与向消费者提供的数字内容或数字服务的价值与该数字内容或数字服务符合规定时的价值相比的减少成比例。

若合同规定数字内容或数字服务应在一段时间内提供，以换取支付价格，则价格的降低应适用于数字内容或数字服务不合规的时间段。

6. 提供数字内容或数字服务以换取支付价款的，只有在不符合同规定的情况并非轻微时，消费者才有权终止合同。关于不合规是否轻微的举证责任应由交易商承担。

第 15 条
终止权的行使

消费者有权向交易商发出声明，表明终止合同的决定，从而终止合同。

第 16 条
交易终止时交易商的义务

1. 若合同终止，交易商应偿还消费者根据合同支付的所有款项。

然而，若合同规定在一段时间内提供数字内容或数字服务以换取价格支付，并且数字内容或数字服务在合同终止前的一段时间内一直符合要求，交易商应仅就与数字内容或数字服务不符的时间段相对应的支付价格的比例部分向消费者进行补偿，及消费者在合同任何期限内提前支付的价格的任何部分，若合同未终止，该部分价格应予保留。

2. 关于消费者的个人数据，交易商应遵守（EU）2016/679 号条例中适用的义务。

3. 交易商应避免使用消费者在使用交易商提供的数字内容或数字服务时提供或创建的个人数据以外的任何内容，但以下情况除外：

（a）在交易商提供的数字内容或数字服务的上下文之外没有任何效用；

（b）仅与消费者使用交易商提供的数字内容或数字服务时的活动有关；

（c）交易商已将其与其他数据进行了汇总，无法进行分类，或仅通过不成比例的分类；或

（d）由消费者和其他人共同生成，其他消费者可以继续使用这些内容。

4. 除第 3 款第（a）、（b）或（c）项所述情况外，交易商应在消费者的要求下，向消费者提供消费者在使用交易商提供的数字内容或数字服务时提供或创建的除个人数据以外的任何内容。

消费者有权在合理的时间内，以常用和机器可读的格式免费检索该数字内容，不受交易商的阻碍。

5. 在不影响第 4 款的情况下，交易商可阻止消费者进一步使用数字内容或数字服务，尤其是通过使消费者无法访问数字内容或数字服务，或禁用消费者的用户账户。

第 17 条
交易终止时消费者的义务

1. 合同终止后，消费者不得使用数字内容或数字服务，不得将其提供给

第三方。

2. 若数字内容是通过有形媒体提供的，消费者应在交易商的要求下将有形媒体返还给交易商，费用由交易商承担，不得无故拖延。若交易商决定要求返还有形介质，则该要求应在交易商被告知消费者终止合同的决定之日起14 天内提出。

3. 在本合同终止之前的期间内，若数字内容或数字服务不符合规定，消费者无须为使用该数字内容或数字服务支付任何费用。

<h3 style="text-align:center">第 18 条</h3>
<h3 style="text-align:center">交易商赔偿的时间限制和方式</h3>

1. 根据第 14 条第 4 款和第 5 款或第 16 条第 1 款的规定，由于价格降低或合同终止，交易商应向消费者支付任何补偿，不得无故拖延，且在任何情况下，应在交易商被告知消费者决定行使消费者降价权或终止合同之日起 14 天内进行赔偿。

2. 交易商应使用与消费者支付数字内容或数字服务相同的支付方式进行赔偿，除非消费者另有明确同意，且消费者不因此类赔偿而产生任何费用。

3. 交易商不得就赔偿向消费者收取任何费用。

<h3 style="text-align:center">第 19 条</h3>
<h3 style="text-align:center">数字内容或数字服务的修改</h3>

1. 当合同规定在一段时间内向消费者提供数字内容或数字服务，若满足以下条件，则交易商可以修改数字内容或数字服务，使其超出按照第 7 条和第 8 条维护数字内容或数字服务所需的范围：

（a）合同允许并提供了此类修改的有效理由；

（b）此类修改是在不增加消费者成本的情况下进行的；

（c）以清晰易懂的方式告知消费者修改内容；和

（d）在第 2 款所述的情况下，消费者被合理地提前通过耐用介质告知修改的特征和时间，以及根据第 2 款终止合同的权利，或者，在没有按照第 4 款进行修改的情况下维护数字内容或数字服务的可能性。

2. 若修改对消费者访问或使用数字内容或数字服务产生负面影响，消费者有权终止合同，除非此类负面影响只是轻微的。在这种情况下，消费者有权在收到信息后 30 天内，或在交易商修改数字内容或数字服务后 30 天内（以较晚者为准）自由终止合同。

3. 消费者依照本条第 2 款规定终止合同的，适用第 15 条至第 18 条的规定。

4. 若交易商已使消费者能够在未经修改的情况下免费维护数字内容或数字服务，且该数字内容或数字服务保持一致，则本条第 2 款和第 3 款不适用。

第 20 条

求偿权

若交易商因未能提供数字内容或数字服务，或因某人在交易链的前一环节中的作为或不作为而导致不符合规定而对消费者负有责任，交易商应有权对商业交易链中的一名或多名责任人采取补救措施。交易商可能寻求补救的人以及相关行动和行使条件应由国家法律确定。

第 21 条

执行

1. 成员国应确保有充足且有效的方式以确保遵守本指令。

2. 第 1 款所指的方式应包括以下规定，即根据国内法确定的下列一个或多个机构，以根据国内法向法院或主管行政机构执行，确保转置本指令的国家规定得到适用：

（a）公共机构或其代表；

（b）在保护消费者方面有合法权利的消费者组织；

（c）在执行中有合法权力的专业组织；

（d）非营利机构、组织或协会，活跃于（EU）2016/679 号条例第 80 条定义的数据主体权利和自由保护领域。

第 22 条

强制性

1. 除非本指令另有规定，任何有损于消费者利益的合同条款，包括排除适用本指令的国家措施、减损这些措施，或在消费者提请商家注意未供应或不符合要求的情况之前改变其效力，或交易商根据本指令第 19 条规定修改的数字内容或数字服务且未提请消费者注意的条款，对消费者不具有约束力。

2. 本指令不应阻却交易商提供超出本指令规定保护范围的消费者合同安排。

第 23 条

（EU）2017/2394 号条例及 2009/22/EC 号指令的修改

（1）在（EU）2017/2394 号条例附件中添加以下一点：

"28. 2019 年 5 月 20 日欧洲议会与欧盟理事会关于数字内容或数字服务供应合同的某些方面的（EU）2019/770 号指令（OJ L 136, 22.5.2019, p.1）"

（2）在指令 2009/22/EC 附件 I 中添加以下一点：

"17. 2019 年 5 月 20 日欧洲议会与欧盟理事会关于数字内容或数字服务供应合同的某些方面的（EU）2019/770 号指令（OJ L 136, 22.5.2019, p.1）"

第 24 条
转置

1. 在 2021 年 7 月 1 日前，成员国应通过并公布遵守本指令所必需的措施。他们应立即通知委员会。

各国应从 2022 年 1 月 1 日起实施这些措施。

当成员国采取这些措施时，这些措施应对本指令有所提及，或在正式发布时附上此类提及的内容。如何提及应由成员国规定。

成员国应将其在本指令所涵盖领域采用的国家法律规定的文本传达给委员会。

2. 本指令的规定应适用于自 2022 年 1 月 1 日起产生的数字内容或数字服务的供应，但本指令第 19 条和第 20 条除外，该条仅适用于自该日起签订的合同。

第 25 条
审查

委员会应在 2024 年 6 月 12 日前对该指令的应用进行审查，并向欧洲议会、欧盟理事会、欧洲经济和社会委员会提交报告。除其他外，报告应审查适用于数字内容或数字服务供应的合同（本指令涵盖的合同除外，包括针对广告提供的合同）的规则的协调情况。

第 26 条
生效

本指令自其在欧盟官方公报上发布后第 20 日生效。

第 27 条
适用对象

本指令适用于成员国。

2019 年 5 月 20 日签订于布鲁塞尔。

关于商品销售的(EU) 2019/771 号指令[1]

2019 年 5 月 20 日欧洲议会与欧盟理事会（EU）2019/771 号指令
涉及商品销售合同的某些方面，修订（EU）2017/2394 号条例
与 2009/22/EC 号指令，废止 1999/44/EC 号指令
（节选）

第 1 条
主题和目的

本指令的目的是通过对销售者和消费者之间签订的销售合同的某些要求制定通用规则，促进内部市场的正常运行，同时提供高水平的消费者保护，特别是关于商品与合同的合规、不合规情况下的补救措施、行使这些补救措施的方式以及关于商业担保的规则。

第 2 条
定义

就本指令而言，以下定义适用：

（1）"销售合同"指销售者向消费者转让或承诺转让商品所有权，且消费者支付或承诺支付商品价格的任何合同；

（2）"消费者"指就本指令所涵盖的合同而言，为其行业、业务、工艺

---

〔1〕　译者：黄珮琦，上海政法学院（涉外律师方向）法律硕士。李宣沁，上海政法学院纪录片学院新闻专业学生。

或专业之外的目的行事的任何自然人；

（3）"销售者"指任何自然人或任何法人，无论是私有还是公有，其行为，包括通过以该自然人或法人的名义或代表该人行事的任何其他人，与该人的贸易、业务、工艺或职业有关，与本指令涵盖的合同有关；

（4）"生产者"指商品制造商、欧盟商品进口商或通过在商品上贴上其名称、商标或其他明显标志而声称是生产者的任何人；

（5）"商品"指：

（a）任何有形的可移动物品；水、气和电被视为本指令含义范围内的商品，其销售数量有限或固定；

（b）任何有形可动产，其包含数字内容或数字服务，或与之相互连接，若没有该数字内容或数字服务，将阻止商品履行其功能（"带有数字元素的商品"）；

（6）"数字内容"指以数字形式产生和提供的数据；

（7）"数字服务"指：

（a）允许消费者以数字形式创建、处理、存储或访问数据的服务；或

（b）允许共享或与消费者或该服务的其他用户上传或创建的数字形式的数据进行任何其他交互的服务；

（8）"兼容性"指商品与通常使用相同类型商品的硬件或软件一起运行的能力，而无须转换商品、硬件或软件。

第3条
适用范围

1. 本指令适用于消费者和销售者之间的销售合同。

2. 就本指令而言，消费者和销售者之间关于供应拟制造或生产的商品的合同也应视为销售合同。

3. 本指令不适用于数字内容或数字服务的供应合同。然而，它应适用于第2条第5款第（b）项所指的商品中包含的或与之相互关联的数字内容或数字服务，并根据销售合同与商品一起提供，无论此类数字内容或数字服务是由销售者还是由第三方提供。若对合并的或相互连接的数字内容或合并的或相互连接的数字服务的供应是否构成销售合同的一部分存在疑问，则应推定该数字内容或数字服务包含在销售合同中。

4. 本指令不适用于：

（a）专门作为数字内容载体的任何有形媒体；或

（b）通过执行或法律授权的其他方式出售的任何商品。

5. 成员国可将以下产品的销售合同排除在本指令范围之外：

（a）公开拍卖的二手商品；和

（b）动物活体。

在第（a）项所述的情况下，消费者应易于获得由本指令产生的权利不适用的明确和全面的信息。

6. 本指令不应影响成员国监管一般合同法各方面的自由，如合同的形成、有效性、无效性或效力的规则，包括本指令未规定的合同终止的后果，或损害赔偿的权利。

7. 本指令不应影响成员国允许消费者选择特定救济措施的自由，前提是在交货后不超过 30 天的时间内，商品明显不符合要求。此外，本指令不应影响非特定于消费者合同的国家规则，该规则为某些类型的缺陷提供了特定的补救措施，这些缺陷在签订销售合同时并不明显。

第 4 条
协调程度

除非本指令另有规定，否则成员国不得在其国家法律中保留或引入与本指令规定不同的规定，包括更多或更少的严格规定，以确保不同程度的消费者保护。

第 5 条
商品的合规性

销售者应在不影响第 9 条的情况下，向消费者交付符合第 6 条、第 7 条和第 8 条规定要求的商品（如适用）。

第 6 条
主观合规性要求

为了符合销售合同，商品尤其应在适用的情况下：

（a）具有销售合同要求的描述、类型、数量和质量，并具有功能性、兼容性、互操作性和其他特征；

（b）适用于消费者要求的、消费者最迟在签订销售合同时告知销售者的，且销售者已接受的任何特定用途；

（c）按照销售合同的规定，附随所有附件和说明，包括安装说明；

（d）按照销售合同的规定提供更新。

第7条
客观合规性要求

1. 除符合任何主观一致性要求外，商品还应：

（a）适用于同类型商品通常使用的目的，并在适用时考虑到任何现有的欧盟和国家法律、技术标准，或在没有此类技术标准的情况下，考虑适用的特定行业行为准则；

（b）在适用的情况下，应具有销售者在合同签订前向消费者提供的样品或模型的质量，并与之对应；

（c）如适用，应与消费者合理预期收到的附件一起交付，包括包装、安装说明或其他说明；

（d）鉴于货物的性质，确保下列内容是消费者可合理预期的：具备同类货物通常应有的数量以及质量和其他特性，包括耐用性、功能性、兼容性和安全性方面；兼顾由销售者、销售者代表或交易链条中先前环节的其他人（包括生产商）所作出的任何公开声明，尤其是在广告或标签上的声明。

2. 若销售者证明：

（a）销售者没有，也不可能合理地知道有关的公开声明，则销售者不受第1款第（d）项所述公开声明的约束；

（b）在签订合同时，该公开声明已按照与之相同的方式或与之类似的方式进行了更正；或

（c）购买这些商品的决定不可能受到公开声明的影响。

3. 对于带有数字元件的商品，销售者应确保在以下期限内告知消费者并向其提供保持这些商品一致性所需的更新，包括安全更新：

（a）考虑到商品和数字元素的类型和用途，并考虑到合同的情况和性质，若销售合同规定提供数字内容或数字服务的单一行为，消费者可以合理预期；或

（b）如第10条第2款或第5款（如适用）所述，销售合同规定在一段时间内持续提供数字内容或数字服务。

4. 若消费者未能在合理时间内安装根据第3款提供的更新，销售者不应对仅因缺乏相关更新而导致的任何不符合性负责，前提是：

（a）销售者告知消费者更新的可用性以及消费者未能安装更新的后果；和

（b）使用者未能安装更新或使用者安装不正确，并不是因为提供给使用者的安装说明存在缺陷。

5. 若在订立销售合同时，消费者被明确告知，商品的某一特性偏离了第 1 款或第 3 款规定的符合性客观要求，消费者在签订销售合同时明确且单独地接受了该偏离，则在第 1 款或第 3 款的含义范围内，不缺少合规性。

第 8 条

商品安装错误

若出现以下情况，因商品安装错误而导致的任何不合规应视为商品不合规：

（a）安装构成销售合同的一部分，由销售者进行或由销售者负责；或

（b）拟由消费者进行的安装是由消费者完成，错误的安装是由于销售者提供的安装说明存在缺陷，或者，对于带有数字元素的商品，是由销售者或数字内容或数字服务供应商提供的。

第 9 条

第三方权利

若因侵犯第三方的任何权利（尤其是知识产权）而导致的妨碍或限制了第 6 条和第 7 条规定的商品使用，成员国应确保消费者有权获得第 13 条规定的不合规补救，除非国家法律规定在这种情况下销售合同无效或解除。

第 10 条

销售者的责任

1. 销售者应就商品交付时存在的与在交付后两年内变得明显的任何不合规项向消费者负责。在不影响第 7 条第 3 款的情况下，本款也适用于带有数字元素的商品。

2. 对于带有数字元素的商品，若销售合同规定在一段时间内持续提供数字内容或数字服务，销售者还应对在带有数字元素的商品交付后两年内发生或变得明显的数字内容或数字服务不合规的情况负责。若合同规定连续供应超过两年，则销售者应对根据销售合同供应数字内容或数字服务期间出现或变得明显的数字内容或数字服务不合规的情况负责。

3. 成员国可维持或执行比第 1 款和第 2 款所述期限更长的期限。

4. 若根据国家法律，第 13 条规定的补救措施也有一个限制期，则成员国

应确保该限制期内允许消费者要求销售者根据本条第 1 款和第 2 款承担责任，并且在以上时间段内显露出的任何违反第 13 条规定的行为采取补救措施。

5. 尽管有本条第 1 款和第 2 款的规定，但成员国只能对第 13 条规定的补救措施维持或引入一个时效期。成员国应确保该限制期内允许消费者要求销售者根据本条第 1 款和第 2 款承担责任，并且在以上时间段内显露出的任何违反第 13 条规定的行为采取补救措施。

6. 成员国可以规定，对于二手商品，销售者和消费者可以约定比第 1 款、第 2 款和第 5 款所述责任期或时效期更短的合同条款或协议，但前提是此类更短的期限不得少于一年。

<h3 align="center">第 11 条</h3>
<h3 align="center">举证责任</h3>

1. 除非另有证明或该推定与商品的性质或不合规不符，否则在商品交付后一年内变得明显的任何不合规，应推定为在商品交付时存在。本款也适用于带有数字元件的商品。

2. 成员国可自商品交付之日起维持或执行两年的期限，而不是第 1 款规定的一年期限。

3. 如果销售合同规定了在一定时间内连续提供数字内容或数字服务，在该数字内容或数字服务在第 10 条第 2 款所述时间内显现出不符合约定的情况下，对于数字内容或数字服务在该时间段内是否符合约定的举证责任，应由销售方承担。

<h3 align="center">第 12 条</h3>
<h3 align="center">通知义务</h3>

成员国可以维持或执行规定，为了从消费者权利中受益，消费者必须在其发现不合规之日起至少 2 个月内通知销售者不合规。

<h3 align="center">第 13 条</h3>
<h3 align="center">对不合规的救济措施</h3>

1. 若商品不合规，消费者有权根据本条规定的条件使商品合规，或接受相应比例的降价，或终止合同。

2. 为使商品合规，消费者可以在修理和更换之间进行选择，除非所选择的补救措施不可能实现，或者与其他补救措施相比，会使销售者承担不相称的费用，同时考虑到所有情况，包括：

（a）若不存在非合规性，商品将具有的价值；

（b）缺乏合规性的重要性；和

（c）是否可以在不给消费者造成重大不便的情况下提供替代救济措施。

3. 考虑到所有情况，包括第 2 款（a）项和（b）项所述的情况，若无法进行修理和更换，或将给销售者带来不成比例的费用，销售者可拒绝使商品符合要求。

4. 有下列情形之一的，消费者有权依照第 15 条的规定按比例降价，或者依照第 16 条的规定解除销售合同：

（a）销售者未完成修理或更换，或者未按照第 14 条第 2 款和第 3 款完成修理或更换（如适用），或者销售者拒绝按照本条第 3 款使商品符合约定；

（b）尽管销售者试图使商品符合要求，但仍出现不合规的情况；

（c）不合规的情况严重到可以立即降价或终止销售合同的程度；或

（d）销售者已声明，或从情况中可以清楚地看出，销售者不会在合理的时间内，或在不给消费者造成重大不便的情况下，使商品符合要求。

5. 若与合同不符只是轻微的，消费者无权终止合同。关于与合同不符是否轻微的举证责任应由销售者承担。

6. 在销售者履行本指令规定的销售者义务之前，消费者有权扣留任何未支付部分或部分价格。成员国可决定消费者行使拒付权的条件和方式。

7. 成员国可规定与合同不符是否以及在多大程度上影响消费者的救济权。

第 14 条
修理或更换商品

1. 修理或更换应：

（a）免费；

（b）在消费者告知销售者不合规的合理期限内；和

（c）在不给消费者造成任何重大不便的情况下，考虑到商品的性质和消费者需要商品的目的。

2. 若需要通过修理或更换商品来补救不合规的情况，消费者应向销售者提供商品。销售者应收回更换的商品，费用由销售者承担。

3. 若修理需要拆除在明显不合规之前以符合其性质和目的的方式安装的商品，或者若需要更换此类商品，修理或更换商品的义务应包括拆除不合规商品，以及更换商品或修理商品的安装，或承担拆除和安装的费用。

4. 消费者无须为更换前的正常使用支付费用。

第 15 条
降价

价格的降低应当与消费者收到的商品价值与商品合规时的价值相比的减少成比例。

第 16 条
销售合同的终止

1. 消费者有权通过向销售者发出声明，表达终止销售合同的决定，行使终止销售合同的权利。

2. 若不符合项仅涉及销售合同项下交付的部分商品，且根据第 13 条有终止销售合同的理由，则消费者只能就这些商品终止销售合同，以及就消费者与不合规商品一起购买的任何其他商品而言，若不能合理预期，消费者仅接受保留合规商品。

3. 消费者终止全部销售合同或者依照第二款的规定终止部分销售合同的：

（a）消费者应将商品退还给销售者，费用由销售者承担；和

（b）销售者在收到商品或收到消费者提供的已退回商品的证据后，应当向消费者赔偿货款。

为本款之目的，成员国可决定返还和赔偿的方式。

第 17 条
商业担保

1. 根据商业担保声明中规定的条件，任何商业担保对担保人具有约束力，以及在合同签订时或之前提供的相关公告。在本条规定的条件下，在不影响欧盟或国家法律任何其他适用条款的情况下，若生产商向消费者提供特定商品在一定时间内的耐用性商业担保，生产商在根据第 14 条对商品进行修理或更换的耐用性商业保证的整个期间，应直接向消费者承担责任。生产商可在耐用性商业保证声明中向消费者提供更有利的条件。

若商业担保声明中规定的条件对消费者的有利程度低于相关广告，则商业担保的约束条件应以相关广告中规定的条件为准。合同签订前，相关广告以相同或类似方式对条件进行更正的除外。

2. 商业保证书最迟应在商品交付时以耐用媒介提供给消费者。商业担保

声明应以简明易懂的语言表达。它应包括以下内容：

（a）明确声明，根据法律，消费者有权在商品不合规的情况下免费从销售者处获得补救措施，并且这些补救措施不受商业担保的影响；

（b）担保人的姓名和地址；

（c）消费者为获得商业担保的实施而应遵循的程序；

（d）商业担保适用的商品名称；以及

（e）商业担保的条款。

3. 不遵守第 2 款不应影响商业担保对担保人的约束力。

4. 成员国可就本条未规定的商业担保的其他方面制定规则，包括关于向消费者提供商业担保声明的一种或多种语言的规则。

第 18 条
救济权

若销售者因某一行为或不行为（包括根据第 7 条第 3 款的规定，未按照第 7 条第 3 款的规定提供带有数字元素的商品的更新）而导致不合规而对消费者负有责任，则销售者应在交易链的前几个环节中提供更新，销售者有权对交易链中的一名或多名责任人采取补救措施。销售者对其采取补救措施的人员以及相关行动和行使条件应由国家法律确定。

第 19 条
执行

1. 成员国应确保有充分有效的方式确保遵守本指令。

2. 第 1 款所指的方式应包括以下规定，即国家法律确定的下列一个或多个机构可根据国家法律在法院或主管行政机构面前采取行动，以确保适用转载本指令的国家规定：

（a）公共机构或其代表；

（b）在保护消费者方面有合法利益的消费者组织；

（c）在执行中有合法利益的专业组织。

第 20 条
消费者信息

成员国应采取适当措施，确保消费者可获得关于本指令下消费者权利的信息，以及关于执行这些权利的方法的信息。

第 21 条
强制性

1. 除非本指令另有规定，任何有损于消费者利益的合同条款，包括排除或减损适用本指令的国家措施，或在消费者提请商家注意未供应或不符合要求的情况之前改变其效力的条款，对消费者不具有约束力。

2. 本指令不应阻却销售者向消费者提供超出本指令规定保护范围的合同安排。

第 22 条
修订（EU）2017/2394 号条例与 2009/22/EC 号指令

（1）在（EU）2017/2394 号条例附件中，第 3 点由以下内容替换：

"3. 2019 年 5 月 20 日欧洲议会与欧盟理事会关于商品销售合同某些方面的（EU）2019/771 号指令，修订（EU）2017/2394 号条例与 2009/22/EC 号指令，废除 1999/44/EC 号指令（OJ L 136, 22.5.2019, p. 28）"；

（2）在 2009/22/EC 号指令附件 I 中，第 7 点由以下内容替换：

"3. 2019 年 5 月 20 日欧洲议会与欧盟理事会关于商品销售合同某些方面的（EU）2019/771 号指令，修订（EU）2017/2394 号条例与 2009/22/EC 号指令，废除 1999/44/EC 号指令（OJ L 136, 22.5.2019, p. 28）"。

第 23 条
废除 1999/44/EC 号指令

废除 1999/44/EC 号指令，自 2022 年 1 月 1 日起生效。

对已废除指令的引用应解释为对本指令的引用，并应根据附录中列出的关联列表进行理解。

第 24 条
转换

1. 在 2021 年 7 月 1 日前，成员国应通过并公布遵守本指令所必需的措施。同时应立即通知委员会。

上述措施应从 2022 年 1 月 1 日起实施。

当成员国采取这些措施时，这些措施应对本指令有所提及，或在正式发布时附上此类提及的内容。如何提及应由成员国规定。

成员国应将其在本指令所涵盖领域采用的国家法律规定的文本传送给委

员会。

2. 本指令的规定应适用于自 2022 年 1 月 1 日起签订的合同。

第 25 条
审查

欧盟委员会应在 2024 年 6 月 12 日之前审查本指令的适用情况，包括其关于补救措施和举证责任的规定——也包括二手商品和公开拍卖出售的商品——以及生产者对耐用性的商业保证，并向欧洲议会、欧盟理事会及欧洲经济和社会委员会提交一份报告。报告应特别评估本指令和（EU）2019/770 号指令的应用是否确保内部市场在数字内容、数字服务和带有数字元素的商品的供应方面按照欧盟政策的原则正常运行的一致性和连贯性框架。该报告应酌情附有立法建议。

第 26 条
生效

本指令自其在欧盟官方公报上发布后第 20 日生效。

但是，第 22 条应自 2022 年 1 月 1 日起适用。

第 27 条
适用对象

本指令适用于成员国。

2019 年 5 月 20 日签订于布鲁塞尔。

（EU）2019/2161 号综合指令[1]

2019 年 11 月 27 日欧洲议会与欧盟理事会（EU）2019/2161 号
指令：就欧盟消费者保护规则更好地强制执行及现代化，
对欧盟理事会 93/13/EEC 号指令、欧洲议会和欧盟理事会
2005/29/EC 号指令、98/6/EC 号指令和 2011/83/EU
号指令进行修订
（节选）

第一条

93/13/EEC 号指令的修订

在 93/13/EEC 号指令中插入以下条款：

第 8b 条

1. 成员国应制定适用于违反根据本指令通过的国家规定的处罚规则，并应采取一切必要措施确保其得到实施。规定的处罚应有效、相称和具有劝诫性。

2. 成员国可将此类处罚限制在合同条款在国家法律中明确定义为不公平的情况下，或交易商或供应商继续使用根据第 7 条第 2 款作出的最终决定中发现不公平的合同条款的情况下。

3. 成员国应确保在实施处罚时酌情考虑到以下非详尽和指示性标准：

---

〔1〕 译者：黄珮琦，上海政法学院（涉外律师方向）法律硕士。林颖，上海政法学院经济法学院经济法专业学生。

（a）侵权的性质、严重性、规模和持续时间；

（b）交易商或供应商为减轻或补救消费者遭受的损害而采取的任何行动；

（c）交易商或供应商先前的任何侵权行为；

（d）交易商或供应商因侵权而获得的经济利益或避免的损失（如果有相关数据）；

（e）在跨境案件中，交易商或供应商用同样的侵权行为在其他成员国受到处罚、通过欧洲议会与欧盟理事会（EU）2017/2394 号条例建立的机制获得的有关此类处罚的信息。

（f）适用于案件情节的任何其他加重或减轻因素。

4. 在不影响本条第 2 款的情况下，成员国应确保，当根据（EU）2017/2394 号条例第 21 条实施处罚时，其包括通过行政程序实施罚款或提起法律程序实施罚款的可能性，或两者兼有，此类罚款的最高金额至少为交易商或供应商在成员国的年营业额的 4%。

5. 对于根据第 4 款规定应处以罚款，但无法获得交易商或供应商年度营业额的信息的情况，成员国应引入处以罚款的可能性，罚款的最高金额应不少于 200 万欧元。

6. 成员国应在 2021 年 11 月 28 日前将第 1 款所述规则和措施通知委员会，并应毫不拖延地将影响这些规则和措施的任何后续修正通知委员会。

第二条
98/6/EC 号指令的修订

98/6/EC 号指令修订如下：

（1）插入以下条款：

第 6a 条

1. 任何降价公告应表明经营者在实施降价前一段确定的时间内实施的先前价格。

2. 先前价格是指经营者在实施降价前 30 天内实施的最低价格。

3. 成员国可以对容易变质或迅速过期的货物规定不同的规则。

4. 如果产品上市时间少于 30 天，成员国也可提供比本条第 2 款规定的时间更短的时间。

5. 成员国可规定，当降价幅度逐渐增加时，先前价格为首次实施降价前未降价的价格。

（2）第 8 条修订为：

第 8 条

1. 成员国应制定适用于违反根据本指令通过的国家规定的处罚规则，并应采取一切必要措施确保其得到实施。规定的处罚应有效、相称和具有劝诫性。

2. 成员国应确保在实施处罚时酌情考虑到以下非详尽和指示性标准：

（a）侵权的性质、严重性、规模和持续时间；

（b）该销售者为减轻或补救消费者所受损害而采取的任何行动；

（c）该销售者以往的任何侵犯；

（d）经营者或供应商因侵权而获得的经济利益或避免的损失（如有相关数据）；

（e）在跨境案件中，交易商或供应商因同样的侵权行为在其他成员国受到处罚，通过欧洲议会与欧盟理事会（EU）2017/2394 号条例建立的机制获得的有关此类处罚的信息；

（f）适用于案件情节的任何其他加重或减轻因素。

3. 成员国应在 2021 年 11 月 28 日前将第 1 款所述规则和措施通知委员会，并应毫不拖延地将影响其的任何后续修正通知委员会。

第三条
2005/29/EC 号指令的修订

2005/29/EC 号指令修订如下：

（1）第 2 条第 1 款修订如下：

（a）第（c）项替换为：

"（c）'产品'指任何货物或服务，包括不动产、数字服务和数字内容，以及权利和义务；"；

（b）增加以下几点：

"（m）'排名'是指交易商展示、组织或传达的产品的相对突出程度，而不考虑用于此类展示、组织或传达的技术手段；

（n）'在线市场'是指使用软件的服务，包括由交易商或其代表运营的网站、网站的一部分或应用程序，允许消费者与其他交易商或消费者签订远程合同。"；

（2）第 3 条第 5 款和第 6 款修订为：

"5. 本指令并不阻止成员国通过条款保护消费者的合法利益，即在交易商主动对消费者登门访问中或为向消费者推销或销售产品而组织的短途旅行中，积极或误导的营销或销售行为。这些规定应是相称的、非歧视性的，并以保护消费者为理由。

6. 成员国应立即将根据第 5 款通过的任何国家规定以及随后的任何变化通知委员会。欧盟委员会应使消费者和交易商能够在专用网站上轻松访问该信息。"；

（3）在第 6 条第 2 款中增加以下内容：

"（c）在一个成员国销售的商品与在其他成员国销售的商品相同，但该商品具有明显不同的成分或特征，除非有合法和客观因素证明。"

（4）第 7 条修订如下：

（a）第 4 款修订如下：

（i）第（d）项替换为以下内容：

"（d）付款、交付和履行安排，如果它们偏离了专业尽职调查的要求"；

（ii）增加以下内容：

"（f）对于在网上市场上提供的产品，无论提供产品的第三方是否为交易商，均应根据该第三方对网上市场提供商的声明。"

（b）插入以下段落：

"4a 当向消费者提供搜索不同交易商或消费者基于关键词、短语或其他输入形式的查询而提供的产品的可能性时，无论交易最终在何处完成，在线界面的特定部分中提供的一般信息（可从提供查询结果的页面直接且容易地访问），确定搜索查询结果向消费者提供的产品排名的主要参数以及这些参数相对于其他参数的相对重要性的一般信息应视为重要信息。本段不适用于欧洲议会与欧盟理事会（EU）2019/1150 号条例第 2 条第（6）项定义的在线搜索引擎提供商。"

（c）增加以下段落：

"6. 如果交易商提供对产品的消费者评论的访问，关于交易商是否以及如何确保发布的评论来自实际使用或购买产品的消费者的信息应视为重要信息。"

（5）插入以下条款：

第 11a 条
补救

1. 因不公平商业行为而受到损害的消费者应有权获得适当和有效的补救，包括对消费者所受损害的赔偿，以及在相关情况下，降价或终止合同。成员国可确定适用这些补救办法的条件和效果。成员国可酌情考虑不公平商业惯例的严重性和性质、消费者遭受的损害以及其他相关情况。

2. 这些补救措施不得影响根据欧盟法律文件或国家法律向消费者提供的其他补救措施的适用。

（6）第 13 条修订为：

第 13 条
处罚

1. 成员国应制定适用于违反根据本指令通过的国家规定的处罚规则，并应采取一切必要措施确保其得到实施。规定的处罚应有效、相称和具有劝诫性。

2. 成员国应确保考虑到以下非详尽和指示性标准，酌情处以罚款：

（a）侵权行为的性质、严重性、规模和持续时间；

（b）该交易商为减轻或补救消费者所受损害而采取的任何行动；

（c）该交易商以往的任何侵权行为；

（d）交易商因侵权而获得的经济利益或避免的损失（如有相关数据）；

（e）在跨境案件中，交易商或供应商因同样的侵权行为在其他成员国受到处罚，通过欧洲议会与欧盟理事会（EU）2017/2394 号条例建立的机制获得的有关此类处罚的信息。

（f）适用于案件情节的任何其他加重或减轻因素。

3. 成员国应确保在根据（EU）2017/2394 号条例第 21 条实施处罚时，包括通过行政程序实施罚款或提起法律程序实施罚款，或两者兼有，此类罚款的最大金额至少为交易商在成员国的年营业额的 4%。在不影响该条例的情况下，成员国可出于国家宪法原因，将罚款限制在：

（a）违反本指令第 6 条、第 7 条、第 8 条、第 9 条和附件一；以及

（b）交易商继续使用经国家主管机关或法院认定不公平的商业惯例，而该商业惯例不是第（a）项所指的侵权行为。

4. 对于根据第 3 款规定应处以罚款但无法获得交易商年度营业额的信息

的情况，成员国应引入处以罚款的可能性，罚款的最高金额应至少为 200 万欧元。

5. 成员国应在 2021 年 11 月 28 日前将第 1 款所述规则和措施通知委员会，并应毫不拖延地将影响其的任何后续修正通知委员会。

（7）附件一修订如下：

（a）插入以下内容：

"11a. 根据消费者的在线搜索查询提供搜索结果，但不明确披露任何付费广告或付款，以在搜索结果中获得更高的产品排名。"

（b）插入以下内容：

"23a. 向消费者转售活动门票，前提是经营者通过使用自动手段获得活动门票，以规避对个人可购买门票数量的任何限制或适用于购买门票的任何其他规则。"

"23b. 声明产品的审查是由实际使用或购买产品的消费者提交的，而没有采取合理和相称的步骤来检查产品是否来自这些消费者。"

"23c. 提交或委托其他法人或自然人提交虚假消费者评论或背书，或歪曲消费者评论或社会背书，以推广产品。"

第四条
2011/83/EU 号指令的修订

2011/83/EU 号指令修订如下：

（1）第 2 条第 1 款修订如下：

（a）第 3 项修订为：

"（3）'货物'是指欧洲议会和理事会（EU）2019/771 号指令第 2 条第（5）项定义的货物；"

（b）插入以下几项内容：

"（4a）'个人数据'是指欧洲议会和理事会（EU）2016/679 号条例第 4 条第（1）款中定义的个人数据；"

（c）第 5 项和第 6 项替换为以下内容：

"（5）'销售合同'是指交易商向消费者转让或承诺转让商品所有权的任何合同，包括以商品和服务为标的的任何合同；"

"（6）'服务合同'指除销售合同之外的任何合同，根据该合同，交易商向消费者提供或承诺提供服务，包括数字服务；

（d）第 11 项修订为：

"（11）'数字内容'指欧洲议会与欧洲理事会（EU）2019/770 号指令第 2 条第（1）项中定义的数字内容；"

（e）增加以下几项内容：

"（16）'数字服务'是指（EU）2019/770 号指令第 2 条第（2）项中定义的数字服务；"

"（17）'在线市场'指使用软件的服务，包括由交易商或其代表运营的网站、网站的一部分或应用程序，允许消费者与其他交易商或消费者签订远程合同；"

"（18）'在线市场提供商'是指向消费者提供在线市场的任何交易商；"

"（19）'兼容性'是指（EU）2019/770 号指令第 2 条第 10 项中定义的兼容性；"

"（20）'功能性'是指（EU）2019/770 号指令第 2 条第 11 项中定义的功能性；"

"（21）'互操性'是指（EU）2019/770 号指令第 2 条第 12 项中定义的互操性。"

（2）第 3 条修订如下：

（a）第 1 款修订为：

"1. 本指令应在其条款规定的条件和范围内适用于交易商和消费者之间签订的任何合同，包括消费者支付或承诺支付价格。其应适用于供水、供气、供电或区域供暖合同，包括公共供应商提供的合同，前提是这些商品是在合同基础上提供的。"

（b）插入以下段落：

"1a. 如果交易商向消费者提供或承诺提供非有形媒介或数字服务上提供的数字内容，且消费者向交易商提供或承诺提供个人数据，则本指令也应适用，除非交易商专门处理消费者提供的个人数据，以便根据本指令提供非有形媒介或数字服务上提供的数字内容，或允许交易商遵守交易商应遵守的法律要求，且交易商不出于任何其他目的处理这些数据。"

（c）第 3 款修订如下：

（i）第（k）项替换为以下内容：

"（k）客运服务，第 8（2）条和第 19.21 和 22 条除外"

（ii）增加以下内容：

"（n）通过执行或法律授权出售的任何货物。";

（3）第 5 条第 1 款修订如下：

（a）第（e）项替换为：

"（e）除提醒注意货物、数字内容和数字服务的一致性法律保证的存在、售后服务和商业保证的存在和条件（如适用）外"

（b）第（g）项和第（h）项替换为：

"（g）在适用的情况下，具有数字元素、数字内容和数字服务的货物的功能，包括适用的技术保护措施；"

"（h）在适用的情况下，商品与数字元素、数字内容和数字服务的任何相关兼容性和互操性，该兼容性和互操作性是交易商知道的或合理预期会知道的。"

（4）第 6 条修订如下：

（a）第 1 款修订如下：

（i）第（c）项替换为以下内容：

"交易人的地理地址以及交易人的电话号码和电子邮件地址；此外，如果交易人提供其他在线通信方式，以保证消费者能够在耐用介质上与交易人保持任何书面通信，包括此类通信的日期和时间，信息还应包括其他通信方式的详细信息；交易人提供的所有通信方式应使消费者能够快速联系交易人并与交易人进行有效通信；在适用情况下，交易人还应提供其代表交易人的地理地址和身份。"

（ii）插入以下内容：

"（ea）在适用的情况下，价格是基于自动决策的个性化；"

（iii）第 1 款替换为以下内容：

"（l）提醒存在货物、数字内容和数字服务一致性的法律保证；"

（iv）第（r）项和第（s）项替换为以下内容：

"（r）在适用的情况下，具有数字元素、数字内容和数字服务的货物的功能，包括适用的技术保护措施；

（s）在适用的情况下，商品与数字元素、数字内容和数字服务的任何相关兼容性和互操性，该兼容性和互操作性是交易商知道的或合理预期应当知道的。"

（b）第4款修订为：

"4. 本条第1款第（h）项、第（i）项和第（j）项所述信息可通过附件一（A）中规定的撤销示范说明提供。如果交易商向消费者提供了正确填写的这些说明，则其应满足本条第1款第（h）项、第（i）项和第（j）项规定的信息要求。如果成员国根据第9条第1款第（a）项采用了规则，则附件一（A）中关于退出的示范说明中提及的14天退出期限应替换为30天的退出期限"

（5）插入以下条款：

"第6a条

对在线上市场签订合同的其他具体信息要求

1. 在消费者受在线市场上的远程合同或任何相应报价的约束之前，在线市场的提供商应在不影响2005/29/EC号指令的情况下，以清晰易懂的方式和合适的过程通讯手段，向消费者提供以下信息：

（a）在线界面的特定部分提供的一般信息，如2005/29/EC号指令第2条第1款第（m）项定义的关于决定排名的主要参数，因搜索查询而向消费者提供的报价以及这些参数相对于其他参数的重要性，可以从提供报价的页面直接快捷地访问。

（b）提供商品、服务或数字内容的第三方是否为交易商，基于该第三方向在线市场提供商的声明；

（c）如果提供商品、服务或数字内容的第三方不是交易商，则源自欧盟消费者保护法的消费者权利不适用于合同；

（d）在适用的情况下，提供货物、服务或数字内容的第三方与在线市场提供商之间如何分担与合同相关的义务，该等信息不影响在线市场提供商或第三方交易商根据其他欧盟或国家法律对合同承担的任何责任。

2. 在不影响2000/31/EC号指令的情况下，本条并不阻止成员国对在线市场提供商提出额外的信息要求。此类规定应是相称的、非歧视性的，并基于消费者保护的理由予以证明。

（6）第7条第3款修订为：

"3. 如果消费者希望在第9条第2款规定的退出期间开始提供服务或水、气或电的供应，而这些服务或水、气或电并未按限定的数量或规定的数量出售，或区域供暖，且合同规定消费者有义务付款，则经营者应要求消费者在持久媒介上提出明确要求，并要求消费者承认，一旦经营者完全履行合同，消费者将不再享有退出权。"

（7）第 8 条修订如下：

（a）第 4 款修订为：

"4. 如果合同是通过允许有限空间或时间显示信息的远距离通信方式订立的，则在订立该等合同之前，交易商至少应在该等特定方式上或通过该等特定方式提供关于货物或服务的主要特征、交易商的身份、总价、撤销权、合同期限的合同前信息，如果合同的期限不确定，则应提供第 6 条第 1 款第（a）项、第（b）项、第（e）项、第（h）项和第（o）项点分别提及的终止合同的条件，但第（h）项点提及的附件一（B）中规定的示范撤销表除外。第 6（1）条中提及的其他信息，包括示范撤销表格，应由交易商根据本条第 1 款以适当方式提供给消费者。"

（b）第 8 段修订为：

"8. 如果消费者希望在第 9 条第 2 款规定的退出期间开始提供服务，水、气或电的供应（如果这些服务或水、气或电未按一定数量或规定数量出售），且合同规定消费者有义务支付，则经营者应要求消费者提出明确要求，并要求消费者承认，一旦经营者完全履行合同，消费者将不再具有退出权"；

（8）第 9 条修订如下：

（a）插入以下段落：

"1a. 成员国可通过规则，将第 1 段中所述的 14 天的撤销期延长至 30 天，适用于下列情况下签订的合同：交易商主动拜访消费者的住所或组织交易商的短途旅行，目的或效果是向消费者推销或销售产品，以保护消费者在侵略性或误导性营销或销售行为方面的合法利益。此类规则应是相称的、非歧视性的，并基于消费者保护的理由是合理的。"

（b）在第 2 款中，导言部分修订为：

"2. 在不影响第 10 条规定的情况下，本条第 1 款所指的退出期限应在 14 天后到期，如果成员国已根据本条第 1a 款通过规则，则在以下日期后 30 天到期。"

（9）第 10 条第 2 款修订为：

"2. 如果交易商在第 9 条第 2 款所述之日起 12 个月内向消费者提供了本条第 1 款规定的信息，则退出期限应在消费者收到该信息之日起 14 天内到期，如果成员国已根据第 9 条第（a）款通过了规则，则在 30 天后到期。"

（10）第 13 条增加下列条款：

"4. 对于消费者的个人数据，经营者应遵守（EU）2016/679 号条例规定的适用义务。"

"5. 经营者不得使用消费者在使用其提供的数字内容或数字服务时提供或创建的任何内容（个人数据除外），但以下情况除外：

（a）在该交易商所提供的数字内容或数字服务范围外并无效用；

（b）只关乎消费者在使用该交易商提供的数字内容或数字服务时的活动；

（c）已由经营者与其他数据汇总，且不能进行分类或仅在过度努力的情况下进行分类；或

（d）由消费者和其他人共同生成，其他消费者能够继续使用该内容。"

"6. 除第 5 款第（a）项、第（b）项或第（c）项所述情况外，经营者应根据消费者的要求向消费者提供消费者在使用其提供的数字内容或数字服务时提供或创造的任何内容（个人数据除外）。"

"7. 消费者有权在合理的时间内以常用的机器可读格式免费检索该数字内容，不受经营者的阻碍。"

"8. 在退出合同且不影响第 6 款规定的情况下，交易商可阻止消费者进一步使用数字内容或数字服务，特别是使消费者无法访问数字内容或数字服务，或禁用消费者的用户账户；"

（11）第 14 条修订如下：

（a）插入以下段落：

"2a. 在退出合同的情况下，消费者应避免使用数字内容或数字服务并将其提供给第三方；"

（b）在第 4 款中，第（b）项、第（i）项点修订为：

"（i）消费者未在第 9 条所述的 14 天或 30 天期限结束前对开始履行给予事先明确同意；"

（12）第 16 条修订如下：

（a）第一段修订如下：

（i）第（a）项替换为：

"（a）服务完全履行后的服务合同，但如果合同规定消费者有支付义务，则只有在消费者事先明确同意并确认一旦交易商完全履行合同，消费者将丧

失其撤销权的情况下才开始履行合同；"

（ⅱ）第（m）项替换为：

"（m）提供非有形媒介上提供的数字内容的合同，如果履行已经开始，并且如果合同规定消费者有义务支付，则：

（ⅰ）消费者事先明确同意在撤回权期间开始履行；

（ⅱ）消费者已提供其因此丧失其撤销权的确认；及

（ⅲ）交易商已按照第 7 条第 2 款或第 8 条第 7 款的规定提供确认。"

（b）增加以下段落：

"成员国可对第一段第（a）项、第（b）项、第（c）项和第（e）项中规定的例外情况进行克减，这些例外涉及在交易商主动对消费者登门访问或组织短途旅行的情况下签订的合同，目的或效果是向消费者推销或销售产品，以保护消费者在积极或误导性营销或销售实践中的合法利益。这些规定应是相称的、非歧视性的，并以保护消费者为理由。

如果服务合同规定消费者有义务付款，而消费者已明确要求交易商进行访问以进行维修，则成员国可规定，消费者在完全履行服务后丧失撤销权，前提是在消费者事先明确同意的情况下开始履行服务。"

（13）第 24 条修订为：

第 24 条
处罚

1. 成员国应制定适用于违反根据本指令通过的国家规定的处罚规则，并应采取一切必要措施确保其得到实施。规定的处罚应有效、相称和具有劝诫性。

2. 成员国应确保在实施处罚时酌情考虑到以下非详尽和指示性标准：

（a）侵权的性质、严重性、规模和持续时间；

（b）该交易商为减轻或补救消费者所受损害而采取的任何行动；

（c）该交易商以往的任何侵权；

（d）交易商因侵权而获得的经济利益或避免的损失（如有相关数据）；

（e）在跨境案件中，交易商或供应商因同样的侵权行为在其他成员国受到处罚、通过欧洲议会与欧盟理事会（EU）2017/2394 号条例建立机制获得的有关此类处罚的信息；

（f）适用于案件情节的任何其他加重或减轻因素。

3. 成员国应确保在根据（EU）2017/2394 号条例第 21 条实施处罚时，包括通过行政程序实施罚款或提起法律程序实施罚款，或两者兼有，此类罚款的最大金额至少为交易商在成员国的年营业额的 4%。

4. 对于根据第 3 款规定应处以罚款但无法获得交易商年度营业额的信息的情况，成员国应引入处以罚款的可能性，罚款的最高金额应至少为 200 万欧元。

5. 成员国应在 2021 年 11 月 28 日前将第 1 款所述规则和措施通知委员会，并应毫不拖延地将影响其的任何后续修正通知委员会。

（14）第 29 条第 1 款修订为：

1. 如果成员国使用了第 3 条第 4 款、第 6 条第 7 款、第 6 条第 8 款、第 7 条第 4 款、第 8 条第 6 款、第 9 条第（1a）款、第 9 条第 3 款以及第 16 条第 2 款和第 3 款中提及的任何监管选择及任何后续变更，其应在 2021 年 11 月 28 日之前通知欧盟委员会。

（15）附件一修订如下：

（a）A 部分修订如下：

（i）"撤销权"下的第三段替换为：

"为了行使撤销权，您必须通过明确声明（例如，通过邮寄或电子邮件发送的信件）。您可以使用随附的示范撤销表格，但不是必需的。［3］"

（ii）"完成说明"的第 2 点替换为以下内容：

"［2］插入您的姓名、地理地址、电话号码和电子邮件地址。"

（b）在 B 部分中第一段替换为：

"［此处交易人的姓名、地理地址和电子邮件地址由交易人填写］："

第五条

关于消费者权利的信息

欧盟委员会应确保寻求消费者权利或庭外争议解决信息的公民通过欧洲议会与欧盟理事会（EU）2018/1724 号条例建立的单一数字网关从在线入口点获益，从而使他们能够：

（a）以清晰、易懂和易于获取的方式获取有关其欧盟消费者权利的最新信息；以及

（b）通过根据（EU）524/2013 号条例建立的在线争议解决平台和欧洲消费者中心网络的主管中心（取决于所涉各方）提交投诉。

第 6 条
委员会的报告和审查

2024 年 5 月 28 日之前，欧盟委员会应向欧洲议会与欧盟理事会提交一份关于本指令应用的报告。该报告应特别包括对本指令有关以下方面的规定的评估：

（a）在该销售者的营业处所以外的地方举办的活动；及

（b）以相同但成分或特征明显不同的方式销售的货物的情况，包括这些情况是否应遵守更严格的要求，包括 2005/29/EC 号指令附件一中的禁止规定，以及是否需要关于货物区别的信息的更详细规定。

必要时，该报告应附有一项法律提案。

第 7 条
转换

1. 2021 年 11 月 28 日前，成员国应采取并公布遵守本指令所需的措施，并应立即通知委员会。

上述措施应自 2022 年 5 月 28 日起施行。

当成员国采取这些措施时，这些措施应包含对本指令的引用或在正式发布时随附此类引用。成员国引用的方法应由成员国规定。

2. 成员国应将其在本指令所涵盖领域采用的国家法律主要措施的文本向委员会汇报。

第 8 条
生效

本指令自其在欧盟官方公报发布后第 20 日生效。

第 9 条
适用对象

本指令适用于成员国。

于 2019 年 11 月 27 日在斯特拉斯堡完成。

有关一般数据保护的（EU）2016/679号条例[1]

2016 年 4 月 27 日欧洲议会与欧盟理事会
（EU）2016/679 号条例关于在处理个人数据和此类数据的自由
流动方面对自然人的保护，以及废除第 95/46/EC 号指令
（一般数据保护条例）（节选）

第一章   总   则

第 1 条
主体和目的

1. 本条例规定了有关处理个人数据时保护自然人的规则和个人数据自由
流动的规则。

2. 这项条例保护自然人的基本权利和自由，特别是自然人保护个人数据
的权利。

3. 出于保护自然人处理个人数据的原因，不得限制或禁止欧盟内个人数
据的自由流动。

---

〔1〕 译者：黄珮琦，上海政法学院（涉外律师方向）法律硕士。王心怡，澳大利亚国立大学法
律硕士。

第 2 条
适用范围

1. 本条例适用于全部或部分以自动方式处理的个人数据，以及以构成整理汇集系统一部分或拟构成整理汇集系统一部分的个人数据以外的自动方式处理。

2. 本条例不适用于以下个人数据的处理：

（a）在欧盟法律范围之外活动的过程中；

（b）成员国在开展的活动属于《欧盟运作条约》第五编第 2 章范围内的活动；

（c）自然人纯粹的个人或家庭活动中的行为；

（d）主管机构为预防、调查、侦查或起诉刑事犯罪或执行刑事处罚，包括保障和预防对公共安全的威胁而进行的调查。

3. 欧盟各机构、机关、办事处和专门行政机构处理个人数据，适用指令第 45/2001 号规定。第 45/2001 号指令和适用于个人数据处理的其他欧盟法律行为应根据第 98 条适用于本条例的原则和规则。

4. 本条例应不影响 2000/31/EC 号指令的适用，特别是该指令第 12 条至第 15 条中间服务提供商的责任规则。

第 3 条
地域范围

1. 本条例适用于设立在欧盟内的控制方或处理方对个人数据的处理，无论该处理是否在欧盟内进行。

2. 本条例适用于由未在欧盟设立的控制方或处理方对欧盟内数据主体的个人数据的处理，其中处理活动涉及：

（a）向欧盟的数据主体提供无论是否需要支付数据主体的商品或服务；

（b）监测他们在欧盟内发生的行为。

3. 本条例适用于未在欧盟设立，但依据国际公法欧盟成员国法律可适用地的控制方对个人数据的处理。

第 4 条
定义

就本条例而言：

（1）"个人数据"是指与已识别或可识别的自然人（"数据主体"）有关的任何信息；可识别的自然人是指可以直接或间接识别，特别是通过参考姓名、识别号码、地点数据、在线标识符或特定于其身体、生理、遗传、心理、经济、文化或社会身份的一个或多个因素的自然人；

（2）"处理"是指无论是否通过自动方式，任何对个人数据或个人数据集执行的操作或一套操作，如收集、记录、组织、结构化、存储、改编或更改、检索、咨询、使用、披露、传播或以其他方式提供、调整或组合、限制、删除或销毁；

（3）"处理限制"是指对存储的个人数据进行标记，以限制其在未来的处理；

（4）"特征分析"意味着任何形式的自动处理的个人数据，包括使用个人数据来评估某些个人方面与自然人，特别是对有关自然人的表现在工作、经济状况、健康、个人偏好、兴趣、可靠性、行为、位置或流动等方面的分析或预测；

（5）"匿名化"指的是处理个人数据的方式，不使用额外信息便不能将个人数据归于某一特定资料主体，该处理方式需要将额外信息分开存储，并施加技术和组织措施，以确保个人数据不属于已识别或可识别的自然人；

（6）"整理汇集系统"是指根据特定标准获取的任何结构化个人数据，无论集中式、分散式或依功能或地域性的分散式个人数据；

（7）"控制方"是指单独或与他人共同决定处理个人数据的目的和手段的自然人或法人、政府机构、代理机关或其他机构；如果这种处理的目的和手段是由联邦或成员国法律确定的，则控制方或其提名的具体标准可由欧盟或成员国法律规定；

（8）"处理方"是指代表控制方处理个人数据的自然人或法人、政府机构、代理机构或其他机构；

（9）"接收方"是指披露个人数据的自然人或法人、政府机构、代理机关或其他机构，无论是否为第三方。但是，根据欧盟成员国法律在特定调查框架内接收个人数据的政府机构，不得被视为接受者；这些政府机构对这些数据的处理应按照处理的目的符合适用的数据保护规则；

（10）"第三方"系指除数据主体、控制方、处理方和在主管人或处理方的直接授权下处理个人数据的人员以外的自然人或法人、政府机构或其他机构；

（11）数据主体的"同意"是指任何基于其真实意思、具体、知情和明确的指示，该数据主体通过声明或明确的肯定行动，表示同意处理与该数据主体有关的个人数据；

（12）"个人数据泄露"是违反安全性导致传输、存储或以其他方式处理的个人数据遭受意外或被非法破坏、遗失、变更、未传授权披露或访问；

（13）"基因数据"是指通过特定技术处理所得关于自然人身体、生理或行为特征的个人数据，该类数据具有对该自然人的特定识别性，如人脸识别或诊断资料；

（14）"生物特征数据"是指与自然人的身体、生理或行为特征有关的特定技术处理所产生的个人数据，它允许或确认对该自然人的独特识别，如面部图像或指目镜数据；

（15）"有关健康的数据"是指与自然人的身体或心理健康有关的个人数据，包括提供揭示其健康状况信息的保健服务；

（16）"主营业地"是指：

（a）对于在一个以上的成员国拥有机构的控制方，其在欧盟中的中央管理地点，除非关于处理个人数据的目的和手段的决定是由控制方在欧盟中的另一个机构作出的，并且后一个机构有权执行这些决定，在这种情况下，作出这些决定的机构将被认为是主要机构；

（b）对于在一个以上的成员国设有机构的处理方，其在欧盟的中央管理机构所在地，或者如果处理方在欧盟没有中央管理机构，则处理方在欧盟的机构，在处理方机构活动范围内的主要处理活动发生的地方，受本条例规定的具体义务约束；

（17）"代表"系指在欧盟设立的，由控制方或处理方根据第 27 条书面指定，代表控制方或处理方在本条例下的义务的自然人或法人；

（18）"企业"是指从事经济活动的自然人或法人，不论其法律形式如何，包括经常从事经济活动的合伙企业或协会；

（19）"企业团体"是指控股企业及其受控企业；

（20）"具有约束力的公司规则"是指个人数据保护政策坚持由控制方或处理方建立的成员国转移或一组个人数据传输控制方或处理方在一个或多个第三国家的一组企业，或集团企业从事联合经济活动；

（21）"监管机构"是指由成员国根据第 51 条设立的独立公共机构；

（22）"有关监管机构"是指与个人数据处理有关的监管机构，因为：

（a）控制方或处理方在该监管机构的成员国领土上建立；

（b）居住在该监管机构成员国的数据主体受到处理的重大影响或可能受到重大影响；

（c）已向该监管机构提出投诉；

（23）"跨境处理"是指以下情形之一：

（a）个人数据处理发生在设立于欧盟多个成员国内的控制方或处理方在其多个分支机构的活动中；

（b）处理在欧盟中一个控制方或处理方的单一机构的活动中发生，但实质性影响或可能实质性影响多个成员国的数据主体的个人数据；

（24）"相关和合理的异议"是指关于是否违反本条例，或与控制方或处理方相关的设想行动是否符合本条例，清楚表明决定草案在数据主体的基本权利和自由方面的重要性；

（25）"信息社会服务"是指欧洲议会与欧盟理事会第 2015/1535/EC 号指令第 1 条第 1 款第（b）项中定义的服务；

（26）"国际组织"系指受国际公法管辖的组织及其附属机构，或由两个或两个以上国家之间建立或以协议为基础的任何其他机构。

第二章　原则

第 5 条
有关个人数据处理的相关原则

1. 个人数据应为：

（a）以合法、公平和透明的方式处理数据主体（"合法、公平和透明"）；

（b）为特定、明确和合法的目的收集的，且不得以不符合以上目的的方式进行进一步处理；

根据第 89 条第 1 款的规定，为公共利益、历史研究目的、科学研究目的或统计目的进行进一步处理，不应被认为与最初目的不兼容（"目的限制"）；

（c）充分、相关，并仅限于与处理目的相关的必要内容（"数据最小化"）；

（d）准确，必要时保持更新；必须采取一切合理的步骤，以确保不准确的个人数据，考虑到其处理的目的，被及时删除或纠正（"准确性"）；

（e）以允许识别数据主体的形式保存，时间不超过处理个人数据所需的时间；个人数据的被处理仅用于存档目的、科学或历史研究目的或根据第 89 条第 1 款，但须实施本条例要求的适当技术和组织措施，以保障数据主体的权利和自由（"存储限制"）；

（f）以适当的技术或组织措施处理个人数据的适当安全，包括防止未经授权或非法处理以及意外损失、破坏或损害。（"完整性和机密性"）

2. 控制方应负责并能够证明符合第 1 项（"问责制"）。

第 6 条
处理的合法性

1. 只有在下列至少一项适用时，处理才被视为合法：

（a）数据主体已同意为一种或多种特定目的处理其个人数据；

（b）处理对于履行数据主体为当事人的合同或在签订合同前应数据主体的要求采取步骤而言是必要的；

（c）处理是遵守控制方所承担的法律义务的必要条件；

（d）处理是为了保护数据主体或另一个自然人的切身利益而必要的；

（e）为执行为公共利益执行的任务或行使赋予控制方的公务职权而需要处理；

（f）为了控制方或第三方所追求的合法利益，处理是必要的，除非这种利益与保护个人数据的数据主体利益或基本权利和自由相冲突，特别是在数据主体是未成年人的情况下。此项不适用于公共部门在履行职责时进行的处理。

2. 成员国可以维持或引入更具体的规定，以适应本条例规则的适用，以使处理符合第（c）项和第（e）项，确定更精确的具体处理要求和其他措施，以确保合法和公平的处理，包括第九章规定的其他具体处理情况。

3. 第（c）项和第 1 款第（e）项的处理依据如下：

（a）欧盟法律；

（b）控制方所属的成员国法律。

处理的目的应在该法律依据中确定，或者就第 1 款第（e）项所述的处理而言，应是为了执行为公共利益或为行使赋予控制方的公务职权而开展的任务所必需的。该法律依据可包含具体规定，以适应本条例规则的应用，特别是：管制者处理的合法性的一般条件；受处理的数据类型；有关的数据主体；可披露个人数据的实体和目的；目的限制；储存期；处理操作和处理程序，包括确保合法和公平处理的措施，如第九章规定的其他具体处理情况。欧盟或成员国的法律应符合公共利益的目标，并与追求的合法目的相称。

4. 如果为收集个人数据的目的以外的目的进行的处理不是基于资料当事人的同意或构成民主社会中保障第23条第1款所述目标的必要和相称的措施的联盟或成员国法律，则控制方为了确定为另一目的的处理是否与最初收集个人数据的目的相一致，特别是：

（a）已收集个人数据的目的与预期进一步处理的目的之间的任何联系；

（b）已收集个人数据的上下文，特别是关于数据主体和控制方之间的关系；

（c）个人数据的性质，特别是是否根据第9条处理特殊类别的个人数据，或是否根据第10条处理与刑事定罪和犯罪有关的个人数据；

（d）预期进一步处理数据主体的可能后果；

（e）适当的可能包括加密或匿名化的保障措施的存在。

第7条
同意的条件

1. 如果处理是基于同意的，控制方应能够证明数据主体已同意处理其个人数据。

2. 如果数据主体的同意的上下文的书面声明也涉及其他问题，请求同意的方式明显区别于其他问题，在一个可理解和容易获得的形式，使用清晰和简单的语言。该等声明中构成违反本条例的任何部分均不具约束力。

3. 资料主体有权随时撤回其同意。撤回同意书不影响撤回同意书后处理的合法性。在给予同意之前，应被告知数据主体。撤回应与表示同意一样容易。

4. 在评估是否自由给予同意时，应最大限度地考虑合同的履行，包括提供服务，是否以同意处理合同履行所不需要的个人数据为条件。

第8条
有关信息社会服务的儿童适用同意条件

1. 第6条第1款第（a）项适用于直接向儿童提供信息社会服务时，如果儿童已满16岁，处理儿童的个人数据应合法。如儿童未满16岁，只有在父母责任人同意的情况下，该处理才合法。成员国可根据法律规定较低年龄，但较低年龄不低于13岁。

2. 在这种情况下，控制方应尽合理努力，核实父母责任持有人对孩子的同意或授权。

3. 第 1 款不应影响各成员国的一般合同法，如关于与儿童有关的合同的效力、形成的规则。

<h2 style="text-align:center">第 9 条</h2>
<h3 style="text-align:center">对特殊类别的个人数据的处理</h3>

1. 对于揭示种族或民族起源，政治观点、宗教或哲学信仰，或工会成员的个人数据的处理，或生物识别数据的目的唯一识别一个自然人的基因数据、有关健康或数据有关自然人的性生活或性取向的数据处理应被禁止。

2. 有下列情形之一的，第 1 款不适用：

（a）数据主体已明确同意为一个或多个特定目的处理个人数据，但依照欧盟或成员国法律规定，第 1 款中所述的禁止不得被数据主体援引的除外；

（b）数据处理是依据成员国劳动法、社会安全及社会保护相关法律规定，为控制方行使特定权利或履行法定义务之必要而进行。此种处理应当依据欧盟或成员国法的集体协议所授权适当保障数据主体的基本利益；

（c）数据处理是为保护数据主体或其他在物理上或法律上无法给予同意的自然人的重要利益而必要进行的；

（d）数据处理是由基金会、协会或任何其他非营利组织组织，基于政治、哲学、宗教或工会之目的，在其合法活动过程中所为之，并应已做适当保护措施。此种处理应当只涉及成员或前成员或与该组织宗旨有定期接触的人，且未经数据主体同意的有关数据不得向组织之外的人披露；

（e）数据主体明显已经自行公开的个人数据；

（f）数据处理是为法律诉求的确立、行使或辩护所必须进行，或法院行使司法权力所必须进行的；

（g）数据处理因重大公共利益所必要进行的。依据欧盟或成员国法律，追求该目标是适当的，应当尊重数据保护的本质和提供适当的和具体的措施来保护数据主体的基本权利和利益；

（h）数据处理是依据欧盟法或成员国法律，或基于与健康专业人员所缔结且受第 3 款所述条件及保护措施所拘束的合同，为预防或职业医学之目的、评估工作人员的工作能力、医疗诊断、为提供健康或社会照护或治疗、社会保健管理或社会照护系统及服务而有必要的；

（i）数据处理是在公共健康领域为公共利益考虑所必要的，如防止严重的跨境卫生威胁或确保高标准的医疗保健药品、医疗设备之品质，基于欧盟或成员国法律提供适当的和具体措施保护数据主体的权利和自由，尤其是针对职业机密；

(j) 数据处理是基于欧盟法或成员国法律，尊重数据保护权利的实质，并提供适当和具体的保护措施，以保护数据主体的基本利益，为追求公共利益、科学或历史研究目的或统计目的而有必要的。

3. 第1款中提到的个人数据可以为实现第2款第（h）项中提到的目的进行处理，这些数据是由专业人员根据欧盟或成员国法律或国家主管机构制定的规则处理或在其负责下处理的，该专业人员有职业保密的义务。或由同样负有保密义务的另一人根据欧盟或成员国的法律或国家主管机构制定的规则处理，该处理者是负有专业保密义务的专业人员。

4. 成员国可维持或提出进一步的条件，包括在处理基因数据、生物特征数据或有关健康的数据方面的限制。

第 10 条
处理与刑事定罪和罪行有关的个人数据

依据第6条第1款处理与刑事定罪和犯罪有关的个人数据或相关安全措施时，只有在官方机构控制下或欧盟或成员国法律授权情况下才可进行。上述法律规定了对数据主体的权利和自由的适度保障，任何全面的刑事犯罪登记都仅限官方机构控制下保存。

第 11 条
不需要标识的处理

1. 如果控制方处理个人数据的目的不需要或不再要求控制方识别数据主体，控制方没有义务维护、获取或处理额外信息，以识别数据主体的唯一目的。

2. 在本条第1款所述情况下，控制方能够证明不能识别数据主体的，控制方应当尽可能地通知数据主体。在这种情况下，第15条至第20条不适用，除非数据主体为行使其享有的权利而提供了能够识别其身份的额外信息。

第三章　数据主体的权利

第一节　信息透明度和信息模式

第 12 条
数据主体行使权利的透明度、交流和模式

1. 控制方应采取适当措施提供第 13 条和第 14 条所述的任何信息，以及第 15 条至第 22 条和第 34 条所述的任何通信处理，以简洁、透明、可理解和容易获取的形式，使用清晰和简单的语言，特别是专门针对儿童的任何信息。信息应以书面形式或其他方式提供，包括以电子方式提供。如果数据主体要求，可以口头提供信息，但数据主体的身份可以通过其他方式证明。

2. 控制方应促进行使第 15 条至第 22 条所规定的数据主体权利。在第 11 条第 2 款所述的情况下，控制方不得拒绝要求数据主体行使其根据第 15 条至第 22 条规定的权利，除非控制方证明其无法识别数据主体。

3. 控制方应提供根据第 15 条至第 22 条提出的请求所采取的行动信息，并在收到请求后一个月内向数据主体提供不当的延迟。考虑到请求的复杂性和数目，该期间可再延长两个月。控制方应在收到请求后一个月内告知数据主体以及延期的原因。如数据主体以电子形式的方式提出要求，除非数据主体另有要求，否则应尽可能以电子方式提供资料。

4. 如果控制方不同意数据主体的要求，该控制方应及时通知数据主体其不同意之原因（至迟不超过一个月），并告知数据主体向监管机构提出申诉及寻求司法救济的可能性。

5. 根据第 13 条和第 14 条所提供的信息，以及根据第 15 条至第 22 条和第 34 条所采取的任何沟通和行动应免费提供。如果来自数据主体的请求明显是没有根据的或过度的，特别是由于它们的重复特性，控制方可以：

（a）收取考虑提供信息或通讯或采取所要求行动的行政费用的合理费用；

（b）拒绝按照这个请求采取行动。控制方应当承担说明那些无法查明或者居于其提供范围之外的数据的责任。

6. 在不影响第 1 条的情况下，当控制方对提出第 15 条至第 21 条所述请求的自然人的身份有合理怀疑时，控制方可以要求提供必要的额外信息以确认数据主体的身份。

7. 根据第 13 条和第 14 条提供给数据主体的信息可以与标准化图标结合提供，以便以容易可见、理解和清晰的方式对预期处理进行有意义的概述。如果这些图标采用电子方式呈现，则它们应为机器可读的。

8. 委员会应被授权根据第 92 条采取授权行为，以确定图标将提供的信息和提供标准化图标的程序。

第二节 个人数据信息和获取

第 13 条
数据主体收集个人数据时应提供的信息

1. 从数据主体处收集与数据主体有关的个人数据的，控制方应当在获取个人数据时，向数据主体提供下列所有信息：

（a）控制方的身份和联系方式，以及控制方代表的联系方式；

（b）数据保护专员的联系方式；

（c）处理个人数据的目的以及处理的法律依据；

（d）根据第（f）项和第 6 条第 1 款处理时，控制方或第三方追求的合法利益；

（e）个人数据的接收方或接收方的类别；

（f）在适当情况下，应提供控制方意图将个人数据传输至第三国或国际组织的事实、执委会是否就此提供充分保护的决定，或于第 46 条、第 47 条或第 49 条第 1 款第 2 项提及的传输情形的相关信息。另外，应告知适当保护个人信息的措施及获取副本的方式。

2. 除第 1 款所述的信息外，控制方应在获得个人数据时，为确保公平和透明的处理，在必要情况下，应向数据主体提供如下信息：

（a）个人数据的存储期间，或者如果不可能，则用于确定该期间的标准；

（b）存在要求控制方访问和纠正或删除个人数据的权利，或限制有关数据主体处理的权利以及数据可移植性的权利；

（c）根据第 6 条第 1 款第（a）项或第 9 条第 2 款第（a）项进行处理的，任何时候都有撤回同意的权利，但不影响基于同意的处理的合法性；

（d）向监管机构提出投诉的权利；

（e）提供个人数据是否符合法定或合同要求、订立合同所必需的要求，资料主体是否有义务提供个人数据，以及未能提供该等资料可能造成的后果；

（f）自动的决策机制，包括第 22 条第 1 款以及第 4 款提到的分析过程所涉及的逻辑程序，以及对数据主体处理过程的重要意义和设想后果。

3. 鉴于控制方进一步处理个人信息的意图，控制方应当在此之前向数据主体提供与第 2 款有关的信息。

4. 当数据主体已经获得这些信息时，第 1 款~第 3 款不适用。

第 14 条
未从数据主体获得个人数据时应提供的信息

1. 未从数据主体获取个人数据的，控制方应当向数据主体提供以下信息：

（a）控制方的身份和联系方式，以及控制方代表的联系方式；

（b）数据保护专员的联系方式；

（c）处理个人数据的目的以及处理的法律依据；

（d）是指有关的个人数据的类别；

（e）个人数据的接收方或接收方的类别，若有；

（f）在适当情况下，应提供控制方意图将个人数据传输至第三国或国际组织的事实、执委会是否就此提供充分保护的决定，或于第 46 条、第 47 条或第 49 条第 1 款第 2 项提及的传输情形的相关信息。另外，应告知适当保护个人信息的措施及获取副本的方式。

2. 除第 1 段所述的信息外，控制方还应向数据主体提供以下必要的信息，以确保对数据主体公平和透明的处理：

（a）个人数据的存储期间，或者如果不可能，则用于确定该期间的标准；

（b）根据第 6 条第 1 款第（f）项处理的，控制方或第三方追求的合法利益；

（c）存在向控制方请求访问、纠正或删除个人数据，或限制有关数据主体处理和反对处理的权利以及数据可移植性的权利；

（d）根据第 6 条第 1 款第（a）项或第 9 条第 2 款第（a）项进行处理的，任何时候都有撤回同意的权利，但不影响基于同意的处理的合法性；

（e）向监管机构提出投诉的权利；

（f）个人数据的来源，在合适的情况下，是否来自公开获取的来源；

（g）自动的决策机制，包括第 22 条第 1 款以及第 4 款提到的分析过程所涉及的逻辑程序以及对数据主体处理过程的重要意义和设想后果。

3. 控制方应提供第 1 段和第 2 段所述的信息：

（a）在取得个人数据后的合理期限内（最迟在一个月内），考虑到处理个人数据的具体情况；

（b）如果个人数据用于与数据主体通信，最迟在与该数据主体第一次通信时；或

（c）如果意图向另一个接收方披露，最迟在个人数据首次披露时。

4. 鉴于控制方进一步处理个人信息的意图，控制方应当在此之前向数据主体提供与第 2 款有关的信息。

5. 第 1 款至第 4 款在以下情况下不适用：

（a）数据主体已经拥有这些信息；

（b）在符合第 89 条第 1 款所述的条件和保障措施的情况下，或在本条第 1 款所述的义务有可能使该处理的目标无法实现或受到严重损害的情况下，提供此类信息证明是不可能的或将涉及不相称的努力，特别是出于公共利益存档、科学或历史研究或统计的处理。在这种情况下，控制方应采取适当措施，保护数据主体的权利、自由和合法利益，包括公开这些信息；

（c）获取或披露是由控制方所在的联邦或成员国法律明确规定的，并提供了适当的措施来保护数据主体的合法利益；

（d）须遵守欧盟或成员国法律规定的专业保密义务，个人数据必须保密。

第 15 条
数据访问权

1. 资料主体有权从控制方处确认有关其个人数据的处理，并在此情况下，查阅个人数据和以下信息：

（a）处理的目的；

（b）有关的个人数据的类别；

（c）已或将被披露个人数据的接收方或接收方的类别，特别是在第三国或国际组织的接收方；

（d）在可能的情况下提供预期的个人数据保留时间；或者不可能时提供用于确定该保留时间的标准；

（e）存在向控制方要求更正或删除个人数据或限制有关该数据主体的个人数据的处理或反对该等处理的权利；

（f）向监督管理机构提出投诉的权利；

（g）如果未从数据主体收集个人数据，则有关其来源的任何可用信息；

（h）自动的决策机制，包括第 22 条第 1 款以及第 4 款提到的分析过程所

涉及的逻辑程序以及对数据主体的处理过程的重要意义和设想后果。

2. 如果个人数据被转移到第三国或国际组织，数据主体有权被告知根据第 46 条与转移有关的适当保障措施。

3. 控制方应提供一份正在处理的个人数据的副本。对于数据主体要求的任何进一步副本，控制方可根据管理费用收取合理的费用。如果数据主体以电子方式提出请求，除非数据主体另有要求，否则信息应当以常用的电子形式提供。

4. 获得第 3 款所述副本的权利不应对他人的权利和自由产生不利影响。

第三节　纠正和删除

第 16 条
纠正权

数据主体有权及时向控制方取得有关其不准确的个人数据的更正。考虑到处理的目的，数据主体有权完成不完整的个人数据，包括通过提供补充陈述的方式。

第 17 条
删除权

1. 数据主体有权要求控制方无不当延误地删除与其有关的个人数据，并且根据下列任意理由，控制方有义务无不当延误地删除个人数据：

（a）个人数据对于收集或以其他方式处理的目的不再需要；

（b）数据受试者根据第 6 条第 1 款第（a）项或第 9 条第 2 款第（a）项撤回其处理所依据的同意，且处理没有其他法律依据；

（c）数据主体反对按照第 21 条第 1 款进行处理，没有合法处理理由，或数据主体反对按照第 21 条第 2 款进行处理；

（d）个人数据已被非法处理；

（e）为遵守联邦或成员国法律中的法律义务，必须删除个人数据；

（f）已收集与提供第 8 条第 1 款所指的信息社会服务有关的个人数据。

2. 如果控制方已公开个人数据，并有义务按照第 1 款删除个人数据，控制方应考虑到现有技术和实施成本，采取合理步骤，包括技术措施，通知正在处理个人数据的控制方成员，数据主体已要求这些控制方成员删除与这些个人数据的任何链接、副本或复制件。

3. 当数据处理对于以下情形是必要的，则第 1 款和第 2 款不应当被适用：

（a）为行使言论和信息自由的权利；

（b）遵守法律义务，要求由控制方所在的欧盟或成员国法律处理，或为公共利益或行使赋予控制方的官方权利而执行的任务；

（c）根据第 9 条第 2 款第（h）项和第（i）项以及第 9 条第 3 款，在公共卫生领域的公众利益的；

（d）根据第 89 条第 1 款，为公共利益、科学或历史研究目的，就第 1 款所述的权利可能使该处理的目标无法实现或严重损害其实现；

（e）设立、行使或捍卫法律权利要求。

第 18 条
限制处理权

1. 适用下列情形之一的，数据主体有权限制控制方处理数据：

（a）个人数据的准确性受到数据主体的质疑，有一段时间使控制方能够验证个人数据的准确性；

（b）该处理是非法的，数据主体反对删除个人数据，并要求限制其使用；

（c）控制方不再需要个人数据进行处理，但数据主体要求他们建立、行使或辩护法律索赔；

（d）数据主体反对根据第 21 条第 1 款进行处理，等待验证控制方的合法理由是否超过数据主体的合法理由。

2. 如果根据第 1 款受到限制的处理，除存储外，该个人数据只能在数据主体同意或建立、行使或辩护法律主张，或保护另一个自然人或法人的权利，或出于欧盟或成员国的重要公共利益的原因下处理。

3. 根据第 1 款规定获得处理限制的数据主体，应在解除处理限制前由控制方予以通知。

第 19 条
关于纠正或删除个人数据或限制处理的通知义务

除非经证明不可能传达或传达须花费不成比例的工作量，控制方应将根据第 16 条、第 17 条第 1 款和第 18 条进行的任何个人数据的纠正、删除或限制处理传达给个人数据被披露的每个接收方，如果数据主体提出要求，控制方应将这些接收方告知数据主体。

第 20 条
数据移植的权利

1. 数据主体应有权以结构化的、常用的和机器可读的格式收到该数据主体提供给控制方的关于该数据主体的个人数据，并有权将这些数据传送给另一个控制方，而不受提供个人数据的控制方的阻挠，条件是：

（a）根据第 6 条第 1 款第 (a) 项或第 9 条第 2 款第 (a) 项，处理是基于同意，或根据第 6 条第 1 款第 (b) 项，处理是基于合同的；

（b）处理是通过自动化手段进行的。

2. 在根据第 1 款行使其数据可移植性的权利时，如果技术上可行，数据主体应有权将个人数据从一个控制方直接传送到另一个控制方。

3. 本条第 1 款所述权利的行使应不影响第 17 条。该权利不应适用于为执行公共利益或行使控制方的官方权力而进行的必要处理。

4. 第 1 款中提到的权利不得对他人的权利和自由产生不利影响。

第四节 拒绝权和自主决定权

第 21 条
拒绝权

1. 数据主体有权在任何时候以与该数据主体的特殊情况有关的理由反对基于第 6 条第 1 款第 (e) 项或第 (f) 项的有关该数据主体的个人数据处理，包括基于这些规定的特征分析。控制方将不再处理个人数据，除非控制方证明有令人信服的合法理由来处理这些数据，而这些理由高于数据主体的利益、权利和自由，或用于建立、行使或捍卫法律要求。

2. 如果为直接营销目的处理个人数据，数据主体有权在任何时候反对为这种营销处理有关该数据主体的个人数据，其中包括与这种直接营销有关的特征分析。

3. 如果数据主体反对为直接营销目的进行处理，则不应再为此类目的处理个人数据。

4. 最迟在与数据主体进行第一次沟通时，应明确提请数据主体注意第 1 款和第 2 款中提到的权利，并应与任何其他信息明确分开表述。

5. 在使用信息社会服务的情况下，尽管有 2002/58/EC 号指令，但数据主体可以通过使用技术规范的自动化手段行使其反对权。

6. 如果根据第 89 条第 1 款，为科学或历史研究目的或统计目的处理个人数据，数据主体应有权以与其特殊情况有关的理由反对处理有关该数据主体的个人数据，除非该处理是为执行出于公共利益的任务所必需。

第 22 条
个人决策自动化，包括特征分析

1. 数据主体有权不接受完全基于自动处理的决定，包括对其产生法律效力或类似重大影响的决定或分析。

2. 如果该决定不适用，第 1 款将不适用：

（a）为订立或履行数据主体与数据控制方之间的合同所必需；

（b）经控制方所遵守的欧盟或成员国法律授权，并规定了适当的措施来保障数据主体的权利和自由及合法利益；或

（c）是基于数据主体的明确同意。

3. 在第 2 款第（a）项和第（c）项提及的情况下，数据控制方应采取适当的措施来保障数据主体的权利和自由以及合法利益，至少有权获得控制方方面的人工干预，表达自己的观点并对决定提出异议。

4. 第 2 款提及的决定不得基于第 9 条第 1 款提及的特殊类别的个人数据，除非第 9 条第 2 款第（a）项或第（g）项适用，并且有适当的措施来保障数据主体的权利和自由以及合法利益。

第五节　限制条件

第 23 条
限制条件

1. 数据控制方或处理方所遵守的欧盟或成员国法律可以通过立法措施限制第 12 条至第 22 条和第 34 条规定的义务和权利的范围，以及第 5 条与第 12 条至第 22 条相对应的权利和义务，是该限制尊重基本权利和自由本质，并且是民主社会中必要和相称的保障措施。

（a）国家安全；

（b）防御；

（c）公共安全；

（d）预防、调查、侦查或起诉刑事犯罪或执行刑事处罚，包括保障和预防对公共安全的威胁；

（e）欧盟或成员国的其他重要公共利益目标，特别是欧盟或成员国的重要经济或财政利益，包括货币、预算和税收事项、公共卫生和社会安全；

（f）保护司法独立和司法程序；

（g）预防、调查、发现和起诉受监管行业的违反道德的行为；

（h）在第（a）项至第（e）项和第（g）项提及的情况下，与行使官方权力有关的监督、检查或管理职能，彼此偶尔有关；

（i）保护数据主体或他人的权利和自由；

（j）民事索赔的执行。

2. 特别是，第 1 款中提到的任何立法措施都应包含具体的规定，相关情况下的规则至少应包含：

（a）处理的目的或处理的类别；

（b）个人数据的类别；

（c）引入的限制的范围；

（d）防止滥用或非法访问或转让的保障措施；

（e）控制方的规格或控制方的类别；

（f）考虑到处理的性质、范围和目的或类别，储存期和适用的保障措施；

（g）数据主体的权利和自由面临的风险；

（h）数据主体有权被告知该限制，除非这可能会损害该限制的目的。

第四章　控制方和处理方

第一节　一般义务

第 24 条
控制方的义务

1. 考虑到处理的性质、范围、背景和目的，以及对自然人权利和自由造成的不同可能性和严重程度的风险，控制方应执行适当的技术和技术措施组织采取的措施，以确保并能够证明处理是按照本规定进行的。必要时，应审查和更新这些措施。

2. 如与处理活动相称，第 1 款所述的措施应包括控制方执行适当的数据保护政策。

3. 遵守第 40 条所述的批准行为准则或第 42 条所述的批准认证机制可作

为证明控制方遵守义务的一个要素。

第 25 条
设计和默认的数据保护

1. 考虑到技术的现状、实施成本和处理的性质、范围、背景和目的，以及处理造成的自然人权利和自由的不同可能性和严重程度的风险，控制方应在确定处理手段时和处理本身时实施适当的技术和组织措施，如匿名化，旨在实施数据保护原则，如数据最小化，以有效的方式，并将必要的保障措施纳入处理过程中，以满足本条例的要求和保护数据主体的权利。

2. 控制方应实施适当的技术和组织措施，以确保在默认情况下，只有为处理的每个特定目的所需的个人数据被处理。这项义务适用于收集的个人数据的数量、处理的程度、存储的时间和可访问性。特别是，这些措施应确保在个人不加以干预的情况下无法获得个人数据。

3. 根据第 42 条规定的经批准的认证机制可用作证明符合本条第 1 款和第 2 款规定的要求的要素。

第 26 条
联合控制方

1. 两个以上控制方共同确定处理目的和方法的，应当联合控制。他们应以透明的方式确定各自遵守本条例下义务的责任，特别是行使数据主体的权利以及各自提供第 13 条和第 14 条所述信息的责任，除非控制方的各自责任均由控制方所遵守的欧盟或成员国法律确定。该安排可为数据主体指定一个接触点。

2. 第 1 款中所述的安排应适当地反映联合控制方相对于数据主体的各自角色和关系。该安排的本质应提供给数据主体。

3. 无论第 1 款所述安排的任何条款如何，数据主体均可对每个控制方行使其在本条例下的权利。

第 27 条
未在欧盟中设立的控制方或处理方的代理人

1. 当第 3 条第 2 款适用时，控制方或处理方应以书面形式在欧盟中指定一名代表。

2. 本条第 1 款所规定的义务不适用于：

（a）偶然的处理，不包括大规模处理第 9 条第 1 款所述的特殊类别的数据或处理第 10 条所述的刑事定罪和罪行的个人数据，考虑到处理的性质、背景、范围和目的，不太可能对自然人的权利和自由造成风险；

（b）一个政府机构或机构。

3. 该代表应设立在数据主体所在的成员国，其数据主体的个人数据因向其提供货物或服务而被处理，或其行为受到监测。

4. 在与处理有关的所有问题上，除了控制方或处理方之外，特别是控制机构或处理方，以确保遵守本规定。

5. 控制方或处理方指定的代表应不影响可能针对控制方或处理方本身发起的法律行动。

第 28 条
处理方

1. 在代表控制方进行处理的情况下，控制方应仅使用处理方实施的适当的技术和组织措施提供充分保证，使处理符合本条例的要求并确保数据主体的权利。

2. 未经控制方事先具体或一般的书面授权，处理方不得引入另一个处理方。在一般书面授权的情况下，处理方应将有关增加或更换其他处理方的任何预期变化通知控制方，从而使控制方有机会反对这种变化。

3. 处理方的处理应受欧盟或成员国法律规定的合同或其他法律行为的约束，该合同或法律行为对处理方对控制方具有约束力，并规定了处理的主体和期限、处理的性质和目的、个人数据的类型和数据主体的类别以及控制方的义务和权利。该合同或其他法律行为应特别规定，处理方：

（a）仅根据控制方的书面指示处理个人数据，包括将个人数据转移到第三国或国际组织，除非处理方所遵守的欧盟或成员国法律要求这样做；在这种情况下，处理方应在处理前将该法律要求通知控制方，除非该法律以重要的公共利益为由禁止提供此类信息；

（b）确保被授权处理个人数据的人承诺保密或承担适当的法定保密义务；

（c）根据第 32 条的规定，采取所有措施；

（d）尊重第 2 款和第 4 款中提到的引入另一个处理方的条件；

（e）考虑到处理的性质，在可能的情况下，通过适当的技术和组织措施协助控制方履行控制方的义务，以回应第三章规定的数据主体行使权利的要求；

（f）协助控制方确保遵守第 32 条至第 36 条规定的义务，同时考虑到处理的性质和处理方可获得的信息；

（g）根据控制方的选择，在提供与处理有关的服务结束后，删除或向控制方归还所有个人数据，并删除现有的副本，除非欧盟或成员国法律要求保留个人数据；

（h）向控制方提供所有必要的信息，以证明遵守本条规定的义务，并允许和协助控制方或控制方授权的另一个审计机构进行审计，包括检查；

关于第 1 款第（h）项，如果处理方认为某项指令违反了本条例或其他欧盟或成员国的数据保护规定，应立即通知控制方。

4. 如果一个处理方引入另一个处理方代表控制方进行具体的处理活动，则应通过欧盟或成员国法律规定的合同或其他法律行为，对该另一个处理方施加第 3 款所述的相同的数据保护义务，特别是提供足够的保证，以这种方式实施适当的技术和组织措施，使处理活动符合本条例的要求。如果该其他处理方未能履行其数据保护义务，初始处理方应继续对控制方履行该其他处理方的义务承担全部责任。

5. 加工商遵守第 40 条所述的经批准的行为准则或第 42 条所述的经批准的认证机制，可作为证明本条第 1 款和第 4 款所述的充分保证的要素。

6. 在不影响控制方和处理方之间的个别合同的情况下，本条第 3 款和第 4 款所述的合同或其他法律行为可以全部或部分基于本条第 7 款和第 8 款所述的标准合同条款，包括它们是根据第 42 条和第 43 条授予控制方或处理方的认证的一部分时。

7. 委员会可就本条第 3 款和第 4 款所述事项并根据第 93 条第 2 款所述的审查程序制定标准合同条款。

8. 监管机构可就本条第 3 款和第 4 款所述事项并根据第 63 条所述的一致性机制采用标准合同条款。

9. 第 3 款和第 4 款提及的合同或其他法律行为应采用书面形式，包括电子形式。

10. 在不影响第 82 条至第 84 条的情况下，如果处理方决定处理的目的和方式违反了本条例，则处理方应被视为该处理的控制方。

第 29 条
在控制方或处理方的权限下处理

有权访问个人数据的处理方或任何根据控制方或处理方授权行事的人，除控制方指示外不得对个人数据进行处理，除非欧盟或成员国的法律要求这样做。

第 30 条
处理活动的记录

1. 每个控制方，以及在适用的情况下的控制方代表，应保留一份由其负责的处理活动的记录。该记录应包含以下所有信息：

（a）控制方的姓名和联系方式，以及在适用情况下，联合控制方、控制方的代表和数据保护专员的姓名和联系方式；

（b）处理的目的；

（c）对数据主体类别和个人数据类别的描述；

（d）个人数据已经或将要披露给哪些类别的接收方，包括第三国的接收方或国际组织；

（e）在适用的情况下，向第三国或国际组织转移个人数据，包括确定该第三国或国际组织，如果是第 49 条第 1 款第 2 项所述的转移，则提供适当保障措施的文件。

（f）在可能的情况下，对删除不同类别个人数据所预设的时间限制；

（g）在可能的情况下，对第 32 条第 1 款中提到的技术和组织安全措施进行一般性描述。

2. 每个处理方以处理方的代表（如适用）应保留一份代表控制方进行的所有类别的处理活动的记录，其中包括：

（a）处理方的名称和联系方式，以及处理方所代表的每个控制方的名称和联系方式，（如适用）控制方或处理方的代表以及数据保护专员的名称和联系方式；

（b）代表每个控制方进行的处理类别；

（c）向第三国或国际组织转移个人数据，（如适用）包括确定该第三国或国际组织，如果是第 49 条第 1 款第 2 项所述的转移，则提供适当保障措施的文件；

（d）在可能的情况下，对第 32 条第 1 款中提到的技术和组织安全措施进行一般性描述。

3. 第 1 款和第 2 款中提到的记录应是书面形式，包括电子形式。

4. 控制方或处理方，控制方或处理方的代表如适用，应根据要求向监管机构提供该记录。

5. 第 1 款和第 2 款中提到的义务不应适用于雇用人数少于 250 人的企业或组织，除非它所进行的处理可能对数据主体的权利和自由的风险，处理不是偶然的，或处理包括第 9 条第 1 款中提到的特殊类别的数据或第 10 条中提到的与刑事定罪和犯罪有关的个人数据。

第 31 条
与监管机构的合作

控制方和处理方及适用情况下的它们的代表，应根据要求与监管机构合作以履行其任务。监管机构在执行其任务时应予以合作。

第二节　个人数据安全

第 32 条
处理过程的安全性

1. 考虑到技术水平、实施成本和处理的性质、范围、背景和目的，以及对自然人的权利和自由造成的不同可能性和严重性的风险，控制方和处理方应采取适当的技术和组织措施，以确保与风险相适应的安全水平，尤其需要考虑以下情形：

（a）个人数据的匿名化和加密；

（b）确保处理系统和服务的持续保密性、完整性、可用性和可恢复性；

（c）在发生物理或技术事故时，有能力及时恢复个人数据的可用性和访问；

（d）定期对技术措施以及组织措施的有效性进行测试、评估、评价处理，以确保处理的安全性。

2. 在评估适当的安全水平时，应特别考虑到处理所带来的风险，特别是意外或非法的破坏、损失、更改、未经授权的披露，或对传输、储存或以其他方式处理的个人数据的访问。

3. 遵守第 40 条所述的经批准的行为守则或第 42 条所述的经批准的认证机制，可作为证明遵守本条第 1 款规定的要素。

4. 控制方和处理方应采取措施，确保根据控制方或处理方授权行事的任何自然人在接触到个人数据时，除非得到控制方的指示，否则不会处理这些数据，除非欧盟或成员国的法律要求该数据主体这样做。

第 33 条

监管机构对个人数据泄露的通知

1. 在发生个人数据泄露的情况下，控制方应在无不当拖延的情况下，并在可行的情况下，在意识到这一情况后的 72 小时内，将个人数据泄露通知给根据第 55 条主管的监管机构，除非个人数据泄露不太可能导致对自然人的权利和自由的风险。如果没有在 72 小时内向监管机构发出通知，则应附上延迟的理由。

2. 处理方在意识到个人数据泄露后，应及时通知控制方，不得有不当的延误。

3. 第 1 款中提到的通知至少应是：

（a）描述个人数据泄露的性质，包括在可能的情况下，有关数据主体的类别和大约数量，以及有关个人数据记录的类别和大约数量；

（b）告知数据保护专员或其他可以获得更多信息的联络点的名称和详细联系方式；

（c）描述个人数据泄露的可能后果；

（d）描述控制方已经采取或建议采取的处理个人数据泄露的措施，包括在适当情况下，减轻其可能的不利影响的措施。

4. 在不可能同时提供信息的情况下，可以分阶段提供信息，不作无谓的进一步拖延。

5. 控制方应记录任何个人数据泄露事件，包括与个人数据泄露有关的事实、影响和采取的补救措施。该文件应使监管机构能够核实本条的遵守情况。

第 34 条

关于数据主体的个人数据交流

1. 当个人数据泄露可能导致对自然人的权利和自由的高风险时，控制方应将个人数据泄露告知数据主体，不得无故拖延。

2. 本条第 1 款提及的与数据主体的沟通应以清晰明了的语言描述个人数据泄露的性质，并至少包含第 33 条第 3 款第（b）、（c）和（d）项提及的信息和措施。

3. 如果符合以下任何条件，则不需要向第 1 款中提到的数据主体进行沟通：

（a）控制方已经实施了适当的技术和组织保护措施，并且这些措施适用于受泄露影响的个人数据，尤其是未经授权无法被识别的技术，如加密措施；

（b）控制方已采取后续措施，确保第 1 款中提到的对数据主体的权利和自由的高风险不再可能发生；

（c）这将涉及不成比例的工作量。在这种情况下，应采取公共交流或类似措施，以同样有效的方式告知数据主体。

4. 如果控制方尚未向数据主体通报个人数据泄露事件，监管机构在考虑到个人数据泄露事件导致高风险的可能性后，可要求其这样做，或决定满足第 3 款中提到的任何条件。

第三节　数据保护影响评估和事先咨询

第 35 条
数据保护影响评估

1. 如果某种类型的处理，特别是使用新技术的处理，考虑到处理的性质、范围、背景和目的，可能导致对自然人的权利和自由的高风险，控制方应在处理之前，就设想的处理操作对保护个人数据的影响进行评估。单一的评估可以针对一组具有类似高风险的类似处理业务。

2. 在进行数据保护影响评估时，控制方应征求指定的数据保护专员的意见。

3. 在以下情况下，尤其需要进行第 1 款中提到的数据保护影响评估：

（a）对与自然人有关的个人方面进行系统和广泛的评估，这种评估是以自动处理为基础的，包括特征分析，并在此基础上作出产生有关自然人的法律效力或对自然人产生重大影响的类似决定；

（b）大规模处理第 9 条第 1 款中提到的特殊类别的数据，或第 10 条中提到的与刑事定罪和犯罪有关的个人数据；

（c）对一个可供公众使用的地区进行大规模的系统监测。

4. 监管机构应建立并公布根据第 1 款规定需要进行数据保护影响评估的处理业务种类清单。监管机构应将这些清单传达给第 1 款所述的委员会。

5. 监管机构还可以建立并公布一份不需要进行数据保护影响评估的处理

业务种类清单。监管机构应将这些清单转达给委员会。

6. 在通过第 4 款和第 5 款所述的清单之前，如果这些清单涉及的处理活动与向数据主体提供商品或服务或监测其在几个成员国的行为有关，或可能严重影响个人数据在欧盟内的自由流动，主管监管机构应适用第 63 条所述的一致性机制。

7. 该评估应至少包含以下内容：

（a）系统地描述所设想的处理操作和处理目的，包括在适用的情况下，控制方所追求的合法利益；

（b）对与目的有关的处理操作的必要性和相称性进行评估；

（c）对第 1 款中提到的数据主体的权利和自由所面临的风险进行评估；

（d）为应对风险而设想的措施，包括保障措施、安全措施和机制，以确保对个人数据的保护，并在考虑到数据主体和其他有关人员的权利和合法利益的情况下，证明符合本条例。

8. 在评估这些控制方或处理方执行的处理业务的影响时，应适当考虑相关控制或处理方对第 40 条中提到的经批准的行为准则的遵守情况，特别是为了进行数据保护影响评估。

9. 在适当的情况下，控制方应在不影响保护商业或公共利益或处理业务安全的情况下，征求数据主体或其代表对预期处理的意见。

10. 如果根据第 6 条第 1 款第（c）项或第（e）项进行的处理在欧盟法律或控制方所服从的成员国法律中具有法律依据，该法律规定了有关的具体处理操作或一组操作，并且已经在采用该法律依据的情况下作为一般影响评估的一部分进行了数据保护影响评估，则第 1 款至第 7 款不应适用，除非成员国认为有必要在处理活动之前进行这种评估。

11. 必要时，控制方应进行审查，以评估是否按照数据保护影响评估进行处理，至少在处理业务所代表的风险发生变化时。

第 36 条
事先咨询

1. 如果根据第 35 条进行的数据保护影响评估表明，如果控制方不采取措施降低风险，处理过程将导致高风险，则控制方应在处理之前咨询监管机构。

2. 如果监管机构认为第 1 款中提到的预期处理会违反本条例，特别是在控制方没有充分识别或减轻风险的情况下，监管机构应在收到咨询请求后最多八周的时间内向控制方提供书面建议，并在适用时向处理方提供书面建议，并可使用第 58 条中提到的任何权力。考虑到预期处理的复杂性，该期限可延长 6 周。监管机构应在收到协商请求后一个月内将任何此类延长通知控制方，并在适用情况下通知处理方，同时说明拖延的原因。这些期限可以暂停，直到监管机构获得它为协商目的所要求的信息。

3. 在根据第 1 款向监管机构咨询时，控制方应向监管机构提供：

（a）在适用的情况下，参与处理的控制方、联合控制方和处理方的各自责任，特别是在一个企业集团内的处理；

（b）预定处理的目的和方式；

（c）根据本条例，为保护数据主体的权利和自由而提供的措施和保障措施；

（d）在适用的情况下，数据保护专员的详细联系方式；

（e）第 35 条规定的数据保护影响评估；

（f）监管机构要求的任何其他信息。

4. 成员国在准备由国家议会通过的立法措施的提案或基于这种立法措施的涉及处理的监管措施时，应咨询监管机构。

5. 尽管有第 1 款的规定，成员国法律可以要求控制方就控制方为执行公共利益的任务而进行的处理，包括与社会保护和公共卫生有关的处理，与监管机构协商并事先获得授权。

第四节　数据保护专员

第 37 条
数据保护专员的指派

1. 在任何情况下，控制方和处理方应指定一名数据保护专员。

（a）处理过程是由政府机构或机构进行的，但以司法身份行事的法院除外。

（b）控制方或处理方的核心活动包括处理业务，由于其性质、范围和/或目的，需要定期和系统地大规模监测数据主体；或

（c）由第 9 条所述大规模特殊种类数据和第 10 条所述刑事定罪和犯罪相关个人数据所组成的控制方或处理方的核心活动；

2. 一组企业可以任命一名数据保护专员，但条件是每个机构都能方便地

找到数据保护专员。

3. 如果控制方或处理方是一个政府机构或机构，考虑到其组织结构和规模，可以为几个这样的机构或机构指定一名数据保护专员。

4. 在第 1 款提及的情况之外，控制方或处理方、代表控制方或处理方类别的协会和其他机构可以或在欧盟或成员国法律要求时应指定一名数据保护专员。数据保护专员可以代表这些协会和代表控制方或处理方的其他机构行事。

5. 数据保护专员的指定应基于专业素质，特别是数据保护法律和实践的专业知识，以及履行条款中提到的任务的能力。

6. 数据保护专员可以是控制方或处理方的工作人员，或在服务合同的基础上履行这些任务。

7. 控制方或处理方应公布数据保护专员的详细联系方式，并将其转达给监管机构。

第 38 条
数据保护专员的地位

1. 控制方和处理方应确保数据保护专员适当和及时地参与所有与保护个人数据有关的问题。

2. 控制方和处理方应支持数据保护专员执行第 39 条所述的任务，提供执行这些任务所需的资源，以及对个人数据和处理业务的访问，并保持该数据主体的专家知识。

3. 控制方和处理方应确保数据保护专员不接受任何关于行使这些任务的指示。该数据主体不应因履行其任务而被控制方或处理方解雇或处罚。数据保护专员应直接向控制方或处理方的最高管理层报告。

4. 数据主体可以就与处理其个人数据有关的所有问题和行使本条例规定的权利联系数据保护专员。

5. 根据欧盟或成员国的法律，数据保护专员在执行其任务时应受到保密或机密的约束。

6. 数据保护专员可以履行其他任务和职责。控制方或处理方应确保任何此类任务和职责不会导致利益冲突。

第 39 条

数据保护专员的任务

1. 数据保护专员应至少有以下任务。

（a）通知并告知控制方或处理方以及进行处理的雇员他们根据本条例和其他欧盟或成员国的数据保护规定所承担的义务；

（b）监督本条例、其他欧盟或成员国的数据保护规定以及控制方或处理方有关保护个人数据的政策的遵守情况，包括分配责任，提高参与处理业务的工作人员的认识和培训，以及相关审计；

（c）根据要求提供有关数据保护影响评估的建议，并根据第 35 条监督其表现；

（d）与监管机构合作；

（e）在与处理有关的问题上充当监管机构的联络点，包括第 36 条中提到的事先协商，并在适当时就任何其他事项进行协商。

2. 数据保护专员在执行任务时应适当考虑到与处理业务有关的风险，同时考虑到处理的性质、范围、背景和目的。

第五节　行为准则和认证

第 40 条

行为准则

1. 成员国、监管机构、理事会和委员会应鼓励起草行为守则，以促进本条例的正确实施，同时考虑到各加工部门的具体特点和微型、小型和中型企业的具体需要。

2. 代表各类控制方或处理方的协会和其他机构可以编制行为守则，或修订或扩展此类守则，以具体说明本条例的适用情况，如在以下方面：

（a）公平和透明的处理；

（b）控制方在特定情况下所追求的合法利益；

（c）个人数据的收集；

（d）个人数据的匿名化；

（e）向公众和数据主体提供的信息；

（f）行使数据主体的权利；

（g）向儿童提供的信息和对儿童的保护，以及获得对儿童负有父母责任的人的同意的方式；

（h）第 24 条和第 25 条中提到的措施和程序以及第 32 条中提到的确保处理安全的措施；

（i）向监管机构通报个人数据泄露事件，并将此类个人数据泄露事件通报给数据主体；

（j）将个人数据转移到第三国或国际组织；

（k）庭外程序和其他争端解决程序，以解决控制方和数据主体之间有关处理的争端，但不影响数据主体根据第 77 条和第 78 条享有的权利。

3. 除了受本条例约束的控制方或处理方遵守外，根据本条第 5 款批准并根据本条第 9 款具有普遍效力的行为守则也可由不受本条例约束的控制方或处理方根据第 3 条遵守，以便在根据第 46 条第 2 款第（e）项所述条款向第三国或国际组织转移个人数据的框架内提供适当的保障措施。这些控制方或处理方应通过合同或其他具有法律约束力的文书作出具有约束力和可执行的承诺，以适用这些适当的保障措施，包括有关数据主体的权利。

4. 本条第 2 款所指的行为守则应包含一些机制，使第 41 条第 1 款所指的机构能够对承诺适用该守则的控制方或处理方遵守其规定的情况进行强制性监督，但不影响根据第 55 条或第 55 条主管的监管机构的任务和权力。

5. 本条第 2 款中提到的协会和其他机构，如果打算制定行为守则或修改或扩展现有守则，应将守则草案、修正案或扩展部分提交给根据第 55 条规定具有管辖权的监管机构。监管机构应就守则草案、修正案或延伸部分是否符合本条例提出意见，并在认为该守则草案、修正案或延伸部分提供了足够的适当保障时予以批准。

6. 如果守则草案或修正案或延伸部分根据第 5 款得到批准，而且有关行为守则不涉及几个成员国的处理活动，监管机构应登记和公布该守则。

7. 如果行为守则草案涉及几个成员国的处理活动，根据第 55 条主管的监管机构在批准守则草案、修正案或延期之前，应按第 63 条所述程序将其提交理事会，理事会应就守则草案、修正案或延期是否符合本条例或在本条第 3 款所述情况下是否提供适当保障提出意见。

8. 如果第 7 款中提到的意见确认守则草案、修正案或延期符合本条例，或在第 3 款中提到的情况下，提供了适当的保障措施，理事会应将其意见提交给委员会。

9. 委员会可通过执行法案，决定根据本条第 8 款提交给它的经批准的行为守则、修正案或扩展条款在欧盟内具有普遍效力。这些执行法案应根据第 93 条第 2 款规定的审查程序通过。

10. 委员会应当确保对符合第 9 款规定的具有有效性的准则进行信息公开。

11. 理事会应将所有经批准的行为守则、修正案和扩展条款整理成册，并通过适当的方式向公众公布。

第 41 条
行为准则的合法性监控

1. 在不影响第 57 条和第 58 条规定的主管监管机构的任务和权力的情况下，根据第 40 条对行为守则的遵守情况进行的监督，该项监督应由具备行为守则所涉主题相当程度之专业知识，且经主管监管机构认可的机构进行。

2. 第 1 款提及的机构可被认可监督行为守则的遵守情况，只要该机构有：

（a）证明其在守则主体方面的独立性和专业性，使主管监管机构满意；

（b）建立程序，使其能够评估有关控制方和处理方适用该守则的资格，监测其对守则规定的遵守情况，并定期审查其运作；

（c）建立程序和结构，以处理关于违反守则或关于控制方或处理方已经或正在执行守则的方式的投诉，并使这些程序和结构对数据主体和公众透明；

（d）向主管监管机构证明其任务和职责不会导致利益冲突。

3. 主管监管机构应根据本条第 1 款所述的一致性机制向理事会提交本条第 1 款所述机构的认证标准草案。

4. 在不影响主管监管机构的任务和权力以及第八章规定的情况下，本条第 1 款所指的机构应在有适当保障措施的情况下，对控制方或处理方违反守则的行为采取适当行动，包括暂停或将有关控制方或处理方排除在守则之外。它应将这些行动和采取这些行动的理由通知主管监管机构。

5. 如果不符合或不再符合认证条件，或该机构采取的行动违反了本条例，主管监管机构应撤销第 1 款所述的机构的认证。

6. 本条不应适用于公务机关和机构进行的处理。

第 42 条
认证

1. 成员国、监管机构、理事会和委员会应鼓励，特别是在欧盟一级，建立数据保护认证机制和数据保护印章和标志，以证明控制方和处理方的处理业务符合本条例。应考虑到微型、小型和中型企业的具体需求。

2. 除了受本条例约束的控制方或处理方的遵守，根据本条第 5 款批准的数据保护认证机制、印章或标志可以建立，以证明不受本条例约束的控制方或处理方根据第 3 条在向第三国或国际组织转移个人数据的框架内根据第 46 条第 2 款第（f）项提及的条款提供适当的保障措施。这些控制方或处理方应通过合同或其他具有法律约束力的文书作出具有约束力和可执行的承诺，以适用这些适当的保障措施，包括有关数据主体的权利。

3. 认证应是自愿的，并通过一个透明的程序提供。

4. 根据本条进行的认证并不减少控制方或处理方遵守本条例的责任，也不影响根据第 55 条或第 55 条主管的监管机构的任务和权力。

5. 本条规定的认证应由第 43 条所述的认证机构或主管监管机构根据该主管监管机构根据第 58 条第 3 款或理事会根据第 63 条批准的标准颁发。如果标准是由理事会批准的，这可能导致一个共同的认证，即欧洲数据保护印章。

6. 将其处理提交给认证机制的控制方或处理方应向第 43 条所述的认证机构，或在适用情况下向主管监管机构，提供进行认证程序所需的所有信息和对其处理活动的访问。

7. 认证应颁发给控制方或处理方，最长期限为三年，并可在相同条件下续期，但须继续满足相关要求。在不符合或不再符合认证要求的情况下，第 43 条中提到的认证机构或主管监管机构应酌情撤销认证。

8. 理事会应将所有的认证机制和数据保护印章和标志整理成册，并以任何适当的方式向公众公布。

第 43 条

认证机构

1. 在不影响第 57 条和第 58 条规定的主管监管机构的任务和权力的情况下，在数据保护方面具有适当专业水平的认证机构应在通知监管机构以使其在必要时根据第 58 条第 2 款第（h）项行使其权力后，颁发和更新认证。成员国应确保这些认证机构得到以下一个或两个方面的认可。

（a）根据第 55 条或 56 条的规定，主管的监管机构；

（b）根据欧洲议会与欧盟理事会第 765/2008 号条例（20）命名的国家认证机构，符合 17065/2012 号 EN-ISO/IEC 和根据第 55 条主管的监管机构规定的额外要求。

2. 第 1 款所指的认证机构只有在具备以下条件的情况下才应按照该款规定进行认证：

（a）证明他们在认证主体方面的独立性和专业性，使主管监管机构满意；

（b）承诺遵守第 42 条第 5 款所述的标准，并由根据第 55 条或第 56 条有管辖权的监管机构或根据第 63 条由理事会批准；

（c）为数据保护认证、印章和标志的签发、定期审查和撤销制定程序；

（d）建立程序和结构，以处理关于违反认证或关于控制方或处理方已经或正在实施认证的方式的投诉，并使这些程序和结构对数据主体和公众透明；

（e）证明其任务和职责不会导致利益冲突，并令主管监管机构满意。

3. 本条第 1 款和第 2 款所指的认证机构的认证应根据第 55 条或第 56 条规定的主管监管机构或根据第 63 条规定的理事会批准的标准进行。在根据本条第 1 款第（b）项进行认证的情况下，这些要求应补充（EC）765/2008 号条例和说明认证机构方法和程序的技术规则中所设想的要求。

4. 第 1 款中提到的认证机构应负责进行适当的评估，导致认证或撤销这种认证，但不影响控制方或处理方遵守本条例的责任。认证的最长期限为五年，只要认证机构符合本条规定的要求，就可以在相同条件下延期。

5. 第 1 款中提到的认证机构应向主管监管机构提供授予或撤销所要求的认证的理由。

6. 本条第 3 款提及的要求和第 42 条第 5 款提及的标准应由监管机构以容易获得的形式公布。监管机构也应将这些要求和标准传递给理事会。委员会应将所有的认证机制和数据保护印章整理在一个登记簿中，并以任何适当的方式向公众提供。

7. 在不影响第八章的情况下，主管监管机构或国家认证机构应根据本条第 1 款的规定，在认证条件未得到或不再得到满足，或认证机构采取的行动违反本条例的情况下，撤销对认证机构的认证。

8. 委员会应有权根据第 92 条通过授权法案，以明确第 42 条第 1 款中提及的数据保护认证机制所应考虑的要求。

9. 委员会可以通过执行法案，规定认证机制和数据保护印章和标志的技术标准，以及促进和承认这些认证机制、印章和标志的机制。这些实施细则应根据第 93 条第 2 款所述的审查程序通过。

第五章　个人数据向第三国或国际组织的传输

第 44 条
传输的一般原则

任何正在处理或打算在转移到第三国或国际组织后处理的个人数据，只有在符合本条例其他规定的情况下，控制方和处理方遵守本章规定的条件，包括将个人数据从第三国或国际组织转移到另一个第三国或另一个国际组织时，才能进行转移。本章的所有规定均应适用，以确保本条例所保障的自然人保护水平不受损害。

第 45 条
基于充分决定的数据传输

1. 如果委员会决定第三国、一个地区或该第三国中的一个或多个特定部门或有关国际组织能确保适当的保护水平，则可将个人数据转移到第三国或国际组织。这种转移不需要任何具体授权。

2. 在评估保护水平的适当性时，委员会应特别考虑到以下因素：

（a）法治、对人权和基本自由的尊重、一般和部门的相关立法，包括有关公共安全、国防、国家安全和刑法以及政府机构对个人数据的访问，以及这些立法的实施、数据保护规则、专业规则和安全措施，包括向另一个第三国或国际组织转移个人数据并在该国或国际组织得到遵守的规则、判例法，以及有效和可执行的数据主体权利和对个人数据被转移的数据主体的有效行政和司法补救；

（b）在第三国或国际组织所服从的一个或多个独立的监管机构存在并有效运作，负责确保和强制遵守数据保护规则，包括适当的执法权力，协助和建议数据主体行使其权利，并与成员国的监管机构合作；

（c）有关第三国或国际组织已作出的国际承诺，或因具有法律约束力的公约或文书以及因参与多边或区域系统而产生的其他义务，特别是在保护个人数据方面。

3. 委员会在评估了保护水平的充分性后，可通过执行法案决定，第三国、第三国的一个领土或一个或多个特定部门，或一个国际组织确保本条第 2 款意义上的充分保护水平。执行法应规定一个定期审查机制，至少每四年一次，审查应考虑到第三国或国际组织的所有相关发展。执行法应具体说明其地域和部门的适用性，并在适用时确定本条第 2 款第（b）项中提到的一个或多个监管机构。执行法应按照第 93 条第 2 款所述的审查程序通过。

4. 委员会应持续监测第三国和国际组织中可能影响根据本条第 3 款通过的决定和根据 95/46/EC 号指令第 25 条第 6 款通过的决定的运作的发展。

5. 如果现有信息显示，特别是在本条第 3 款提及的审查之后，一个第三国、一个领土或第三国的一个或多个特定部门，或一个国际组织不再确保本条第 2 款意义上的适当保护水平，委员会应在必要的范围内，通过不具有追溯力的实施行为，废除、修正或暂停本条第 3 款提及的决定。这些执行法案应根据第 93 条第 2 款所述的审查程序通过。

根据适当的紧急理由，委员会应根据第 93 条第 3 款所述的程序通过立即适用的执行法。

6. 委员会应与第三国或国际组织进行协商，以纠正引起根据第 2 款作出的决定的情况。

7. 根据本条第 5 款作出的决定不影响根据第 46 条至第 49 条向第三国、该第三国境内的一个或多个特定部门或有关国际组织转移个人数据。

8. 委员会应在《欧洲欧盟官方公报》和其网站上公布它决定已经或不再确保适当保护水平的第三国、领土和第三国中的特定部门以及国际组织的名单。

9. 委员会根据 95/46/EC 号指令第 25 条第 6 款通过的决定应继续有效，直到被根据本条第 3 款或第 5 款通过的委员会决定修正、取代或废除。

第 46 条
主体转移的保障措施

1. 在没有根据第 45 条第 3 款作出决定的情况下，控制方或处理方只有在提供了适当的保障措施的情况下才可以将个人数据转移到第三国或国际组织，而且条件是有可执行的数据主体权利和对数据主体的有效法律补救措施。

2. 第 1 款中提到的适当保障措施可以通过以下方式提供，而不需要监管机构的任何具体授权：

（a）政府机构或机构之间具有法律约束力和可强制执行的文书；

（b）根据第 47 条的规定，有约束力的公司规则；

（c）委员会根据第 93 条第 2 款所述的审查程序通过的标准数据保护

条款；

（d）由监管机构采用并由委员会根据第 93 条第 2 款所述的审查程序批准的标准数据保护条款；

（e）根据第 40 条批准的行为守则，以及第三国的控制方或处理方作出有约束力和可执行的承诺，以适用适当的保障措施，包括有关数据主体的权利；

（f）根据第 42 条批准的认证机制，以及第三国的控制方或处理方有约束力和可执行的承诺，以应用适当的保障措施，包括有关数据主体的权利。

3. 在获得主管监管机构授权的情况下，第 1 款中提到的适当保障措施也可以通过以下方式提供，特别是：

（a）控制方或处理方与第三国或国际组织的控制方、处理方或个人数据接收方之间的合同条款；

（b）在政府机构或机构之间的行政安排中加入规定，其中包括可执行和有效的数据主体权利。

4. 监管机构应在本条第 3 款所述情况下适用第 63 条所述的一致性机制。

5. 成员国或监管机构根据 95/46/EC 号指令第 26 条第 2 款作出的授权在必要时由该监管机构修改、替换或废除之前仍然有效。委员会根据 95/46/EC 号指令第 26 条第 4 款通过的决定，在必要时由委员会根据本条第 2 款通过的决定进行修改、替换或废除之前，仍然有效。

第 47 条
具有约束力的公司规则

1. 主管监管机构应根据第 63 条规定的一致性机制批准具有约束力的公司规则，条件是这些规则：

（a）具有法律约束力，适用于企业集团或从事联合经济活动的企业集团的每个有关成员，包括其雇员，并由他们执行；

（b）明确赋予数据主体在处理其个人数据方面的可执行权利；

（c）满足第 3 款规定的要求

2. 第 1 款中提到的具有约束力的公司规则应至少规定：

（a）企业集团或从事联合经济活动的企业集团及其每个成员的结构和详细联系信息；

（b）数据转移或一组转移，包括个人数据的类别、处理的类型及其目的、受影响的数据主体的类型以及有关的第三国或国家的身份；

（c）它们在内部和外部都具有法律约束力的性质；

（d）一般数据保护原则的应用，特别是目的限制、数据最小化、有限的存储期、数据质量、设计和默认的数据保护、处理的法律依据、特殊类别个人数据的处理、确保数据安全的措施，以及向不受有约束力的公司规则约束的机构进行转移的要求；

（e）数据主体在处理方面的权利和行使这些权利的方式，包括不受完全基于自动处理的决定的权利，包括根据第 22 条进行的特征分析，根据第 79 条向主管监管机构和成员国的主管法院提出申诉的权利，以及就违反有约束力的公司规则获得补救和适当赔偿的权利；

（f）在成员国境内设立的控制方或处理方接受对不在欧盟境内设立的任何有关成员违反有约束力的公司规则的责任；控制方或处理方只有在证明该成员对引起损害的事件不负责任的情况下，才能全部或部分地免除这一责任；

（g）除了第 13 条和第 14 条之外，如何向数据主体提供关于具有约束力的公司规则的信息，特别是关于本段第（d）项、第（e）项和第（f）项中提到的规定；

（h）根据第 37 条指定的任何数据保护专员或任何其他个人或实体的任务，负责监督企业集团或从事联合经济活动的企业集团遵守具有约束力的公司规则，以及监督培训和投诉处理；

（i）投诉程序；

（j）企业集团内部的机制，或从事联合经济活动的企业集团，以确保核查对有约束力的企业规则的遵守。这种机制应包括数据保护审计和确保纠正行动以保护数据主体的权利的方法。这种核查的结果应通报给第（h）项中提到的个人或实体以及企业集团的控制企业或从事联合经济活动的企业集团的理事会，并应根据要求向主管监管机构提供；

（k）报告和记录对规则的修改并向监管机构报告这些修改的机制；

（l）与监管机构的合作机制，以确保企业集团的任何成员，或从事联合经济活动的企业集团遵守规定，特别是向监管机构提供第（j）项所述措施的核查结果；

（m）向主管监管机构报告企业集团成员或从事联合经济活动的企业集团在第三国受到的任何法律要求的机制，这些要求可能会对有约束力的公司规则所提供的保证产生重大不利影响；

（n）对长期或定期接触个人数据的人员进行适当的数据保护培训。

3. 委员会可以规定控制方、处理方和监管机构之间交流本条意义上的有约束力的公司规则的格式和程序。这些实施细则应按照第 93 条第 2 款规定的审查程序通过。

第 48 条

未经欧盟授权的传输或披露

法院或法庭的任何判决以及第三国行政机构要求控制方或处理方转移或披露个人数据的任何决定，只有在基于提出请求的第三国与欧盟或成员国之间生效的国际协议，如法律互助条约的情况下，才能以任何方式得到承认或执行，但不影响根据本章进行转移的其他理由。

第 49 条

具体情形下的部分违反

1. 如果没有根据第 45 条第 3 款作出充分决定，或根据第 46 条作出适当保障，包括有约束力的公司守则，向第三国或国际组织转让个人资料，只能在下列条件之一下进行：

（a）数据主体在被告知由于缺乏适当的决定和适当的保障措施而导致的数据主体转移的可能风险后，已明确同意拟议的转移；

（b）转让对于履行数据主体与控制方之间的合同或实施应数据主体要求而采取的合同前措施是必要的；

（c）控制方与其他自然人或法人之间为数据主体的利益而订立或履行合同是必要的转让；

（d）出于公众利益的重要原因，转移是必要的；

（e）转让是设立、行使或辩护法律债权所必需的；

（f）为了保护数据主体或其他人的重大利益，而数据主体在身体或法律上无法给予同意的数据主体的重大利益，转让是必要的；

（g）转移是由注册根据欧盟或成员国法律旨在向公众提供信息，开放咨询公众或任何人可以证明合法利益，但只有在某种程度上，欧盟的条件或成员国法律咨询满足在特定情况下。

如果转让不能基于第 45 条或第 46 条的规定，包括具有约束力的公司规则的规定，且本条第 1 款所述的特定情况的减损均不适用，则只有在不重复的转让只涉及有限数量的数据主体时，才能实现数据主体的利益或权利和自由所覆盖的合法利益，控制员已经评估了围绕数据传输的所有情况，并在该评估的基础上为保护个人数据提供了适当的保障。控制方应将转让通知监管机构。控制方除了提供第 13 条和第 14 条所述的信息外，还应告知数据主体转让和所追求的强制性合法利益的情况。

2. 根据第 1 款第 1 分款的第（g）项进行的转让，不得涉及登记册中所载的全部个人数据或个人数据的全部类别。如登记册拟由具有合法权益的人协商，只有应这些人的要求或他们要作为接收方，才可转让。

3. 第 1 款及其第 2 款的第（a）、（b）和（c）项不适用于政府机构在行使其公共权力时所进行的活动。

4. 第 1 款第 1 分款第（d）项所指的公共利益应在联邦法或控制方所在的成员国法律中得到承认。

5. 在没有充分性决定的情况下，联邦或成员国法可出于公共利益的重要原因，明确规定将特定类别的个人数据向第三国或国际组织转移的限制。各成员国应将这些规定通知委员会。

6. 控制方或处理方应当将本条第 1 款第 2 分款所述的评估和适当的保障措施记录在第 30 条所述的记录中。

第 50 条
关于个人数据的国际合作

关于第三国和国际组织，欧盟委员会和监管机构应采取适当措施：

（a）制定国际合作机制，以促进有效执行保护个人数据的立法；

（b）在执行保护个人数据的立法方面提供国际相互协助，包括通过通知、提交投诉、调查协助和信息交换，并遵守保护个人数据和其他基本权利和自由的适当保障；

（c）让利益相关方参与讨论和活动，旨在促进在执行保护个人数据立法方面的国际合作；

（d）促进个人数据保护立法和实践的交换和文件编制，包括与第三国的管辖权冲突。

致 谢

在此，我要感谢：上海政法学院对中意法律诊所项目课程和本书编写的支持；我的学生对这种开创性的教育方法的热情参与；刘晓红教授的指导，她的支持和鼓励在项目的实施和我与上海政法学院的合作中起到了不可估量的作用。张正怡教授在项目的整个实施过程中给予了极大的支持，她无私地决定加入我们来详细阐述这本著作。我还要感谢我在 Zaglio Orizio e Associati 律师事务所的合伙人，感谢他们一直以来对我的支持，感谢我的同事 Andrea Polini 和 Marika Lombardi，感谢他们在整个研究过程中的贡献和对我的帮助，最终促成了本书的内容和发展。

最后，我要感谢我的家人，感谢他们一直陪在我身边。

布雷西亚

MatteoPiccinali

马蒂奥·帕西里尼

致　谢

　　"中意法律诊所"（SILC）项目成立于 2020 年，旨在抗击新冠肺炎疫情，促进学校的模拟诊所教学和研究。我们衷心感谢马蒂奥·帕西里尼（Matteo Piccinali）先生，他是一位专业的法律从业者和学者。在帕西里尼先生的努力下，多年来，他成功地开展了多轮中意法律诊所教学与交流。我们现在非常高兴再次一起为该项目编写这著作。

　　许多人员参与了这本书的出版。我们真诚地感谢所有人，但我们希望他们不会介意我们没有将他（她）们的名字一一列出。在此，我们谨向所有贡献者和编辑表示感谢。特别要感谢我们的助理编辑王倩，以及研究人员和翻译人员，也充分参与教学或实习对于这个项目，他（她）们是吴光美、李心怡、林芊荷、刘禧龙、吴若莹、罗力、林颖、李宣沁、王心怡，没有他（她）们的努力，本书是不可能完成的。

　　在这个瞬息万变、充满挑战的时代，法律教学与实践始终充满着更多的不确定性。我们真诚地希望通过 SILC 项目在教学和研究方面进行探索，更好地架起从法学院到法律职业的桥梁。

上海

张正怡